AVENTURAS
EN ARABIA

AVENTURAS EN ARABIA

ENTRE BEDUINOS, DRUSOS, DERVICHES Y YAZIDÍES

Por

W. B. SEABROOK

Ecos de Oriente

Título original: *Adventures in Arabia, Among the Bedouins, Druses, Whirling Dervishes & Yezidee Devil Worshipers*

Año original de publicación: 1927

Autor: William Buehler Seabrook

© 2024, de la traducción: Daniel Jorge Hernández Rivero

Todos los derechos reservados. Queda prohibida la reproducción total o parcial del contenido de esta obra sin autorización.

Primera edición: Marzo 2024

© de esta edición: Ecos de Oriente

www.ecosdeoriente.com

ISBN: 978-1-7391512-9-4

Fotografía de cubierta: Mujer beduina de 24 años en las afueras de Petra, Jordania, por Joel Carillet.

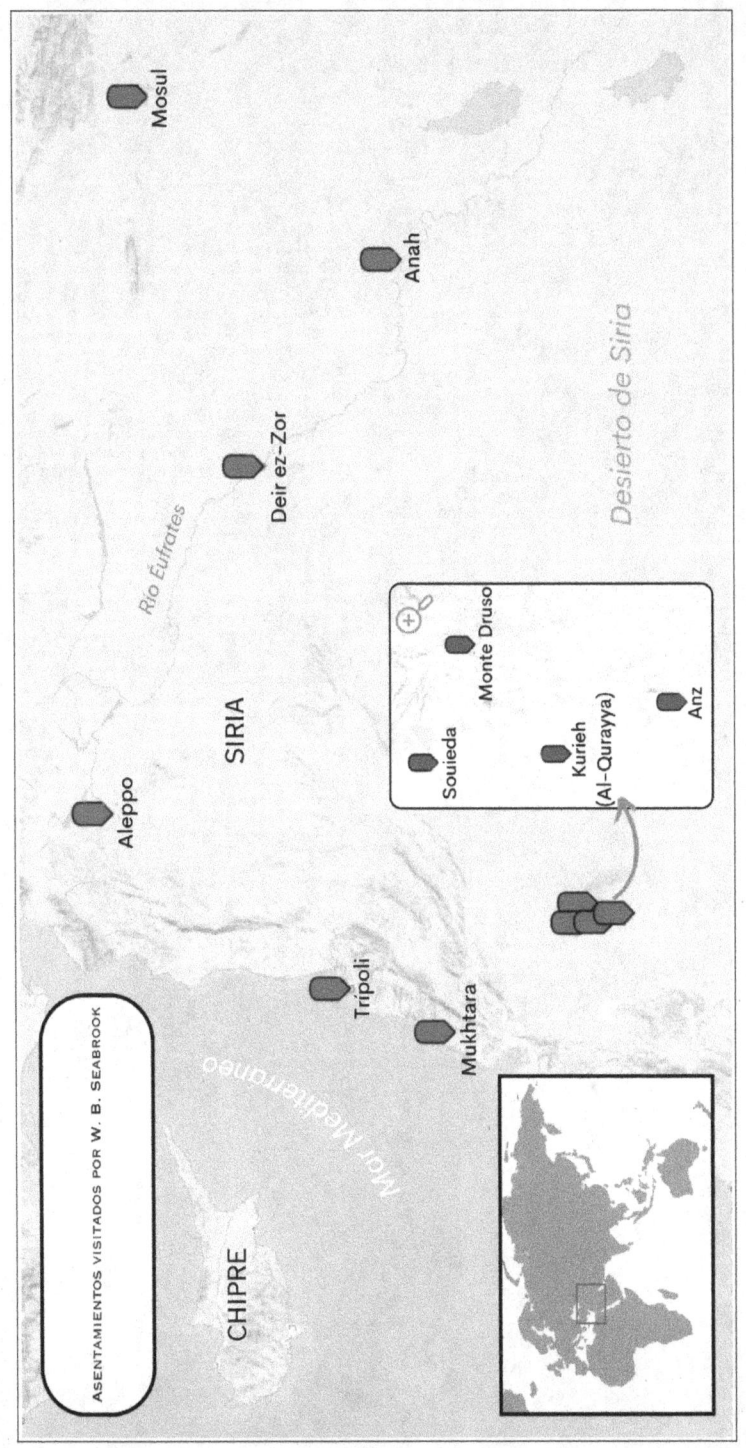

Prólogo

CUANDO un hombre se adentra en lugares extravagantes, suele tener un motivo. En todo caso, la gente razonable cree que debería tener uno. Por lo tanto, parece necesario y apropiado en este prefacio explicar por qué fui a Arabia.

En realidad, nunca he entendido el *porqué* de nada, y menos aún mis propias motivaciones, oscuras pero insistentes.

Uno de mis primeros recuerdos es un libro ilustrado que me regaló mi abuela cuando era niño. Su portada mostraba tres majestuosas figuras de otro mundo, misteriosamente ataviadas, montadas a lomos de extrañas e imponentes bestias, que seguían a una estrella.

Aquella imagen llenó mi mente infantil de una emoción indescriptible. Una segunda imagen mostraba a un bebé, con gente arrodillada. No me interesó. Mi abuela me explicó que se trataba de un tipo particular de bebé, pero yo era testarudo. Me fijaba una y otra vez en los tres hombres en camello.

Unos años más tarde, cuando yo tenía nueve o diez años, nos trasladamos de Maryland a Kansas y vivíamos en Abilene, una ciudad de la pradera. La pradera era llana en todas direcciones hasta el horizonte. El pueblo más cercano, una ciudad del condado adyacente, se llamaba Enterprise. La ciudad en sí estaba oculta en la distancia, pero en días muy claros se podía ver vagamente la cima de un pequeño campanario. Para los chicos de Abilene, Enterprise era sinónimo de misterio. Esto fue antes de la era de los automóviles. Caminar hasta allí, a través de la pradera, era una aventura largamente discutida. Teníamos una escopeta de aire comprimido Daisy y un viejo cuchillo *bowie*, y estábamos convencidos de que podríamos encontrarnos con indios. Seis de nosotros planeábamos partir, sin que nuestros padres lo supieran, al amanecer de cierta mañana. Pero la noche anterior, detrás del granero de mi padre, donde nos reunimos para la conferencia, estalló la disensión. Enterprise, acordó la pandilla, debía ser la «Feria Mundial de Chicago». Pero yo insistí obstinadamente en que Enterprise debía ser Samarcanda.

Yo había leído *Las mil y una noches* y a Marco Polo. Intenté explicarles lo que encontraríamos en Samarcanda —templos y palacios, cúpulas doradas, gigantes negros con espadas curvas y hermosas esclavas circasianas encadenadas a columnas de mármol—, pero se burlaron de mí, votaron por dejarme atrás y marcharon a la mañana siguiente a la «Exposición Universal de Chicago», cantando *Ta-ra-ra-ra boom-de-ay*.*

Pasaron diez años, y después de la universidad, cuando mi barba había empezado a endurecerse, hice un segundo esfuerzo por tomar el camino de Samarcanda —que para mí era más un símbolo que un lugar— y sufrí una segunda decepción. Había cruzado el Atlántico hasta Cherburgo, en un barco de ganado, con la idea de dar la vuelta al mundo. Había estado mendigando, robando, trabajando ocasionalmente a través de Francia, bajando por el valle del Ródano, y llegué

* Canción típica de vodevil y muy popular de finales del siglo XIX. (N. del T.)

por fin a Marsella. En aquel sorprendente paseo marítimo, el muelle de la Joliette, vi por primera vez en carne y hueso a mercaderes árabes con nariz de halcón y túnicas a rayas que venían con dátiles de la costa del mar Rojo; nubios con turbante y turcos de cresta roja, y hasta un derviche de Bagdad con sombrero alto. Conocí por casualidad a un joven de mi edad que portaba un fez rojo brillante y un mono grasiento. Era un musulmán de Esmirna, limpiador y ayudante del farolero en un barco de *Messageries Maritimes* que hacía todos los puertos de Oriente Próximo. El siguiente viaje tocaría en su ciudad natal, en la costa turca. Llevaba unos doscientos francos (el equivalente entonces a *ocho libras esterlinas*) cosidos en una bolsita de cuero colgada al cuello, ahorrados para casos de emergencia. Creía que si llegaba a Esmirna podría atravesar Turquía como había hecho en Francia. Mi joven amigo vio la manera de ayudarme y obtener un pequeño beneficio para él. Un pequeño soborno, compartido entre él y el lampista, me permitió subir a bordo como su «ayudante». Me aseguraron que pasaría desapercibido para los oficiales. Pero en Nápoles me atraparon y me echaron a tierra. Caí enfermo en Nápoles, y la aventura terminó ignominiosamente. Tuve que pedir ayuda por cable y regresar a América, pero jurando que algún día repetiría el intento, y tampoco como vagabundo.

Los acontecimientos normales intervinieron. Me casé en Atlanta, me gaseé un poco en Verdún y vine a Nueva York a escribir, mientras mis sueños dormían.

Katie, mi mujer, abrió una especie de cafetería en el número 156 de Waverly Place, en Greenwich Village, donde de vez en cuando se dejaba caer gente rara, y a veces famosa, de todos los rincones del mundo.

Una noche llegó un joven oriental de tristes ojos negros y modales exquisitos, de nombre Daúd Izzedin. Era de Arabia, un druso, un gentil miembro de esa extraña y feroz raza de guerreros pintados que entonces eran tan legendarios en América como las huestes de Gog y Magog, pero que desde entonces se han hecho más definitivamente conocidos debido a la salvaje revuelta que lideraron recientemente contra los franceses en Siria.

Yo escuchaba fascinado mientras Daúd hablaba de sus primos, que vivían en castillos feudales construidos con roca de lava entre las montañas al borde del gran desierto de Arabia; de esclavos con cimitarras enjoyadas; halcones, sabuesos; bellezas del harén con velos blancos; jinetes de largas trenzas y lanzas relucientes.

Mis sueños dormidos surgieron, esta vez irresistibles. El dinero se interponía, y también la creencia corriente de que los cristianos que se aventuraban entre aquellas montañas legendarias no siempre volvían con vida.

Pero cuando Daúd, después de otras tardes, se dio cuenta de lo mucho que hablaba en serio, me dijo:

—Encontrarás a mi padre fácilmente en Beirut. Es el historiador druso Suleimán Bey Izzedin. No tienes más que bajar del barco en Beirut y preguntar al primer árabe nativo que veas: «¿Dónde está la casa de Izzedin?», y te llevarán hasta él. Cuando mi padre sepa que eres mi amigo, te dará cartas y camellos. Y con ellos irás a ver a los jeques de la montaña. Una vez en la montaña, no necesitarás dinero, y serás *dakhile* (invitado protegido) ante mi padre y ante Alá.

Sin embargo, Arabia no me atrajo sólo hacia los drusos. Había leído el inmortal libro* de Doughty y deseaba, por encima de todo, adentrarme entre los beduinos, las verdaderas tribus del desierto que habitan en las tiendas negras. En esa parte de la aventura, declaró Daúd, ni él ni su padre podían ayudarme, pero había cierto gran hombre que su padre conocía, el emir Emín Arslán, un árabe de casta cuyos antepasados habían sido gobernadores y príncipes desde el siglo XI —podría leer sobre la familia, si me interesara, en la *Enciclopedia Británica*— y que él mismo había sido gobernador de la gente del desierto bajo el Imperio otomano.

El emir Emín Arslán, dijo, vivía ahora en la ciudad, en el antiguo palacio de Arslán en Beirut, pero había tratado honorablemente con los grandes jeques tribales en los viejos tiempos del sultanato, y ahora tenía fama, en toda Arabia, de ser el único árabe de la ciudad a quien la gente del desierto quería y en quien confiaba.

Él, con más certeza y seguridad que cualquier otro hombre o grupo de hombres, podría enviarme a las tiendas negras más lejanas, si quisiera. Y Daúd escribiría a su padre sobre el asunto de inmediato.

Así que Katie y yo empezamos a planear y a prepararnos. Porque ella también iba. De hecho, compartió muchos —aunque no todos— de los peligros y experiencias que siguieron. Mientras tanto, había muchas cosas que aprender. No acudí a los libros. Acudí a la gente. Busqué cocineros árabes y amables hijos de Simbad en los barrios bajos de Washington Street, y eruditos árabes en Columbia Heights. En general, aprendí más de los primeros; pasé horas —tardes

---

* *Travels in Arabia Deserta* (1888), por el escritor y viajero Charles Doughty. (N. del T.)

enteras— con ellos, a menudo con una botella de *arak*, aprendiendo, como un loro, frases coloquiales en árabe moderno y actual, y poco a poco frases enteras.

A menudo me preguntaban por qué y para qué iba a Arabia. Y ahora he intentado una vez más responder a esa apropiada pregunta. Me temo que ha quedado demasiado claro que no fui con ningún propósito útil, moral, erudito, político, humanitario o razonable. Fui por el placer de hacerlo y porque creía que merecería la pena.

Una vez aclarado el *porqué*, quizá convenga explicar brevemente *cómo hemos* llegado hasta aquí. La respuesta rápida es: como un par de lunáticos.

Cuando partimos en un taxi amarillo a través del puente de Manhattan hacia un largo muelle perdido en el paseo marítimo de Brooklyn, junto al cual se encontraba el pequeño buque *S.S. Asia* de la naviera Fabre, teníamos toda la intención de desembarcar sensatamente en Beirut.

Pero el *S.S. Asia* tenía, y sigue teniendo, la magnífica costumbre de partir hacia un puerto, o conjunto de puertos, y perderse temporalmente por mil millas más o menos, para llegar a lugares totalmente inesperados donde los pasajeros nunca soñaron con ir. Esto no se debe a aberraciones del capitán ni de la brújula, sino a mensajes inalámbricos de la oficina de fletes sobre higos, dátiles, marfil, simios y otras cosas. Los pasajeros suelen estar encantados y, al final, no pierden nada con ello.

Mientras navegábamos en las aguas de Creta, nuestro barco viró inesperadamente hacia el norte y una noche, al atardecer, echamos el ancla en el Bósforo. Mientras permanecíamos en cubierta contemplando las cúpulas y minaretes de la vieja Estambul teñirse de púrpura en el crepúsculo, debimos de volvernos un poco locos, pues decidimos desembarcar allí aunque fuera a nado.

Fue más fácil que eso. La gente de Fabre Line nos ayudó mucho. Desembarcamos y vimos Constantinopla, y más tarde fuimos vagando en tren hasta Arabia, tras cruzar Anatolia, a través de los montes Tauro, y finalmente llegamos a casa de Izzedin en Beirut, donde nos esperaba una afortunada sorpresa, pues entretanto el propio Daúd se había cansado de Nueva York y había regresado bajo el tejado paterno, y nosotros fuimos acogidos en el seno familiar.

Antes de que terminara la semana, fuimos todos a cenar una noche al palacio de Emín Arslán, y estuvimos sentados hasta medianoche, discutiendo si Katie y yo debíamos ser enviados primero a la montaña de los Drusos, o darle tiempo a ella para que se «aclimatara», mientras me enviaban a mí solo a los beduinos.

Diez días después me encontraba en el desierto.

W. B. Seabrook.

Índice

Prólogo 7

1. Ante alá 19
2. Tiendas negras y camellos blancos 41
3. Una vampiresa del desierto 61
4. Mansour, el esclavo 82
5. El santo ladrón 99
6. Cabalgamos en *ghrazzu* 119
7. «Por los ojos de Gutne» 137
8. En el castillo del sultán Pasha Atrash 163
9. El becerro de oro 185
10. La Dama Velada de Mukhtara 210
11. En el palacio de los Mevleví 227
12. El salto de Daidan Helmy 245
13. En la sala de tortura *rufai* 258
14. En la montaña de los adoradores del Diablo 275
15. En el patio de la serpiente 298

Glosario 318

Índice

Prólogo ....
1. Amala 9
2. Tienta negra y camello blanco ....
Diez camellos. Diez de siete ....
4. Manso tu desierto 87
5. El santo Jaro 99
6. Caballero sin su montura 119
7. Brujos ojos de culebra 135
8. En el castillo del sultán Pasha Atrash 167
9. El becerro de oro 185
10. La Dama Velada de Mubhana 210
11. En el palacio de los Deyler 229
12. El salto del Juhár Hebwa 245
13. En la sala de trono 278
14. En la montaña del sultán Kased Thalían 290
15. En el templo de la serpiente 299
16. Oro 315

Capítulo 1
Ante alá

F OUAD Taimani, mi guía, estaba claramente nervioso. De hecho, el paisaje no estaba calculado para inspirar confianza. Habíamos cabalgado durante días a través de una llanura desolada, bajando desde la meseta del Haurán hacia el antiguo desierto de Moab, y ahora nos acercábamos a una cadena de colinas feas y estériles.

El inglés que Fouad había aprendido en la escuela misionera era pintoresco, pero no valiente:

—Ay, mi señor, el grano es escaso. Los *beduw* están enfurecidos. Temo que caigan sobre nosotros y nos despellejen.

Al entrar en las colinas, continuó:

—Os ruego, señor, que nos vayamos rápidamente, pues este lugar es maligno. Fue aquí, ayer mismo, muy cerca, como se nos advirtió en Ramtá, donde los *beduw* cayeron sobre un hombre y le despojaron de su camello, y cuando gritó y corrió tras ellos le privaron también de la vida.

No temía especialmente que me privaran de la vida, pues aunque los beduinos son ladrones profesionales, rara vez matan a *farengis* (europeos), tan cerca como estábamos de los puestos francés y británico. Un simple robo —aunque vaya acompañado de ocasionales derramamientos de sangre nativa— conlleva pocas consecuencias para los merodeadores;

pero el asesinato de un europeo va seguido habitualmente de aviones y ahorcamientos. Si no pueden atrapar a los culpables, ahorcan a algunos de sus primos o compañeros de tribu.

De hecho, atravesamos estas colinas sin ser molestados, sin ver un alma viviente.

Al día siguiente, sin embargo, entre los desfiladeros rocosos, a menos de seis horas a caballo desde Amán, Fouad, que iba unos pasos por delante de mí en el estrecho desfiladero, dobló un ángulo agudo y exclamó con amargo fatalismo:

—¡Ay por mi madre, qué pena!

En el instante anterior a que la cabeza de mi yegua doblara también el ángulo, no comprendí el significado de su lastimera jaculatoria. No podía imaginar qué podría haber en este paraje solitario que pudiera causar dolor a una anciana allá en las colinas del Líbano. Supuse que sería un segundo hijo perdido hacía mucho tiempo, que yacía muerto o herido a nuestro paso.

Me quedé totalmente sorprendido cuando me encontré con seis hombres sucios y malvados a caballo, con rifles sobre sus borrenes.

Incluso entonces no estaba seguro de que quisieran robarnos, porque no apuntaron con ningún arma y no levantaron ningún rifle o pistola en ningún momento del extraño drama que siguió. Después resultó que nos habían «cubierto» dos de sus compañeros, que estaban desmontados y escondidos entre las rocas.

Tras su primer grito de dolor, Fouad se comportó espléndidamente. Había intercambiado algunas palabras que no pude seguir con el beduino que parecía estar al mando, y entonces afirmó:

—Nos perdonarán la vida, pero nos privarán de todos nuestros bienes. Y también quieren privarnos de nuestros caballos. Pero nos quedarán las ropas que llevamos a la espalda y nuestra bolsa de agua, para que podamos ir a pie hasta Amán.

Este itinerario, que Fouad estaba dispuesto a aceptar con fatalismo oriental, me parecía muy desagradable. Emín Arslán ya había hablado largo y tendido de tales emergencias en su palacio de Beirut, y me había instruido a fondo sobre lo que él aconsejaba como la mejor manera de afrontarlas.

Levanté la mano derecha, con la palma hacia delante, y dije, en parte en mal árabe y en parte en un inglés que Fouad tuvo que traducir:

—*Ana bwajh el beduw* (encaro a todos los beduinos), y llevo sobre mi cuerpo la prueba. Vengo desarmado, y no bajo la protección de las máquinas voladoras *farengis*, sino bajo la de vuestras propias leyes del desierto. Ya soy *dhaif* (huésped protegido por las leyes sagradas) en las tiendas negras, pues voy con mi hermano, Mizkal Pasha, jeque de jeques. Soy *dakhile* (inviolable) para vosotros y para todos los beduinos, de modo que si me robáis algo, la vergüenza caerá sobre vosotros y vuestra tribu. Si tenéis mucha necesidad, os daré gratuitamente todo lo que poseo, incluso mis caballos, mi bolsa de agua, el poco oro que sabéis que hay en mi bolsa, incluso la ropa de mi mochila. Pero debo ofrecéroslos como regalos, y vosotros debéis aceptarlos como regalos; porque si tomáis por la fuerza un solo clavo de la herradura de mi caballo, vuestros rostros se ennegrecerán y la vergüenza caerá sobre vuestra tribu.

Mi pequeña oratoria fue recibida con el ceño fruncido y murmullos.

—Dicen —explicó Fouad— que son palabras extrañas de un *farengi*, y que las leyes del desierto son sólo para la gente del desierto; también que sin duda eres un mentiroso, pero les extraña que ofrezcas todo lo que tienes como regalo.

—¿Hay entre vosotros quien sepa leer árabe? —pregunté. Afortunadamente para nosotros, dos de ellos sabían. Saqué mis preciosas cartas, firmadas por Emín Arslán, la primera una carta general de salvoconducto en el desierto, que decía:

> En el nombre de Alá, el Misericordioso, el Compasivo. Este hombre está bajo mi custodia, y en custodia de Mizkal Pasha el Fayiz, jeque de jeques de los Beni Sakhar, con quien, si se le toca, habrá enemistad de sangre.

Lo miraron juntos, murmurando las palabras, y luego lo leyeron en voz alta a sus hoscos compañeros. La pasaron de mano en mano y todos echaron un vistazo.

Sería un *desenlace* encantador decir que se volvieron inmediatamente amistosos, nos abrazaron como hermanos y nos llevaron a sus tiendas como huéspedes de honor, pero la naturaleza humana no es así, salvo en la ficción. Estaban enfadados y decepcionados. Por suerte para nosotros, eran miembros rezagados de una tribu que no podía arriesgarse a tener problemas con los poderosos Beni Sakhar y, tras unas palabras de disculpa murmuradas, apartaron sus caballos y nos indicaron que siguiéramos adelante.

—¿No sería mejor —le susurré a Fouad— ofrecerles un par de libras en señal de amistad?

—No —replicó—, si se hubieran atrevido a llevarse algo, se lo habrían llevado todo.

La ciudad de Amán, a la que llegamos aquella tarde —la antigua Filadelfia para los arqueólogos que se interesan por sus ruinas grecorromanas, y famosa en la historia bíblica aún más antigua como capital del reino amonita, cuyo pueblo David conquistó y torturó «bajo sierras y gradas de hierro»— era como un pequeño paraíso, con sus árboles verdes, arroyos y fuentes, después de nuestro duro y caluroso viaje.

La profecía del viejo Jeremías de que el Señor «rugiría desde lo alto» y convertiría Amán en «un montón desolado... del que ya no quedaría memoria» no se había cumplido, afortunadamente, para mi conveniencia. Amán es hoy la ajetreada capital de Transjordania, gobernada por el emir Abdulá, bajo supervisión británica. El hermoso y moderno palacio oriental que le han construido desafía la ira de Jehová y hace flotar la bandera verde del islam desde la colina más alta de Amán.

Me interesaba más el hotel nativo, donde me di un noble baño en un retrete de piedra del patio trasero infestado de gatos, inundado hasta la saciedad por litros de agua que caían de un enorme tanque de zinc suspendido del techo por cadenas. Una anciana gorda y maternal, que no se avergonzaba en absoluto de mi desnudez, estaba en la puerta con toallas, un taburete de tres patas y mi ropa. Supuse que era cristiana, y así era: oriunda de Beyt Lehem (Belén).

Y de ella, más tarde por la noche, tomamos la última comida cristiana que yo estaba destinado a probar durante muchas semanas, una comida que recordaba con nostalgia cuando me encontraba en el desierto. Consistía en cuatro cuartos de cerveza, mantequilla fresca, pan de hogaza y una enorme fuente de huevos fritos.

Dormimos como benditos, encima de la colcha de la cama, y cubiertos con nuestras propias mantas, un truco sencillo que con frecuencia disuade al «mordedor de extraños». Una luz brillante mantenida encendida en la habitación ofrece una protección adicional.

A la mañana siguiente, mientras yo yacía perezosamente en la cama, dolorido por tres días en la silla de montar, Fouad fue a buscar noticias en los *cafés* y el mercado.

Sabíamos que Mizkal Pasha probablemente estaría acampado en algún lugar al borde del desierto fuera de Amán. Su principal aldea, Um al-Akmid, se encontraba a sólo un largo día de viaje hacia el este, en un pequeño oasis de la antigua ruta de caravanas a Bagdad, y era en esta vecindad donde sus tribus aliadas, más de quince mil hombres, con sus treinta mil cabezas de camellos, ovejas y cabras, se reunían en otoño para su gran *rahla* invernal, hacia el sur, en busca de pastos.

Pero podría estar en cualquier lugar dentro de un círculo de trescientas millas o más. Podría estar en el este, en una de sus ocasionales *ghrazwat* (incursiones), o visitando al jeque de alguna tribu amiga.

El emir Abdulá, el gobernante nativo, probablemente sabría exactamente dónde encontrar a Mizkal, ya que él y el poderoso jeque se llamaban mutuamente «primo» y habían sido amigos íntimos y compinches durante años. Había planeado presentar mis respetos al emir, y contaba con obtener de él no sólo indicaciones, sino también un guía y escolta.

Por supuesto, estaba el cuartel general británico, pero yo ya había aprendido que el hombre que desea conservar la confianza y la amistad de los árabes hará bien en mantenerse alejado de todo enredo extranjero y confiar por completo en la protección y la hospitalidad de los nativos. Esta política no sólo me abrió puertas que ningún viajero «oficial» europeo había cruzado jamás, sino que creo que, en una o dos ocasiones, me salvó la vida.

Fouad regresó al hotel hacia las once, diciendo que Abdulá estaba en Jerusalén y no regresaría hasta dentro de tres días, pero que Rakaby Pasha, su primer ministro, me recibiría a las dos.

Un Ford destartalado conducido por un chico de catorce años —el mejor vehículo que podía proporcionarnos el parque del hotel— nos llevó hasta el palacio, y un guardia nativo vestido de caqui nos hizo pasar al salón de recepciones del primer ministro: una sala cuadrada, de techos altos y enlucida, con una mezcla de muebles europeos y orientales, sofás y sillas de crin de caballo de la época victoriana más fea, alfombras, divanes bajos y taburetes.

Después de hacernos esperar un cuarto de hora, entró Rakaby Pasha. Era un hombre de más de sesenta años, con una personalidad agresiva y desagradable. Era florido, de pelo blanco y una corpulencia malsana. Excepto por su fez rojo, vestía ropas europeas convencionales, levita y una pesada cadena de oro sobre la barriga. Era un musulmán sirio, un damasquino; pero por su aspecto se hubiera podido creer que era un banquero griego.

Hablamos en francés. Me preguntó con fría cortesía qué «necesitaba». La fría cortesía de un oriental en tales circunstancias equivalía a una descortesía deliberada.

Lamenté haber acudido a él, pero le dije simplemente quién era y lo que quería: un amigo americano de Emín Arslán, con cartas para Mizkal Pasha, a quien esperaba visitar. Me preguntó a qué me dedicaba y le dije que en América vivía de escribir.

—He oído hablar —dijo— de escritores que entran en nuestro país fingiendo amistad e interés literario, pero que en realidad tienen algún motivo secundario secreto, y que siempre acaban causando problemas...

Sin reflexionar sobre las consecuencias, perdí los nervios y repliqué:

—He oído hablar también de primeros ministros nativos de Siria, que eran sospechosos porque ellos mismos eran notoriamente deshonrosos y corruptos, y que con frecuencia vendían, de manera traidora, a su propio pueblo a los franceses e ingleses para su beneficio personal. Le ruego que trate de creer que no soy el tipo de escritor que tan cortésmente ha descrito, y le aseguro que estoy convencido de que usted no es el tipo de primer ministro que acabo de mencionar. También le daré los buenos días.

Fouad se puso blanco como una sábana, y hasta tal punto se olvidó de sí mismo que me precedió al salir por la puerta; pero cuando llegamos al destartalado vado del patio de abajo y estuvimos una vez fuera de la puerta del palacio, lanzó un profundo suspiro y dijo: «¡Ah, señor, cuánto me admira su indiscreción!».

Creo que lo dijo como un cumplido, pero nunca he estado seguro.

«¿Qué hacemos ahora?», le pregunté. No quería malgastar tres días, que podían convertirse fácilmente en una semana, esperando el regreso del emir Abdulá, y no quería presentar una solicitud en el cuartel general británico.

Fouad tuvo una idea excelente. «Vayamos al mercado y a los *cafés*», sugirió, «y busquemos diligentemente hombres de los Beni Sakhar. Si por casualidad encontramos a alguno, nos dará noticias del jeque Mizkal».

En menos de una hora habíamos encontrado «por casualidad» a cuatro, entre ellos uno que había venido a vender un potro y que conocía a Emín Arslán. Cuando le explicamos los hechos, nos volvimos más importantes para aquel beduino que su potro o cualquiera de sus asuntos privados. Su único deber en la vida era servir a Mizkal, dijo, y puesto que yo había venido como amigo e invitado de Mizkal, ahora me serviría a mí. No estaba seguro donde estaba Mizkal, pero cogió mi carta, la ató en los pliegues de su kefia, dejó su potro sin vender en manos de un amigo, rechazó mi oro y se marchó al galope.

Después me enteré de que cabalgó toda esa noche, recogió un segundo caballo y la dirección adecuada de un grupo de miembros de la tribu que encontró en el camino, y llegó a la tienda de Mizkal al día siguiente.

Dos mañanas más tarde me despertó un ruido de cascos, un fuerte griterío al otro lado de la ventana y, a continuación, unos golpes en la puerta. Salí corriendo en pijama. Alabado sea Alá. Doce beduinos a caballo, con el pelo trenzado y el rostro bronceado, las *abas* de pelo de camello teñidas de negro o marrón, los rifles colgados del hombro y los pechos relucientes de cartuchos, levantaron las manos y se tocaron la frente en un saludo amistoso.

Con ellos iba un africano negro como el carbón, armado y vestido como el resto, excepto que los hombros de su *aba* estaban bordados con trenzas de oro y de su cintura colgaba una enorme cimitarra con una reluciente empuñadura enjoyada y una vaina curva de plata, símbolo de su cargo como principal sirviente y esclavo favorito del jeque de jeques.

Sin embargo, no tenía la humildad de un esclavo. Estaba sonriente, seguro de sí mismo y orgulloso como un pavo real, pues no era sólo un esclavo y mayordomo, sino un guerrero prominente y uno de los miembros más influyentes de la casa de Mizkal, y también, como supe más tarde, uno de los más populares. Estábamos destinados a hacernos amigos.

Llevaba para mí una preciosa yegua árabe blanca de pura sangre, que, según me explicó, era un «regalo de su tío», (eufemismo que significa amo).

El árabe de la ciudad, propietario del hotel, salió corriendo, en mangas de camisa y tirantes, inclinándose y extendiendo las manos. El verdadero miembro de la tribu del desierto es el verdadero aristócrata de Arabia, y ya sea un jeque adinerado o un guerrero, es considerado así por los nativos de la ciudad cuando llega de su campamento. Puede que no siempre le quieran. Pueden maldecirle a sus espaldas por bandido y hermano de lobos. Pero les inspira respeto y temor.

El propietario gritó a sus criados y a los gorrones que pasaban por la calle que acudieran a atender a los caballos cuando los beduinos se apearon, y él ayudó con entusiasmo a desenfundar sus rifles. Entraron en el mejor salón del hotel con gravedad, ignoraron sus sillas y se acuclillaron en el suelo formando un círculo. Aunque amistosos, eran reservados y silenciosos, salvo el africano, que resultó llamarse Mansour. Andaba de un lado para otro, codeándose y charlando con el hostelero.

Enseguida entraron los criados con vasos altos de agua rosada azucarada y cajas de cigarrillos. Cuando llegó el café, el propio Mansour lo sirvió.

Querían partir temprano. Yo llevaba poco equipaje, y ya estaba metido en mi alforja. Rechazaron la comida, diciendo que habían comido en el camino. Cuando el propietario me trajo la cuenta, le dije: «Se ha olvidado de cobrar los refrescos que acaban de servir a mis huéspedes beduinos». Rebuscó en su bolsillo y me mostró una pequeña moneda de oro. «Ya eres huésped del rico jeque», dijo; «Mansour ha pagado generosamente».

La emoción de la aventura se apoderó de mi corazón —por no hablar de una deplorable vanidad— cuando monté en mi yegua alegremente engalanada y cabalgué fuera de Amán con el resplandeciente Mansour a mi lado; su rostro negro sonriente, su túnica bordada en oro y la empuñadura de su espada enjoyada brillando valientemente a la luz del sol, sus ojos escudriñando a derecha e izquierda. Un grupo de chicos de la calle gritó: «¡*Wellah*, los hombres de Mizkal! Y un *farengi*». Detrás de nosotros cabalgaban los demás, despreocupados, más bien despreciando la ciudad y sus gentes.

A menos de una hora de Amán dejamos atrás las tierras sembradas y verdes, y nos adentramos en las verdaderas colinas del desierto. Me sentí feliz allí solo, pero acompañado por un pueblo extraño en el que confié y admiré a primera vista, un pueblo al que estaba destinado a amar y admirar más antes de separarnos y al que, incluso ahora, estoy planeando, si Alá quiere, volver antes de que pasen muchas temporadas. Creo que mi sentimiento era algo más que una exuberante alegría aventurera. El desierto es un lugar extraño. Pienso que aún está lleno de *genios* e influencias invisibles, y sospecho que fui presa de una especie de premonición mística. Estaba orgulloso de cabalgar con los hombres de Mizkal...

Todavía no había anochecido, y una enorme luna, de color plateado puro en el cielo diurno y sin nubes, acababa de salir, como la cúpula de una mezquita en alguna ciudad santa detrás de las colinas, cuando llegamos a una elevación y contemplamos, en un pequeño valle, un grupo de cincuenta o sesenta tiendas negras, una de las cuales estaba apartada y era mucho más grande que el resto. Cuando supe que se trataba del campamento de Mizkal me sorprendí, pues esperaba ver cientos de tiendas. A la mañana siguiente supe que, en efecto, había muchos centenares, pero dispersas en grupos de cuarenta o cincuenta, cada uno en un radio de ocho kilómetros o más entre las colinas circundantes. El grupo al que nos acercábamos era el de Mizkal, sus parientes y los guerreros que constituían su escolta.

Los perros ladraron y Mansour, poniéndose la mano en la boca, gritó como un indio para anunciar que nos acercábamos. El campamento respondió con gritos.

La luna cambiaba gradualmente de plateada a dorada pálida, pero la luz del día seguía en el cielo. Las mujeres, delgadas, bronceadas como los hombres, con el rostro descubierto, todas ataviadas con ropas negras y polvorientas, tan largas que arrastraban la arena, y con jóvenes desnudas como estrellas aferradas a sus faldas, se paraban delante de las tiendas más pequeñas mientras pasábamos. Eran francamente curiosas, desvergonzadas, nada que ver con las mujeres musulmanas de las ciudades. Varias de ellas nos saludaron amistosamente con la mano y una de las más jóvenes gritó un saludo risueño, algo que no entendí, pero que hizo reír a Mansour.

Y entonces desmontamos ante la gran carpa, un pabellón de treinta metros que miraba hacia la luna creciente, lejos de todos los demás.

El jeque Mizkal en persona estaba de pie fuera de ella y levantó las manos en señal de bienvenida. Cuando fui a su encuentro, ignoró mi mano extendida, me rodeó los hombros con ambos brazos, me abrazó y me besó en la frente, diciendo: «El hermano del emir Emín es mi hermano».

Así pues, éste era el hombre de quien mi principesco amigo me había contado tantas cosas fascinantes, que ahora pasaban por mi mente en un revoltijo mientras estaba frente a él: el señor de cincuenta mil rebaños y doce mil hombres de combate, multimillonario incluso en términos de dólares americanos, propietario de seis aldeas, muchos kilómetros de tierra cultivada y un palacio en el que mantenía un séquito de esclavos y a la mayor de sus esposas, pero en el que nunca vivía y que rara vez visitaba, excepto para agasajar a invitados oficiales, prefiriendo dirigir a sus tribus y compartir su vida en el desierto.

En cualquier compañía del mundo, Mizkal habría destacado como un aristócrata nato. Era un hombre de apenas cuarenta años, de estatura media, delgado, con manos hermosamente formadas, tez suave y bronceada, rasgos de belleza clásica, barba negra pequeña y puntiaguda y bigote pequeño, con unos ojos castaños profundos que destacaban por su amabilidad e inteligencia, pero que, según supe más tarde, podían volverse negros y despedir fuego.

No llevaba vestimentas suntuosas ni insignias especiales de rango. Salvo por la textura más fina de su kefia blanca y el *gumbaz* (prenda interior) de muselina fina y manga larga que llevaba bajo la *aba* negra de pelo de camello, vestía exactamente igual que sus guerreros. El *agal* que remataba su kefia no era el elaborado adorno de hilos de oro que suelen llevar los príncipes y nobles nativos, sino el sencillo doble círculo beduino de crin de caballo negro, o de hilo de lana brillante trenzado.

Por suerte para mí —pues mi árabe era limitado— Mizkal sabía un poco de francés; y, por suerte aún mayor, resultó más tarde que dos guerreros de su familia inmediata tenían un vocabulario poco gramatical pero adecuado en esa lengua universal.

Mizkal me condujo a la tienda, donde nos recostamos en un diván bajo, apoyando los codos y los hombros en los sillines de los camellos. Mansour, que había guardado sus galas de pavo real, se acercó con una cafetera de latón de pico largo en la mano izquierda y dos tacitas sin asa en la palma de la derecha. Vertió un dedal de café en una de las tazas, se arrodilló y se lo ofreció a Mizkal. El pachá le indicó que me sirviera a mí primero, pero yo me negué. Hay más etiqueta en las tiendas negras que en cualquier casa formal de la Quinta Avenida o de Mayfair, y el invitado que no se ha tomado la molestia de informarse al menos de sus detalles más sencillos, por grande que sea su cortesía natural, está destinado a cometer errores a cada paso. Era correcto que yo aceptara cualquier refresco que Mizkal ofreciera con su propia mano, pero si otro lo servía, Mizkal debía tener preferencia. Mizkal, al indicarle al siervo africano que me sirviera primero, simplemente había estado haciendo una concesión a lo que él pensaba que podía ser *mi* idea de la cortesía debida a un *farengi* por parte de un beduino. Cuando lo rechacé, Mansour sonrió complacido y miró sorprendido a Mizkal, quien, según pude ver, tampoco estaba disgustado. Algo trivial, pero no para la sutil mente oriental. Para ellos era una garantía de que no venía a ser tratado como un miembro condescendiente de una raza que se consideraba superior, sino con el deseo de ser aceptado como amigo y de respetar sus costumbres, grandes y pequeñas.

Un oficial británico de Bagdad me había advertido, cuando supo que pensaba vivir con las tribus nativas, que la única manera de que un hombre blanco se hiciera respetar era mantener una actitud intransigente y un sentimiento de superioridad racial inherente con todos los nativos y en todo momento. Un blanco que «se volvía nativo», me dijo, siempre era objeto de un desprecio secreto.

Era un consejo bienintencionado —y, por lo que sé, tal actitud puede ser necesaria cuando los «conquistadores» se mezclan con miembros de «razas sometidas», o razas que esperan someter—, pero mientras estaba sentado en la tienda de Mizkal me temo que no era consciente de ningún sentimiento de superioridad, y estoy seguro de que no tenía el menor deseo de hacerme respetar. Me caía bien. Esperaba caerle bien. Yo era su invitado. Y tenía la simple idea de que cuando un hombre acepta la hospitalidad de otro, ya sea en un salón o en una tienda, no puede hacer ningún daño al observar las reglas de cortesía que allí imperen.

Después del café, Mansour nos trajo dos pipas de agua y nos sentamos a fumar en silencio.

Los viajeros ocasionales de Oriente que sólo han visto las mugrientas y miserables tiendas de los beduinos gitanos sin tribu a lo largo de la carretera o en las afueras de alguna ciudad se sorprenderían, tal vez, de la amplitud y el lujo sencillo de la tienda de un gran jeque del desierto.

El techo de la tienda de Mizkal era un toldo rectangular de pelo de cabra negro, tendido sobre postes con largas cuerdas, y todas las paredes, del mismo material, eran desmontables, como cortinas. Sus dimensiones eran de treinta metros por nueve.

Una cortina o tabique central, generalmente cubierto de alfombras y tapices, dividía el harén del *mukhaad* (aposento de los hombres).

La tienda siempre está orientada hacia el este. Por la noche, cuando hace buen tiempo en verano, se quitan o levantan todas las cortinas de la pared del *mukhaad*, de modo que se duerme a la intemperie, con sólo el dosel tendido por encima. Por la mañana, en cuanto el sol calienta de forma desagradable, se descorren las cortinas orientales, y así la tienda se convierte en un pabellón sombreado, abierto de par en par hacia el oeste. Más tarde, mientras el sol está en lo alto, la tienda se abre por todos lados para atrapar la pequeña brisa que pueda soplar. Por la tarde se invierte el proceso de la mañana. El extremo del harén suele permanecer cubierto.

La noche en que llegué y me senté por primera vez a fumar con Mizkal, se había colocado una profusión de alfombras de colores brillantes en la arena, cerca de la pared del harén. Sobre estas alfombras yacía un colchón ordinario —que más tarde descubrí que había sido fabricado en Alemania—; encima se habían extendido alfombras más suaves, y en cada extremo se habían colocado sillas de camello, contra las que nos reclinamos.

Mansour había desaparecido. Nos sentamos a observar *elgamar*, la luna creciente. En el extremo sureste del toldo, dos esclavos africanos estaban sentados junto a la cafetera, donde brillaba un fuego humeante.

Desde el este, y silueteados por un momento contra el cielo, llegó una procesión de camellos, parte de los rebaños de Mizkal que regresaban de pastar.

Los guerreros de su escolta, procedentes de las tiendas vecinas, de uno en uno, de dos en dos y de tres en tres, se acercaron en silencio, se tocaron la frente con la mano con un «*salam aleikum*» en voz baja y se sentaron en la arena*, hasta que unos treinta o cuarenta formaron un semicírculo. La mayoría encendió cigarrillos con pedernal y yesca —los beduinos, como los vaqueros occidentales, suelen «liarse los suyos»—; unos pocos entablaron una conversación en voz baja, pero la mayoría permaneció en silencio.

La luna, ahora de un rojo dorado, estaba en lo alto e inundaba las colinas con una luz brillante y cálida. Un esclavo se movía alrededor del semicírculo con una cafetera y dos tacitas tintineantes, de las que todos bebían por turnos. Mansour apareció con un cuenco de madera de leche de camella, fresca y espumosa, se arrodilló y se lo presentó a Mizkal, que lo cogió con ambas manos y me lo ofreció. Tomé un largo trago, se lo di a él y el cuenco pasó de uno a otro hasta que lo acabamos.

---

* El desierto de Arabia no es un «mar de arena» como el tradicional desierto de ficción. Se puede atravesar el desierto septentrional desde Siria hasta Irak sin encontrar nunca arena; hay inmensas extensiones de arcilla dura y cocida, otras de grava y sílex. Nuestro primer campamento con los Beni Sakhar estaba en una ladera arenosa, en un territorio donde la grava y la arcilla predominaban en la topografía circundante. El único gran desierto de arena que pisó este viajero fue el borde del Nefud, a trescientas millas al sudeste.

Más de una hora después, dos linternas de aceite —del tipo familiar utilizado en las granjas— estaban colgadas de clavijas de madera contra los postes de la tienda, y trajeron la cena: una gran fuente de latón, de metro y medio de diámetro y quince o veinte centímetros de profundidad, llevada por cinco hombres que la sujetaban con anillas de hierro. Los cadáveres enteros de dos ovejas descansaban sobre una masa de arroz y salsa, con pliegues y más pliegues de pan blando y fino alrededor del plato.

En la parte superior de cada canal estaba la cabeza cortada de la oveja, para mostrar que había sido recién matada, también para indicar el tipo de carne que era.

Mizkal llamó por su nombre a cinco o seis hombres del semicírculo. Con ellos salimos fuera de la tienda y nos frotamos las manos con arena, tras lo cual un esclavo con una tetera de hojalata y una toalla echada al hombro nos sirvió un poco de agua a cada uno, con la que completamos nuestras abluciones.

Nos pusimos en cuclillas alrededor del gran plato y comimos con la mano derecha. Mizkal seleccionó trozos de hígado, que me entregó, y después arrancó bocados selectos del cuerpo y los colocó en un montoncito delante de mí.

El arroz y la salsa se comían recogiendo un puñado entero en la palma de la mano y agitándolo en el aire, sobre el plato, hasta que una parte de la salsa se escurría entre los dedos, dejando una bola de arroz. Ésta se sacaba de la palma con el pulgar de la misma mano, se balanceaba sobre el pulgar y el índice y se lanzaba a la boca. Es de mala educación lamerse los dedos o llevárselos a la boca.

Cuando terminamos, volvimos a salir de la tienda y nos restregamos bien las manos en la arena. La propia grasa con la que se cubrió la mano derecha hasta la muñeca proporcionó una humedad jabonosa, y el proceso se completó sin necesidad de agua.

Después de que hubiéramos comido, los otros guerreros se saciaron, en grupos sucesivos, y lo que sobró se llevó al harén para las mujeres.

Las noches son siempre frías en el desierto, y Mizkal, pensando que mi manta podría no ser lo bastante gruesa, me trajo un edredón de algodón blanco y limpio. Iba a dormir en el mismo colchón y las mismas alfombras donde habíamos estado sentados. Me habían dicho que incluso en las tiendas de los grandes jeques podría encontrarme con alimañas, pero, salvo las pulgas, nunca lo hice. Los beduinos rara vez tienen problemas de piojos; las chinches son absolutamente desconocidas; las pulgas, sin embargo, son legión.

Di algunas vueltas en la cama, como sucede cuando uno se encuentra en un entorno totalmente nuevo, y justo cuando estaba a punto de dormirme, recobré el conocimiento con un sobresalto nervioso, abrí los ojos y vi en la oscuridad, silueteada contra la brillante luz de la luna, una figura silenciosa con una capa negra agazapada sobre mí.

Tuve un desagradable medio segundo de miedo irracional y empecé a levantarme de un salto. Entonces reconocí a Mizkal. Había venido a ver cómo descansaba. Se agachó, levantó con cuidado el edredón que me rodeaba el hombro y se marchó sigilosamente. Era la primera vez que me metían en la cama desde que mi madre lo hacía cuando yo era pequeño.

Había llegado al campamento de Mizkal en pantalones cortos y con un casco de médula o salacot, pero Emín había insistido en que llevara en las alforjas un conjunto completo de ropa beduina, no para disfrazarme, sino porque las prendas europeas, me dijo, serían poco prácticas e incómodas.

A la mañana siguiente, el jeque de jeques se alegró y se divirtió un poco al verme aparejado como uno de sus guerreros y me regaló un fusil, un cinturón de cartuchos y una pistola.

Mi desayuno, ingerido sin ceremonias, consistía en té de canela, humeante y caliente, en un vaso grueso, un puñado de dátiles secos y unos panecillos.

Mansour, el esclavo africano, hizo una cabriola de alegría cuando me vio convertido en beduino, fingió exageradamente no reconocerme, y preguntó: «¿Dónde está el *farengi*?», me abrazó como un oso y luego sometió mi atuendo a un minucioso examen. Dio su aprobación a todo, excepto a mi *gumbaz*, la larga prenda de algodón blanco, parecida a un camisón antiguo, que se lleva debajo de la *aba*. Llamó al pachá para que atestiguara que no era un auténtico beduino. Era árabe de pueblo. Las mangas no eran lo suficientemente voluminosas. Mizkal estuvo de acuerdo con él.

Resultó que nuestro campamento estaba a una hora a caballo del pueblo principal de Mizkal, Um-el-Akmid, y me invitó a ir con él a verlo. Esperaba que fuera en camello, pero no había ningún camello a la vista. Todos se habían marchado antes del amanecer a los pastos. Cabalgué a la derecha de Mizkal, en la yegua blanca que me había regalado. Mansour cabalgaba a su izquierda, y cinco o seis guerreros nos seguían detrás. Todos llevábamos rifles al hombro. Mansour cantaba mientras cabalgábamos. El caballo beduino se guía con una sola cuerda. Lleva un bocado, con una brida suplementaria de cuerda corta, pero sólo se utiliza para detenerlo cuando va a todo galope.

Diez minutos a galope hasta la cima de una colina permitieron ver el pueblo. En el resplandor transparente de la mañana parecía estar a sólo unos cientos de metros de distancia, en la ladera de otra colina, pero era muy pequeño. En realidad estaba a diez kilómetros de distancia. A medida que avanzábamos, parecía hacerse más grande, pero no más cerca. Finalmente llegamos.

Un centenar de casas de piedra y barro, de planta cuadrada y tejados planos, se agrupaban irregularmente alrededor de una estructura mayor que parecía una fortaleza o un cuartel, y que era el palacio de Mizkal.

Entramos en el patio del palacio sin desmontar, a través de la puerta «ojo de aguja» de una pesada muralla; de ahí, a través de una cámara desnuda y abovedada, como una sala de guardia, lo bastante grande para albergar a más de cien hombres, y a través de una puerta ruda, maciza y tachonada, que Mansour abrió y descerrajó, al salón de recepciones del jeque de jeques.

El suelo y las paredes de piedra estaban desnudos, pero un estrado ligeramente elevado en el extremo más alejado de la sala estaba cubierto de alfombras y apilado con cojines. También estaban cubiertos de alfombras los divanes bajos de piedra que se extendían a lo largo de ambas paredes laterales, unos doce metros o más. El lugar parecía mohoso y sin uso. Dudo que Mizkal entrara en él más de dos o tres veces al año. Era como si me mostraran la sala de una logia masónica cuando no había ninguna reunión.

Mizkal y Mansour, que habían estado cuchicheando, me dejaron —pensé que un poco sin ceremonias—. Al cabo de unos diez minutos llegó un criado y me condujo a una habitación más pequeña, en la que había varios cofres de madera, donde Mizkal permanecía sonriendo misteriosamente como un niño astuto, con un secreto, guardando algo a sus espaldas.

Sin una palabra de explicación, a un gesto de Mizkal, Mansour me agarró con fingida ferocidad y procedió a desnudarme hasta la cintura, dejándome sólo los enormes pantalones anchos y las zapatillas en los pies.

Mizkal sacó entonces un *gumbaz* de pura muselina blanca, con mangas tan voluminosas y largas que casi tocaban el suelo. Me lo puso por encima de la cabeza, se apartó para ver el efecto con ojo crítico y anunció que en cuanto el sol me diera un color saludable a la cara, me convertiría en un verdadero beduino.

Capítulo 2

Tiendas negras y camellos blancos

MIS amigos beduinos de la tribu Beni Sakhar eran hijos del islam, verdaderos creyentes, sinceros pero no fanáticos, de fácil observancia de los ritos.

El propio Profeta bendito había sido en su tiempo conductor de camellos y bandolero. Conocía las penurias de la *rahla*, la caravana y el *ghrazzu*. Había dicho que todos los musulmanes que emprendían largos viajes podían ser eximidos del cumplimiento estricto de las cinco oraciones rituales diarias. Y puesto que la vida del beduino es más o menos un «viaje» interminable, se cuenta a sí mismo bajo una dispensa especial permanente.

Al menos, así lo encontré entre las tribus que conocí en el desierto del norte de Arabia.

Entre los Beni Sakhar era costumbre que sólo nuestro jeque, Mizkal Pasha, rezara, al por mayor, por así decirlo, por todo su pueblo. Y de vez en cuando, incluso él se descuidaba. ¿No era Alá muy misericordioso y propenso al perdón?

Le vi rezar por primera vez a mediodía. Se levantó del círculo del café, se quitó la *aba*, la sacudió y la extendió sobre la arena, un poco apartado de nosotros, pero aún a la sombra del dosel abierto de la gran tienda. Poseía hermosas alfombras de oración, pero nunca le vi usarlas. La alfombra de oración tradicional de los beduinos es su capa. Para mi llegada y para ocasiones especiales, la tienda estaba adornada con lujosas alfombras y tapices, pero nuestra vida cotidiana era de una sencillez espartana.

El jeque de jeques se sentó en el borde de su capa y se quitó los zapatos. Un esclavo negro le trajo un cuenco con agua, con la que se enjuagó la boca. Aspiró un poco en sus fosas nasales, lo expulsó con la ayuda del pulgar y el índice, y luego se lavó las manos y los pies.

La invocación, con su alternancia de arrodillarse, levantarse y prosternarse hacia el sur, hacia La Meca, se pronunció en tonos bajos, distinguibles al principio, que luego se mezclaron en un murmullo susurrado:

—La paz y la gloria sean contigo.

Me sorprendió observar que mientras Mizkal rezaba, la docena o más de hombres del círculo del café no adoptaban ninguna actitud de silencio o devoción. Por el contrario, sus conversaciones, sus cigarrillos y otras pequeñas actividades se sucedían, me pareció que incluso con más brío de lo habitual. Aprendí que no es de buena educación, guardar silencio y observar atentamente a un hombre mientras reza. Si un esclavo está sacudiendo las tazas de café; si un narrador está en medio de un cuento; si los hombres chismorrean o regatean, es cortés que continúen. Y así lo hicieron mientras nuestro jeque rezaba.

Ni Mizkal ni nadie del campamento me había preguntado nunca por mis creencias religiosas. Es norma de los beduinos no indagar en los asuntos personales de un hombre después de haber sido aceptado formalmente como huésped. Nunca mostraron la menor curiosidad por saber si era rico o pobre en mi país, si estaba casado o soltero, o cuál era mi ocupación. Se cuenta la historia de un austriaco que fue *dakhile* (huésped protegido) de los anazaítas hace muchos años, y que llegó a la tienda de cierto jeque para quedarse, presumiblemente, un día o una semana. En lugar de eso, se instaló de por vida. Treinta años más tarde, un niño de doce años le dijo a su padre, entonces jeque de la tribu:

—El pelo, la cara y la voz de este anciano son diferentes de los nuestros, aunque viste como nosotros y utiliza nuestras palabras. ¿Quién es y qué hace entre nosotros?

El jeque respondió:

—Hijo mío, ese hombre vino a la tienda de mi abuelo como invitado; permaneció con mi abuelo hasta que este murió, y con mi padre hasta que murió mi padre. Ninguno de ellos preguntó de dónde o por qué vino; yo mismo no tengo esa descortés curiosidad, y mal te conviene ahora indagar en un asunto que no nos concierne a ninguno de nosotros.

Y así podría haber morado con Mizkal, durante meses o años, sin hablar de asuntos personales ni de creencias.

Pero el azar quiso otra cosa. Un día, un jeque vecino que se sentaba a fumar con nosotros comentó que había estado de visita en el-Kuts (Jerusalén) y que, entre varios lugares sagrados, había visto la tumba de Jesús.

De la conversación deduje que Jesús era conocido entre los beduinos y considerado un hombre santo; pero en el curso de ella este jeque dijo:

—Pero, ¿cómo no van a estar locos los que imaginan que un hombre de carne y hueso puede convertirse en un dios (cuando no hay más dios que Dios) que no es ni cuerpo ni espíritu?

Hasta donde yo sabía, no di ninguna señal de acuerdo o desacuerdo, pero el discurso me agradó, y creo que Mizkal debió de leerlo en mi rostro, pues después de que el visitante se hubo alejado, permaneció largo rato en silencio, y luego dijo:

—Hay una cosa que quizás he entendido mal. He supuesto que todos los *farengi* creían que este santón judío era un dios.

Respondí con todo el cuidado y la sinceridad que pude:

—Es un asunto que se ha malinterpretado. Hay muchos entre los míos que creen que Jesús es realmente Dios; pero también hay muchos hombres buenos, unos pocos, incluso entre nuestros sacerdotes, que no lo creen, y que piensan, con tu sabio amigo, que debe estar un poco loco quien puede sostener tal creencia.

—¿Cuál es, entonces, su creencia? —preguntó Mizkal.

—Hay muchos que creen que no hay más dios que Dios, que no es ni cuerpo ni espíritu —respondí.

—¡Verdaderos creyentes! —exclamó Mizkal.

—Verdaderos creyentes, tal vez —respondí— pero no musulmanes, porque ellos creen que este único Dios es verdaderamente adorado bajo muchos nombres, y bajo muchas formas y rituales diferentes, y que ha tenido muchos profetas, no sólo Moisés, Jesús y Mahoma, sino Buda, Confucio o Lao-Tse.

Y le conté una larga conversación que había mantenido con Hadji el-Vatan, bajo los árboles del patio de la Mezquita de las Palomas de Estambul, en la que aquel venerable doctor del islam y yo habíamos llegado a un acuerdo casi perfecto sobre la inefable unicidad del misterio final.

Mizkal fumó en silencio durante casi media hora. En el desierto hay tiempo para la reflexión. Entonces se acercó y me dio una palmada en el hombro.

—Amigo mío —dijo—, me considero un verdadero musulmán; sin embargo, me parece que tú y yo adoramos al mismo Dios. Me parece, por lo tanto, que tú también debes ser musulmán de corazón, aunque no guardes la observancia y nunca hayas hecho la peregrinación a La Meca.

—Eso no lo sé —respondí. Y añadí, no para complacerle, sino porque era el hecho:

—Al menos es cierto que no soy cristiano, pues no creo que Jesús fuera Dios o el hijo de Dios, ni que resucitara de entre los muertos, ni que deba adorarle.

—¿Crees que no hay más dios que Dios? —preguntó Mizkal.

—¡De verdad! —le contesté.

—Hace un rato —dijo Mizkal— creo haberte oído pronunciar el nombre de Mahoma entre los profetas del Dios único.

—Así es.

—Pero no se necesita nada más para vivir como un verdadero musulmán y entrar en el Paraíso —aseguró Mizkal—. *La illaha Mullah; Mohamed rassoul ullah.* ¿No lo repetirás después de mí?

—De buena gana —respondí, y así lo hice.

Estaba encantado, pero no había unción solemne ni fervor en su placer. Al contrario. Con una risa alegre llamó a gritos a Mansour, que estaba ocupado con algo fuera de la tienda. El africano y otros cinco o seis se acercaron a ver de qué se trataba.

«He descubierto que mi hermano es un verdadero creyente», gritó Mizkal, que era su sincera manera de verlo; ni yo tenía ningún deseo de contradecirle. No creía que me hubiera «convertido» o que yo me hubiera convertido a otra fe. Simplemente, creía que yo era musulmán por naturaleza.

Luego, durante el resto de la velada, cada vez que entraba en la tienda uno de los hombres que no lo había oído, Mizkal me hacía repetir la sencilla fórmula: «No hay más dios que Dios, y Mahoma es su profeta».

Mansour, para divertirse, creo, más que con alguna idea de su valor para mi alma, estaba a favor de que me enseñaran inmediatamente las oraciones y el ritual. Mizkal parecía pensar que eso no era ni deseable ni necesario.

Me enseñó cuidadosamente a decir: «*Bismillah al-rahman arahim*» («En el nombre de Alá, el misericordioso, el compasivo»), y me recomendó que lo repitiera cuando estuviera en peligro o en vísperas de cualquier acción importante.

Al día siguiente, Mizkal me hizo un regalo que aún conservo: un amuleto hueco de plata pesada, con la forma y el tamaño de un terrón de azúcar, que contenía una copia genuina de todo el Corán, en caracteres árabes tan diminutos que sólo pueden distinguirse con la ayuda de un microscopio. La tapa se sujetaba con un fino cordón de soldadura, que se abría para mostrarme el minúsculo y precioso volumen, y se volvía a sellar con la punta de la hoja de un cuchillo, utilizada como soldador, antes de ensartarlo en una correa de cuero y colgarlo de mi cuello.

Ciertos pasajes del Corán, a los que se atribuye una eficacia especial contra la enfermedad, la violencia y diversas desgracias, se escriben en trozos de papel, se encierran en amuletos de metal o cuero y casi todos los beduinos los llevan al cuello. Llevar el Corán entero en el amuleto era como si un católico devoto llevara colgadas del cuello las medallas de todos los santos, o como los sueros que se inyectan los médicos para protegerse de gérmenes de una docena de clases diferentes.

Mansour también pensó en hacerme un regalo, y regresó enseguida con una daga, no la hoja curva y bellamente labrada de la ostentación, sino lo que mi amigo Ahmed Abdulá llama un «cuchillo de negocios»: una hoja recta, gruesa, de veinte centímetros, engarzada en una sólida empuñadura de metal. La hoja estaba recubierta de una película de grasa negruzca. En una de las caras tenía estampada una tosca media luna, con el nombre del fabricante, su sello y la fecha y el lugar de forja: Medina, en el año 1243 del calendario musulmán (1825 en el cristiano). En la otra cara, más ligeramente recortada y oscurecida por la película de aceite, había una inscripción.

El sentido del regalo quedó claro cuando Mizkal leyó la inscripción, el grito de guerra de la yihad: «¡Matad, en nombre del Profeta!».

Dudo que Mansour tuviera la menor idea de hacerme miembro de su «iglesia militante» —estoy seguro, de hecho, de que él mismo nunca había degollado a un cristiano por razones puramente teológicas—, pero cuando acepté la daga y me la enganché al cinto volvió a insistir en que aprendiera las oraciones y las genuflexiones, hasta que Mizkal perdió por fin la paciencia y le mandó callar bruscamente.

Mansour replicó con el privilegiado descaro oriental de su clase:

—¿No habrá una cabra coja en la tienda de mi tío, hermano nuevo?

Este comentario ocurrente, recibido con risas, me pareció demasiado obtuso hasta que me lo explicaron.

Se contaba que cierto beduino que llevaba años sin rezar y que no pertenecía a ninguna tribu, sino que vivía solo al borde del desierto, cuidando su pequeño rebaño de cinco cabras, un camello y dos ovejas, recibió un día la visita de un derviche errante, celoso en la observancia de todos los rituales.

El derviche, prometiéndole una mayor prosperidad en esta vida y el Paraíso en la otra, le persuadió para que reanudara las oraciones largamente olvidadas, y comenzó a observarlas escrupulosamente, cinco veces al día.

Al cabo de una semana, vinieron unos lobos y devoraron a sus dos ovejas.

«Desgraciadamente», se dijo el beduino, «esto es fácilmente explicable. Durante los largos años de mi silencio, Alá, cuyos caminos no conoce, se ha olvidado de mí; pero ahora que he vuelto a su memoria, me castiga un poco por mi negligencia. Ahora que he perturbado su compasiva indiferencia, no queda más remedio que seguir rezando hasta obtener su misericordia».

Así que siguió rezando cinco veces al día. Al poco tiempo le robaron su único camello, dos de sus cabras enfermaron y murieron, otras dos huyeron, y se quedó solo con una cabrita que no podía huir porque era coja.

El beduino levantó las manos y gritó:

—Evidentemente, Alá, en su divina sabiduría, no desea ser molestado por mis súplicas, y lo mejor que puedo hacer es dejar que me olvide de nuevo y me dejará en paz.

Así que dejó de rezar y se quedó solo en el desierto, con su única cabrita negra y sin más sustento que su leche.

Las cabras son violentamente gregarias, y cuando la cabrita perdió a todos sus congéneres, buscó insistentemente la compañía del beduino; entró en su tienda y no quiso que la echara; revolvió el cuenco; trató de acurrucarse junto a él por la noche para calentarse, de modo que las pulgas se dieron un festín con él. Una noche, después de haberla echado, entró tropezando de nuevo y le pisó la cara con sus pezuñitas afiladas.

Entonces se despertó y gritó enfadado:

—¡Sal de mi tienda, o empezaré a rezar de nuevo, y entonces Alá enviará a los lobos para que te coman!*

El buen humor es el mejor profiláctico contra el fanatismo. Estos beduinos no sólo estaban siempre dispuestos a hacer bromas contra los seguidores demasiado piadosos de su propia fe, sino que no parecían tener ningún antagonismo especial hacia los *nazara* (cristianos).

El duro fundamentalismo del grupo wahabí de la Meca, más al sur, les era totalmente ajeno. Su amabilidad hacia mí, después de que yo reconociera a Alá, no fue diferente de la que había tenido antes. Sin embargo, su actitud hacia los cristianos nativos estaba teñida de un ligero desprecio amistoso.

Cuando cuatro hombres de los Salibi —una extraordinaria y poco conocida tribu de nómadas cristianos cuyo territorio se encuentra muy al sudeste de Damasco— llegaron a nuestro campamento para intercambiar burros por grano, fueron tratados con cortesía, pero como inferiores.

En el *mukhaad* de Mizkal se les daba agua y café gratuitamente, pero me di cuenta de que se sentaban aparte de nuestros hombres. Al atardecer, montaron su propia *hejra*

---

* El final literal de la historia es: «¡Lárgate o, por Dios, te doy tres patadas!».

(una especie de tienda de campaña), donde prepararon su propia comida y durmieron.

Mi amigo, Emín Arslán, que conoció a los Salibi cuando era gobernador del desierto bajo dominio turco, tenía la teoría de que eran de sangre mezclada, remontándose posiblemente a las últimas Cruzadas.

No tienen rituales, ni contacto con los maronitas u otros cultos cristianos autóctonos, ni símbolos, salvo una cruz de madera. Creen en la divinidad de Cristo. Los ojos azules son frecuentes entre ellos, aunque no son desconocidos entre las tribus semíticas puras; unos pocos son rubios; algunos de sus hombres son pecosos y de pelo arenoso.

Su estatus en el desierto es peculiar. Según las leyes no escritas de los beduinos, están fuera de la ley, pero son inviolables. Se les permiten las armas, pero sólo para cazar y protegerse de los merodeadores criminales. No pueden participar en el *ghrazzu*, el gran «juego» beduino de asaltar a otras tribus para capturar camellos y rebaños, más que para hacer la guerra o derramar sangre, aunque necesariamente la sangre se derrama a menudo. No tienen aliados y ninguna otra tribu beduina puede asaltarlos o atacarlos.

Cuando las tribus incursoras atraviesan su territorio y se detienen donde están instaladas sus tiendas, pueden exigir agua y café a los Salibi, pero no comida.

Entre las tribus regulares, por ley del desierto, si los hombres vienen cabalgando en persecución de un fugitivo, y preguntan a dónde ha huido, es una cuestión de honor mentir o rechazar la información.

Pero cuando se persigue a un hombre y se interroga a estos nómadas cristianos, el punto de honor se invierte y deben decir la verdad; deben dar la información que pueda conducir a la captura del fugitivo, y no se deshonran por hacerlo.

Hablan árabe beduino, pero tienen ciertas palabras especiales que parecen ser de origen francés, o que al menos se remontan a raíces latinas.

Muchos de ellos llevan pieles de gacela como camisas, debajo de sus *abas*, mientras que ninguna otra tribu del norte viste con pieles.

Tienen burros, cabras, ovejas y camellos, pero no caballos. Esta costumbre se remonta al período, que terminó hace apenas cuarenta años, en que a ningún cristiano o judío nativo de Arabia se le permitía aparecer a caballo. Bajo el dominio turco, incluso en Damasco y Jerusalén, el judío o cristiano nativo, por rico que fuera, se desplazaba en burro o mula.

Para los beduinos varones de cualquier tribu musulmana, tocar un burro, y mucho más montarlo, es una vergüenza y una impureza. En el campamento de Mizkal había muchos burros, pero los trabajaban y montaban exclusivamente las mujeres, que pueden tocarlos sin vergüenza, o los niños preadolescentes.

Sin saberlo, cometí el error de acariciar a un burro una tarde en el campamento de Mizkal. Si no hubiera dado pruebas previas de mi deseo de aprender y respetar sus costumbres, me habrían dejado «quedar mal», sin darme aparente importancia. En lugar de eso, dos hombres vinieron corriendo al instante a detenerme, me explicaron con entusiasta volubilidad y me llevaron a una tienda donde pude lavarme bien las manos con jabón, el primero que había visto en el campamento.

También sentían una curiosa aversión hacia los sementales. El semental no se consideraba impuro como el burro, pero me di cuenta de que los hombres evitaban tocarlo o acercarse a él siempre que podían. No sabría decir si se debía a oscuros y primitivos celos masculinos o si era mera precaución natural frente a bestias ocasionalmente peligrosas. Pero su aversión era marcada y nunca los montaban. Todos sus caballos de silla eran yeguas, por las que sentían un gran afecto.

Sin embargo, las mascotas mimadas del campamento, más queridas incluso que las mejores yeguas, eran los camellos blancos de Mizkal. Sé que esto es *contrario* a lo que dicen la mayoría de los observadores, pero hay una distinción y una explicación.

Casi todos los escritores sobre la vida en el desierto han dado mala fama al camello y, de hecho, se la merece, si por «camello» se entiende sólo la desgarbada bestia de carga de color pardo.

Tiene la malicia y la estupidez combinadas del peor tipo de mula. Es feo como el pecado, y no desmiente su aspecto. Su negro corazón está lleno de un odio vicioso y melancólico. A menudo apesta, o más bien su aliento lo hace, como diez mil demonios estreñidos. Y uno de sus trucos favoritos es vomitar explosivamente su vil bolo alimenticio verdoso en la cara del hombre que intenta hacerle un favor. Te morderá, no con ira, como hacen a veces los caballos de mal genio, sino con despreocupada y fría contumacia. Si estás dormido, se desviará de su camino para pisarte la cara. Se sabe que un camello moribundo se arrastra durante kilómetros hasta un manantial, no para beber allí —así lo juran los árabes—, sino para que su cadáver contamine el agua y envenene a los que vengan a beber después. Si hay una zanja o un pozo, lo buscará y caerá en él, rompiéndose las patas si es necesario, sólo para incomodar a su amo. Es perezoso y traicionero. Nadie lo ama, ni siquiera el misericordioso y compasivo Alá.

Pero hay otra raza de camellos en el desierto de Arabia, diferente de estos hijos de Shaitán como un galgo de pura raza es diferente de una hiena: los *hejin* blancos, o camellos de carreras, el orgullo y la gloria de sus dueños.

La primera noche de mi estancia en el campamento de Mizkal habían vuelto a casa al anochecer; sólo los había visto silueteados de negro contra la luna, y cuando llegó la mañana se habían ido de nuevo a los pastos.

Sin embargo, una noche después llegaron al atardecer: una procesión de quinientos animales de una belleza soberbia, de un blanco puro, largos y limpios de miembros, con cuellos graciosos y cabezas pequeñas y bien formadas. Estaban a cargo de un anciano y un pequeño camellero.

Mizkal estaba tremendamente orgulloso de ellos y se alegraba de mi excitado interés. Quise ir inmediatamente a verlos más de cerca, donde se agrupaban al abrigo de una loma, a unos cien metros a la izquierda de la tienda, preparándose para pasar la noche.

En lugar de eso, me retuvo y, de pie frente a su tienda, gritó: «¡*Iee, iee, iee!*». Pude ver a toda la manada arqueando el cuello para escuchar. Luego gritó: «¡*Mazir!* ¡*Mazir!*». Lo repitió quizá una docena de veces, hasta que un camello se separó de los demás y vino hacia nosotros. Era su corcel favorito, un macho. Su nombre significaba «pequeño torbellino». Amistoso y ansioso, Mazir acarició con el hocico la mejilla de Mizkal, mientras acariciaba su poderoso y esbelto cuello. Pidió a gritos una hogaza de pan, con la que alimentó al camello en pequeños trozos de la palma de su mano. Algo me pareció especialmente curioso en sus ojos. No sabía qué era, hasta que me di cuenta de que tenía pestañas en los párpados superior e inferior, lo que hacía que sus ojos parecieran extrañamente humanos. Un zoólogo me dijo más tarde que, por lo que él sabía, los únicos camellos con pestañas eran el *hejin* y el *borzoi*. También acaricié a Mazir y le di trocitos de pan. Su pelo era suave y sedoso, desgreñado y espeso en la joroba, liso en las demás partes del cuerpo, como la mejor lana de oveja. Su nariz era suave y su aliento dulce como el de una vaca. Su vientre era duro y apretado, como un barril o un enorme timbal.

Caminamos hacia la manada, con Mazir siguiendo a Mizkal como un perro. Me aseguró que eran tan inteligentes, leales y cariñosos como los mejores caballos. Se detuvo a acariciar a uno y a otro y a hablarles por su nombre mientras caminábamos entre ellos.

Observamos a las crías de camello mamando de la teta de su madre. Intenté acariciar a una que había terminado su cena, pero era tímida y se alejó dando saltitos torpes. Un esclavo se acercó con un cuenco de madera y ordeñó de pie, sujetando el cuenco con una mano y ordeñando con la otra.

Cuando está fresca, la leche de camello sabe tan parecida a la leche de vaca que no creo que nadie pueda notar la diferencia. Sin embargo, cuando está fermentada, que es cuando se suele beber, tiene un sabor y un olor muy característicos.

Para su uso en el campamento, se coloca en una piel de cabra colgada contra uno de los postes de la tienda. Las bacterias presentes en la piel —que se utiliza una y otra vez sin limpiarla— fermentan casi inmediatamente y se puede beber durante días sin que se agrie.

Aquella noche, antes de acostarme, salí de nuevo a la luz de la luna para observar a los camellos, y descubrí que la mayoría dormían arrodillados como vacas, con las patas dobladas bajo el vientre, pero que algunos estaban despatarrados de lado, con sus largos cuellos y cabezas apoyados en la arena, retorcidos en extrañas y fantásticas posturas que sugerían a sus antepasados prehistóricos.

La ascendencia real de los *hejin* es controvertida. Las autoridades académicas creen que descienden del suwari indio, traído a través de Persia a Arabia hace siglos con fines de cría, pero el propio árabe insiste en que son autóctonos.

Cuando Mizkal se dio cuenta de que yo tenía al menos tantas ganas de montar en un camello de carreras como un derviche de ser llevado en alas de ángel al Paraíso, me ofreció como un príncipe la posibilidad de elegir entre todo su rebaño. Con su ayuda elegí una hembra llamada Charalah, mansa, me dijo, y de paso suave, pero casi tan veloz como su propio camello Mazir. En realidad era mía. No fue culpa de Mizkal que no pudiera traerla a casa conmigo. Pero aún conservo, para el recuerdo, la alforja de Charalah, de brillantes colores y adornada con borlas, la daga que me regaló Mansour y, para otros recuerdos, ciertas tobilleras de plata con pequeñas campanillas tintineantes y un par de brazaletes de plata que hacen que los más pesados de los «brazaletes de esclavo» de moda parezcan frágiles juguetes de disfraces.

En una o dos ocasiones había sufrido las habituales experiencias desagradables del infeliz camellero aficionado. Pero ahora, con un camellero bien entrenado y con los beneficios de la cuidadosa instrucción de Mizkal, la historia era completamente diferente.

Aprendí que los largos pomos de madera de la silla de montar, delante y detrás, como pesados palos de escoba serrados, no estaban diseñados principalmente para perforar los estómagos y romper los espinazos de los infieles, sino que tenían usos más razonables. El asiento correcto, según me instruyó Mizkal, era «de lado», sobre el amplio armazón de madera cubierto de alfombras, con el pomo delantero firmemente sujeto en el pliegue de la pierna derecha y el empeine derecho bloqueado sin apretar bajo el talón izquierdo. El pomo trasero, que nunca se clavaba en la espalda si uno se sentaba correctamente, era útil como percha para el rifle, las pieles de agua y otros pertrechos que no se podían llevar cómodamente en las alforjas.

Charalah se arrodilló, masticando amablemente su bolo alimenticio, mientras Mizkal me sentaba correctamente y me mostraba cómo envolverme las piernas con los pliegues de la *aba*. Una correa de cuero me colgaba de la muñeca la ligera vara de camello de bambú, de un metro y medio de largo. Charalah no tenía bocado ni brida, sólo un ronzal con una cuerda atada al pomo de la silla.

Mizkal me había enseñado dos o tres palabras guturales de mando: *ikh* (arrodillarse), *dhai* (levantarse), *yahh* (ir).

Dije enérgicamente: «¡*Dhai!*», me armé de valor y esperé que ocurriera algo grandioso. Pero no ocurrió nada. Lo repetí con varias entonaciones, pero Charalah siguió masticando plácidamente su bolo alimenticio. Desde el principio se mostró bastante amistosa, pero nunca aprendió a entender mi árabe. Poco importaba, pues el propio árabe rara vez dirige verbalmente a su corcel. Es más fácil hacerlo con golpes de bastón.

Siguiendo las instrucciones, golpeé a Charalah suave y respetuosamente bajo la barbilla. Su parte delantera se elevó varios metros, mientras que la trasera permaneció inmóvil como la Esfinge, y yo me aferré al pomo en un ángulo de cuarenta y cinco grados. Ella se había limitado a enderezar la parte superior de las patas delanteras, con las rodillas aún en la arena. Entonces su espalda se levantó con un doble movimiento y yo me lancé hacia delante, con el ángulo de cuarenta y cinco grados invertido. Sus patas delanteras se abrieron como una navaja y yo volví a la horizontal. La sensación de elevación era prodigiosa, aunque era un camello relativamente pequeño.

Y entonces empezamos. Se guiaba fácilmente con ligeros golpecitos del bastón de camello a los lados del cuello. La marcha se regula pateando hacia dentro con el talón. Una patada ligera significa caminar, una patada más aguda produce un trote, y un toque rápido y ligero significa correr. El paso es la marcha que ocasionalmente produce el mareo. Hay un vaivén constante hacia delante y hacia atrás, como el cabeceo de un barco. La transición al trote era ciertamente brusca, pero el trote largo de la camella, una vez alcanzado su paso, me pareció más fácil que el de un caballo normal. La carrera completa, que no emprendí hasta el tercer o cuarto día, era una auténtica maravilla. Era como volar con el viento.

Durante la semana siguiente Charalah no fue más a los pastos. Todas las mañanas, generalmente acompañado por Mansour, también montado en camello, cabalgaba durante horas, dando vueltas entre las colinas que rodeaban nuestro campamento, corriendo cuando llegábamos a tramos llanos.

Como había oído historias contradictorias, quise comprobar por mí mismo lo que podía hacer un camello de carreras contra un caballo, y una mañana Mansour montó en la yegua blanca. Al paso, el camello se adelantaba lenta, pero constantemente, como un hombre de piernas largas adelanta a otro de piernas cortas sin acelerar el paso. Al trote, el camello llevaba ventaja, y la yegua tenía que ir al galope cada uno o dos minutos para mantenerse a su altura.

A la carrera, para mi decepción, la yegua se deslizaba hacia delante como un coche de carreras se aleja de una potente limusina, ambos con el acelerador a fondo. Al cabo de un kilómetro y medio —un buen trayecto sobre tierra firme y llana y arena—, la yegua llevaba unos trescientos metros de ventaja y, al parecer, seguía ganando terreno. Entonces Mansour retrocedió.

—Creí que me habías dicho que el *hejin* podía dejar atrás a cualquier caballo —le dije.

—Hace falta más distancia —respondió.

—¿Cuánto?

—Ocho kilómetros, tal vez quince.

Era reacio a intentarlo aquella mañana, por miedo, imagino, a que Mizkal le regañara si la yegua blanca se quedaba sin aliento. Otro día corrimos con mi *hejin* contra una de las yeguas alazanas de Mizkal, que el propio Mizkal montaba, a lo largo de trece kilómtros hasta un campamento vecino. A los cinco kilómetros, Mizkal parecía llevar casi un kilómetro de ventaja, pero ya no la ganaba. A partir de ese momento, la distancia entre nosotros disminuyó lentamente. A los diez kilómetros, por lo que pudimos adivinar, llegué a su altura y la carrera estaba prácticamente terminada. La yegua estaba terriblemente agotada, aunque seguía avanzando con valentía, mientras que mi camello estaba en lo más alto de su zancada y respiraba sin cesar.

Una cosa, sin embargo, me preocupaba de Charalah. Había aprendido a conocerme, y parecíamos estar en términos de afectuosa amistad; sin embargo, de vez en cuando, y en las más variadas circunstancias, daba expresión a gemidos desgarradores y melancólicos. Eran fuertes, prolongados, medio humanos, llenos de infinita tristeza y reproche. A veces gemía cuando me subía a su lomo, como si le hubieran puesto una carga insufrible sobre su blanca joroba. Pero era igual de probable que alzara la voz en señal de lamento cuando me apeaba. Llegué a la conclusión de que, o bien tenía un terrible dolor de barriga, o bien una secreta pena personal.

Cuando hice partícipe a Mizkal de mis temores, me aseguró que todos los camellos gemían y que cualquier dolor o pena que pesara sobre el alma de Charalah era compartido por igual por toda la tribu de camellos. Había una historia al respecto, dijo.

> Una caravana atravesaba el desierto en fila india, conducida, como casi siempre en Arabia, por un chiquillo montado en un asno. El primer camello de la caravana gemía a cada paso, y el segundo le dijo:
>
> —Oh hermano, ¿por qué gimes?
>
> —Gimo —respondió el primer camello— porque es nuestro destino, a pesar de ser la más grande y noble de las criaturas de Alá, ser siempre guiados por el pequeño y vergonzoso asno.

Me habían hablado de un gruñido áspero y furioso que se dice que emiten todos los camellos cuando se enfurecen, pero el único sonido que les oí realmente, además de sus gemidos, fue el estridente y penetrante ruido que producen al raspar sus dientes entre sí, que se transmite a cientos de metros y que parecen utilizar para llamarse unos a otros.

Es cierto, además, que el camello puede, y a menudo lo hace, pasar siete días sin agua. Pero cuando está en el campamento o pastando se le lleva a los pozos cada tercer o cuarto día. Dábamos de beber a Charalah cada tres días en un pozo cercano a la aldea de Mizkal, y habitualmente bebía de ocho a diez cubos.

Como no iba a pastar con los demás, alimentábamos a Charalah con heno que sacábamos de la tienda para los caballos, que yo complementaba con muchos restos de pan, que le gustaban muchísimo. Solía metérmelos en el cinturón y, si no los encontraba, los buscaba entre los pliegues de mi *aba*.

Una noche, mientras dormía bajo el toldo abierto de la tienda, me desperté y vi vagamente una enorme cabeza blanca y plana, y un cuello largo y curvado que se agitaba sobre mí, como una serpiente gigantesca. Era Charalah, que se acercaba para pedir limosna. Había dejado su joroba fuera, lo que era una suerte para el toldo y los postes de la tienda. No quería que adquiriera hábitos de cena de medianoche, así que le di una fuerte palmada en la nariz y se retiró gimiendo.

Capítulo 3

Una vampiresa del desierto

UNA mañana, el jeque Mizkal se sentó en el diván, como un sultán, para administrar justicia según las leyes patriarcales del desierto.

La disputa era un asunto familiar íntimo, que involucraba las relaciones domésticas de su propio sobrino y sobrina, pero todos los que tenían «oídos para oír» fueron convocados a reunirse en la gran tienda.

El sobrino, Jerid, un muchacho de veinte años, pero ya un importante jeque menor en el grupo tribal, con su propio campamento y cincuenta guerreros, se había casado dos años antes con una muchacha, de nombre Thirya, procedente de El Khour. Ella le había dado un hijo y ahora estaba embarazada de nuevo.

Me dijeron que Thirya había insistido en que su marido tomara una segunda esposa y Jerid se había negado insistentemente. Se habían peleado y amenazado con separarse, pero habían acordado someter sus diferencias a Mizkal para que las resolviera.

El grupo llegó poco después de las ocho, Jerid con veinte de sus hombres a caballo; Thirya en una litera con cortinas sobre un camello blanco, con una vieja sirvienta africana en un burro.

La joven esposa llevaba un manto de pesada seda carmesí de Bagdad —era la primera mujer beduina que veía con otra vestimenta que no fuera la túnica negra oxidada—. Llevaba brazaletes de plata en los brazos y monedas de oro trenzadas en el pelo. Sus botas eran de cuero rojo de Damasco, con borlas de seda azul pavo real. Iba descubierta, como hacen siempre las beduinas árabes. Era bastante guapa, pero no era una belleza delirante como la hermosa doncella —una auténtica «vampiresa del desierto»— a la que Mizkal me llevó a ver unos días más tarde.

Thirya y su sirvienta desaparecieron en el harén, mientras Jerid y sus hombres se unían a nosotros. El joven jeque se sentó con Mizkal y conmigo en las alfombras apiladas, pero no mencionaron ni una palabra de la disputa. Hablaron de camellos, pastos y la *rahla* de otoño.

Los guerreros se sentaban con las piernas cruzadas en un gran círculo abierto, hombro con hombro, de cuatro a cinco en fondo, bajo el amplio toldo, y otras filas se situaban justo fuera, detrás de ellos.

Mansour, mayordomo negro, trajo del harén una pequeña alfombra, cojines y un incongruente cubrecama de seda rosa con los que dispuso un pequeño sofá, cerca del centro del círculo que miraba a Mizkal. Luego colocó otra alfombra al lado para Jerid.

Los hombres no se levantaron cuando Thirya llegó del harén y se dispuso en el sofá rosa, pero cuando Jerid abandonó su lugar junto a Mizkal todos se levantaron con él y permanecieron de pie hasta que volvió a sentarse. Ignoró la alfombra que le habían tendido y se acuclilló aparte en la arena.

Cuando me levanté con los demás, me di cuenta de que treinta o cuarenta mujeres estaban agrupadas fuera de la tienda. No podían ver por encima de las cabezas de los hombres, pero estaban lo bastante cerca para oír. Un murmullo provenía del otro lado del muro de cortina del harén, detrás de nosotros, donde otros oídos ávidos escuchaban.

Mansour, en cuclillas a los pies de Mizkal, golpeó bruscamente tres veces la arena con un bastón de camello y el diván se abrió.

—¿Quieres hablar tú primero, Jerid? —preguntó el jeque de jeques.

—No, por Dios —respondió el joven—, yo estoy contento.

Queriendo decir que su mujer era la que había causado todos los problemas y la que exigía cambios. Entonces, empezó a liar un cigarrillo enfurruñado.

—¿Hablarás entonces, Thirya, o tendrás a otro que hable por ti?

—Hablaré, tío mío —respondió ella, y empezó con suavidad, pero pronto se excitó y vertió tal torrente de palabras que no pude seguirlas. Lo que me perdí, junto con sus implicaciones, me fue explicado más tarde.

Thirya insistía en que Jerid añadiera una segunda esposa a su hogar por tres razones.

La primera era la cuestión de la maternidad. La riqueza y la fuerza de una tribu beduina residen en su mano de obra, incluso más que en sus rebaños, y todo padre beduino quiere tener tantos hijos como pueda, sobre todo varones. Un hombre puede engendrar veinticuatro hijos, con alegría en el engendramiento y sin carga posterior, pero una mujer que se ve obligada a tener muchos hijos «lleva una carga interminable», pierde su juventud y belleza, envejece rápidamente.

Las mujeres de los guerreros más pobres se contentan con ser madres de cría, porque su vida, en cualquier caso, es de trabajo y penurias continuas, de modo que poco importa. Pero la esposa de un jeque joven, sobre todo si es orgullosa y hermosa, prefiere tener dos o tres hijos, y no más, conservando su figura y juventud, y dejando que otras esposas asuman por turno la carga de la maternidad.

La segunda razón era la cuestión de la compañía. La muchacha beduina soltera puede tener pretendientes y visitantes a su antojo; en este sentido es asombrosamente más libre que otras mujeres islámicas; pero una vez casada, sus contactos sociales son más limitados. Incluso su marido pasa las novenas partes de su tiempo libre en el círculo del café, del que las mujeres están excluidas. Thirya se quejaba de que la vida era estúpida, con sólo sirvientas e inferiores en su harén. Quería la compañía de una segunda esposa, una igual.

Sostuvo, además, que era «indigno» y «antinatural» que una esposa cargara con todas las responsabilidades domésticas de una tienda de jeque. Un jeque próspero tiene su casa abierta continuamente. Ocho, diez y, con frecuencia, veinte invitados pueden «dejarse caer» inesperadamente para cenar. Por muchos sirvientes que haya, ciertas tareas domésticas recaen sobre la esposa en el desierto igual que en Londres o Nueva York, salvo que no tiene la compensación de cenar con sus invitados, y Thirya, con un bebé que cuidar y otro en camino, insistió en que ya era hora de que su marido mostrara una consideración decente e instalara una segunda esposa.

Ella alegó largamente, siendo la parte agraviada. Jerid respondió con pocas palabras. Propuso tomar una segunda esposa a su debido tiempo, pero estaba harto de que le dieran la lata con eso y no quería que le metieran prisa.

Mizkal resopló plácidamente su narguile, reflexionó y emitió un juicio:

«Todo hombre desea tener muchos hijos, si es la voluntad de Alá, pero no es bueno que la esposa de un jeque lleve cargas, como un camello, toda su vida. Sin embargo, una esposa quejosa y descontenta también es una pesada carga, y si una esposa llena el harén de discordias, ¿cómo querrá el marido tomar otra? Que Jerid y Thirya vuelvan a su *beit-shaar* en paz, y que cesen los reproches de ella. Y al final del Ramadán (la primavera siguiente), cuando hayamos regresado de nuevo del sur, Jerid tomará una segunda esposa. He hablado».

Mansour dio tres golpecitos con el bastón de camello para anunciar que se levantaba la sesión. Thirya, fingiendo que había triunfado, pero realmente contrariada, se retiró al harén.

Y de pronto todo volvió a la calma en el círculo del café. Sólo un tabique tapizado de pelo de cabra separaba a las mujeres de nosotros, pero volvíamos a estar en un mundo de hombres, alejados y apartados de toda perturbación femenina.

Las mujeres beduinas gozan de una libertad desconocida en las ciudades musulmanas, pero tanto en el desierto como en la ciudad, el hombre sigue siendo el amo y señor. El árabe varón de una tribu como los Beni Sakhar es un aristócrata de un tipo que las feministas ardientes difícilmente encontrarían simpático, aunque su lema favorito sea «Dejad que las mujeres trabajen». Los pacifistas le tendrían aún menos simpatía. Es demasiado orgulloso para hacer otra cosa que no sea luchar.

Mi anfitrión, el jeque Mizkal, poseía, en el borde del desierto y en los oasis vecinos, muchos miles de acres de tierra cultivada, pero ni un solo hombre de su propia tribu se dignaba a tocar el arado o la hoz. Empleaba *fellahin*, campesinos nativos, en su mayoría mujeres, musulmanes y cristianos, para todas las labores agrícolas. Sus guerreros los despreciaban y los llamaban «la gente de las caras grises como la tierra». Los ancianos, los niños y las niñas cuidaban los rebaños, los camellos, las cabras negras y las ovejas. Las mujeres se ocupaban de todas las tareas domésticas y del campamento, mientras que la única preocupación del guerrero era su propia montura y sus armas.

La suya era una vida de lujo indolente, primitiva y fácil —hay que recordar que yo estaba visitando uno de los grupos tribales más ricos de toda Arabia—, alternada con períodos de actividad violenta y penurias increíbles.

En el *ghrazzu*, como aprendería más tarde por experiencia personal, pasan muchos días persiguiendo o siendo perseguidos, sin más comida que bolas de queso de camello seco y en costra, sin agua suficiente, durmiendo una hora sobre el duro suelo, temblando de frío, pues las noches del desierto son amargas incluso en verano, sufriendo el calor del mediodía a menudo sin parar, cabalgando día y noche hasta la extenuación.

Pero en el campamento nos tumbábamos indolentemente sobre las ricas alfombras, cotilleando ociosamente, escuchando cuentos y canciones, liando cigarrillos o dando caladas al narguile y bebiendo innumerables dedales de café negro sin azúcar.

La comida en la tienda de Mizkal era sana, abundante, pero sin variedad. El desayuno era informal. Té de canela endulzado con melaza y un trozo de pan horneado la noche anterior. Hacia el mediodía, dátiles secos, más del mismo pan y leche de camello fermentada. La única comida cocinada del día podía llegar en cualquier momento, desde las cuatro de la tarde hasta bien entrada la noche, pero su forma y sustancia nunca cambiaban: el cuerpo entero de una oveja o una cabra, sobre un gran revoltijo de arroz y salsa, y panecillos recién horneados. Las mujeres cocinaban detrás de su tienda y a veinte pasos de distancia, de modo que no nos llegaba ni la vista ni el olfato. Dos grandes calderos de hierro están colocados sobre piedras, encima de un pozo poco profundo en el que hay brasas de bosta de camello. Un caldero es para la carne y el otro para el arroz. Los panecillos, sin sal ni levadura, hechos con trigo molido a mano entre dos piedras planas, se cuecen en sartenes de hierro en forma de cúpula, como cuencos invertidos poco profundos.

El estiércol de camello secado al sol es un combustible ideal y limpio. Las mujeres lo recogen en sus faldas. Las bolitas son redondas, duras, inodoras, negras, del tamaño de una bellota, con una cáscara lisa como laca o esmalte. Los beduinos las utilizan para jugar a un juego parecido al de las piedras.

La elaboración del café es competencia exclusiva de los hombres. Su parafernalia para la casa de un jeque llena dos grandes cestas de camellos. Teníamos cinco ollas de latón con pico de pelícano, de tamaños graduados, hasta el bisabuelo de todas las cafeteras, que contenía por lo menos veinte litros; un pesado cucharón de hierro, con un largo mango con incrustaciones de latón y plata, para tostar los granos; mortero y maja de madera, elaboradamente tallados, para machacarlos, y una caja con incrustaciones de latón que contenía las pequeñas tazas sin asas.

De vez en cuando cabalgábamos al extranjero para visitar el *menzil* de algún amigo vecino o jeque vasallo, pero lo más frecuente era que ellos nos visitaran a nosotros.

A pesar de nuestra perezosa indolencia, prevalecía cierta formalidad. Cuando una persona importante entraba o salía, todos se levantaban y le devolvían el «*salaam aleikum*», tocándose la frente con los dedos. Si el invitado era amigo e igual, Mizkal lo abrazaba y lo besaba; los hombres más humildes de su escolta se arrodillaban y besaban la mano de Mizkal.

Un jeque visitante, Barokat, tenía una cimitarra turca que admiré y pedí examinar. Se levantó y me la ofreció «como regalo de amistad», pero como era su arma personal, pude rechazarla sin violar las reglas de etiqueta. Entre los beduinos hay que tener cuidado al rechazar un regalo, por extravagante que sea, y siempre hay que aducir alguna razón especial, no sea que se deduzca que uno piensa que el hombre no es lo bastante rico para ofrecerlo. Rechazar un regalo alegando que es demasiado valioso es una descortesía flagrante.

Entre los regalos que el propio Mizkal me había hecho, figuraba un cuenco de latón procedente de La Meca, con elaboradas incrustaciones de oro y plata, casi una pieza de museo y de considerable valor monetario. Sentí que no tenía derecho a quedármelo, pues no tenía nada parecido que ofrecerle a cambio. Sin embargo, él había insistido y yo no quería ofenderle. Más tarde, en la mañana de mi partida definitiva, le pedí, en nombre de la fraternidad y la amistad, que me diera en su lugar el cuenco de madera tallada en el que él y yo habíamos bebido juntos por primera vez leche de camella, que declaré que era más precioso para mí que la plata o el oro, y que conservaría toda mi vida como recuerdo. Me miró con interés, me dio una palmada en el hombro y se dio por satisfecho.

Nunca descubrí con certeza si Mizkal sabía leer y escribir. Estos príncipes del desierto, como los reyes y señores feudales de la época medieval, desdeñan la pluma o el lápiz. Uno de los guerreros de Mizkal era también su escriba, y sabía escribir tanto árabe como mal francés. En una pequeña bolsa de cuero, Mizkal llevaba un pequeño sello de latón en el que estaba inscrito su apellido «El Fayiz», con el *wasm* o símbolo de los Beni Sakhar: una barra y un círculo unidos. Cuando deseaba enviar una carta o una orden escrita, lo que ocurría sólo dos o tres veces al mes, la dictaba y el escriba se la leía. Entregaba el sello al escriba, que frotaba un poco de tinta con el índice. Mizkal entonces apoyaba la hoja en la palma de la mano izquierda y presionaba el sello con el pulgar.

La historia bíblica de cómo Jesús escribió en la arena siempre me había parecido pintoresca e insólita. En cambio, era un hábito común y universal. Cuando los beduinos se sentaban a holgazanear, garabateaban palabras o arabescos sin sentido con el dedo o con la varita de camello. Una vez, cuando Mizkal quiso describir el emplazamiento de ciertos hombres en una emboscada, dibujó el plano en la arena, y en otra ocasión, cuando hubo una disputa entre dos hombres sobre el número y el valor de unas ovejas, todos los cálculos se hicieron escribiendo en la arena.

El baño completo es desconocido en el desierto, y el beduino vive toda su vida sin bañarse ni ducharse. ¿Es sucia la vida en las tiendas negras? La respuesta más cierta es que hay cualquier cantidad de suciedad sana, incluso en la tienda de un gran jeque, pero no mugre germinal. Vivíamos junto a la tierra, arena, grava o arcilla tostada por el sol, y la propia tierra es un purificador, como lo son el viento y el sol. Nuestra agua, traída en odres desde pozos lejanos, estaba turbia con sedimentos de arena y arcilla, por no hablar de los pelos de cabra y otras materias extrañas que la hacían parecer en ocasiones un acuario defectuoso; sin embargo, yo la bebía sin hervir y no sufría ningún efecto nocivo.

Todos usábamos las mismas tazas y bebíamos de los mismos cuencos de madera sin lavarlos nunca, y sumergíamos nuestras manos hasta la muñeca en la misma gran zanja de arroz y grasa; sin embargo, estos beduinos en sus hábitos corporales eran limpios, como limpios son los animales. Todas las tardes, al ponerse el sol, y más a menudo si ha estado sudando y puede encontrar la ocasión, el beduino se frota arena bajo las axilas y en las otras partes del cuerpo donde se acumula la transpiración. Si acampa en una parte del desierto donde no hay arena —y en Arabia hay enormes extensiones desérticas donde nunca se encuentra arena—, utiliza la arcilla dura y grava. Tiene olor, pero no es agrio, sino seco y acre, como el de una ardilla o un oso. Se escarban los dientes después de comer carne y se los frotan de vez en cuando con un palito de espino corto, masticado y fibroso en el extremo. Se quitan las botas sueltas o las pantuflas sin medias cada vez que pueden, para tener los pies tan limpios como las manos.

Un hombre que viviera su vida durante un mes con ropa occidental se encontraría en un estado repugnante y desagradable. Pero con las holgadas prendas beduinas, por las que circula libremente el aire, y adoptando sus métodos de «limpieza en seco», me resultaba posible estar bastante cómodo. A decir verdad, recordaba la tiranía materna en la infancia y me regocijaba en mi libertad sin ropa.

Algunos de los guerreros Beni Sakhar llevaban el pelo corto, pero la mayoría lo llevaban recogido en numerosas trenzas; su piel era naturalmente tan blanca como la nuestra, pero bronceada y curtida; algunos tenían los ojos azules, pero no vi pelo rubio entre ellos; sus barbas solían ser ralas. Muchos se habían aficionado a los abrigos europeos, que llevaban debajo o como sustituto del *aba*. A los jeques les gustaba un abrigo de sarga azul brillante, fabricado en Alemania, con mangas anchas y pesadas trenzas negras, como el abrigo del húsar en la opereta. Con frecuencia vi a guerreros más pobres con abrigos militares de color caqui, con botones de bronce y todo. Un emprendedor negocio de judíos sirios había comprado más de cien mil, después de la guerra, y los había puesto a la venta en los bazares de Damasco y Bagdad. Pero el abrigo no era un sustituto del atuendo nativo, y creo que nunca podrá reemplazarlo en la vida del desierto. Sólo servía como objeto de ostentación o para abrigarse mejor en las noches frías.

Encontré entre ellos un curioso pudor masculino —desconocido en nuestra propia civilización—, que recordaba la vieja historia semítica de la maldición de Cam cuando contempló la desnudez del borracho Noé y no se echó encima ningún manto. Cuando un beduino se lavaba el cuerpo, o se retiraba para sus otras ocasiones privadas, siempre se marchaba varios cientos de metros, y si había alguna depresión que lo hiciera posible se las arreglaba para perderse de vista.

No era impropio de mí desnudarme hasta la cintura sólo en presencia del jeque Mizkal y de Mansour cuando me presentaban una nueva túnica, pero un día, en el círculo del café, cuando se dio la casualidad de que faltaban algunos botones de mi *gumbaz*, de modo que se abría y dejaba algo de mi pecho y de la parte superior del cuerpo al descubierto, Mizkal, nada más notarlo, me indicó que recogiera los pliegues de mi *aba* hasta que se pudiera reparar el desperfecto.

La desnudez casual en grupo entre hombres, como la que suele verse en los vestuarios de los clubes deportivos, habría sido chocante e impensable para estos hijos del desierto.

Hace unos años, los Sirdieh (tribu de la región del Monte Druso) atacaron a una tribu enemiga, no en *ghrazzu*, sino por enemistad de sangre. Fue un ataque nocturno contra el *menzil*, con lucha cuerpo a cuerpo en la oscuridad, y, para que los Sirdieh pudieran distinguirse del enemigo, se despojaron de todo, se enrollaron sus *kajiehs* alrededor de los lomos y atacaron con cartucheras, pistolas y cuchillos atados a sus cuerpos desnudos.

Emplearon una buena estrategia y ganaron el combate, pero fueron duramente criticados por las tribus neutrales por haber recurrido a tácticas desvergonzadas y poco varoniles.

Por otra parte, la franqueza beduina sobre ciertas relaciones íntimas es mucho mayor que la nuestra. Una tarde, mientras una veintena de nosotros charlábamos en la tertulia de Mizkal, éste se levantó en silencio, pidió a los demás que permanecieran sentados, se estiró y dijo sencillamente:

—Voy con mi mujer.

—¡Alabado sea Alá, y que el poder te acompañe! —contestó la compañía despreocupadamente, y reanudaron su conversación. Mizkal tenía tres esposas: una en el palacio de Umel-Akmid, con su madre, y dos aquí, en el harén de la tienda.

Estuvo ausente quizás una hora, y reapareció fuera del pabellón, gritando a un esclavo por una tetera, jabón y toalla. Al poco rato regresó y se unió tranquilamente a nuestro círculo de cotillas.

Nunca entré en el harén de la tienda de Mizkal ni entablé conversación con sus esposas porque me pareció más prudente no hacerlo, pero de haberlo hecho no habría violado el decoro.

En varias ocasiones visité otros harenes del campamento, teniendo cuidado, sin embargo, de que siempre me acompañaran Mizkal o Mansour, ya que, después de todo, yo no era de su propia gente.

La costumbre femenina de tatuarse la barbilla distaba mucho de ser universal entre las mujeres de los Beni Sakhar. Menos de un tercio de ellas estaban tatuadas y muy pocas llevaban una argolla en la nariz, habitual entre los beduinos gitanos.

Entre las mujeres nunca vi ninguna prenda o baratija de origen o diseño europeo. Sus joyas eran siempre pesadas, hechas a mano en los bazares de Bagdad, Medina o Damasco, generalmente de plata.

Es cierto que las mujeres beduinas, incluso en las tribus de sangre más pura, se quiebran pronto, en el sentido de que pierden su floración y frescura, pero conservan su porte espléndido y libre, a menudo permanecen rectas como lanzas y no tienden a engordar. Vi a más de una mujer que pasaba de los cuarenta, delgada, recta y de rasgos finamente cincelados.

La vestimenta habitual de las mujeres era una voluminosa túnica de lana negra, incluso en pleno verano, con tocados negros del mismo material, enrollados en forma de turbante. Sin embargo, todas las pudientes tenían al menos una túnica de seda roja gruesa para ocasiones especiales, como la que llevaba Thirya cuando acudía a Mizkal para ser juzgada.

Su visita, por cierto, fue la única ocasión en que vi a una mujer en el *mukhaad*. Aunque abierto de par en par, siempre libre de acceso a todos los hombres de la tribu y a los forasteros que pasaban por allí, era una especie de «club» del que las mujeres y los niños estaban excluidos por costumbre más que por una ley rígida.

Algunas mujeres del campamento eran guapas, una o dos eran auténticas bellezas del desierto, tan coquetas como cualquier *flapper* neoyorquina. Y cuando por casualidad me encontraba con ellas, se divertían burlándose del *farengi*. Me preguntaban cuántas esposas dejé en casa y si no había llegado el momento de elegir una novia beduina. Su ingenio era chispeante y ambiguo.

Su libertad de palabra y gesto se basa en el hecho de que entre los beduinos de raza pura que se adhieren a la antigua ley del desierto, toda la responsabilidad en el contacto prematrimonial entre los sexos recae sobre los hombros del varón. Si una muchacha beduina soltera es seducida, no es castigada; pero el hombre culpable y sus dos parientes varones más cercanos —si es que pueden ser encontrados—, tan severo es el código, que son asesinados sin recurso. En consecuencia, el coqueteo y los arrumacos son habituales, y se llevan a extremos que ninguna chica occidental se arriesgaría ni soñaría.

Sin embargo, si una mujer casada es culpable de infidelidad, la ley es diferente. Se divorcia a la fuerza y se la envía escoltada, prácticamente prisionera, al cabeza de familia masculino, normalmente el padre o el hermano. Los hombres de su familia la juzgan, y el *papel* del marido es más el de acusador que el de juez. Si la declaran culpable, la arrastran inmediatamente fuera de la tienda y la degüellan.

Otra ley antigua que todavía se aplica es que si un hombre difunde un mal comentario sobre la virtud de una mujer, y se descubre que el comentario no es cierto, es asesinado por la tribu.

El matrimonio, como en todo el islam, es un contrato civil más que un sacramento. Tras firmar el acuerdo ante testigos, en la tienda de los padres de la novia, ella monta en la grupa del caballo o camello del novio, ataviada con una túnica roja y brazaletes y tobilleras de plata —con monedas de oro trenzadas en el pelo, si es rica— y él cabalga con ella, entrando y saliendo entre las tiendas, hasta que ha pasado ante todas ellas, para que toda la tribu pueda ser informada formalmente del matrimonio.

Si son de condición de jeques, se instala una pequeña cabaña cerrada, con las paredes interiores y exteriores alegremente decoradas con alfombras y tapices, bien contra la pared del harén de la tienda del marido, bien separada unos metros de ella, y ésta es su cámara nupcial durante un mes.

El precio del matrimonio, que puede ser mucho o poco, lo paga el novio al padre de la novia, y ella llega a su marido sin dote ni don. Él puede divorciarse de ella en cualquier momento, pero ella tiene el mismo privilegio de abandonarlo y volver con sus padres si es maltratada, y el marido no tiene poder para obligarla a regresar. Sin embargo, si puede demostrar que ella lo abandonó sin causa justificada, puede exigir que se le restituya el precio del matrimonio.

Los encuentros amorosos y la libertad de elección por parte de la chica son comunes entre los beduinos. Se cuenta que el anciano y rico padre de Mizkal, ya con su barba cana, pidió matrimonio a la guapa hija de quince años de uno de sus guerreros más pobres. La jovencita, que ya estaba enamorada de un joven de veinte años, le contestó: «El honor es demasiado grande para una chica humilde como yo. Me pides que me ponga una túnica en la que se tejen demasiados hilos de plata». Una referencia a su barba blanca.

El jeque de jeques estaba contrariado pero no enfadado, y el padre de la muchacha no la coaccionó, aunque el matrimonio le habría reportado muchos camellos.

Lo que más me gustó de las beduinas, por los contactos personales que tuve con ellas, fue su descaro e ingenio de buen humor.

Un día cabalgué por las colinas con Mizkal para ver a una notable belleza de los Beni Hasán, de nombre Furja, que era, como Scheherezade, una famosa narradora de cuentos. Había rechazado muchas ofertas de matrimonio, y ese mismo día se encontraba en el campamento un joven y rico campesino musulmán del Haurán, que había estado cortejándola en vano.

Era un árabe alto, corpulento y, según me pareció, bastante torpe, que permaneció en silencio durante unos instantes después de nuestra llegada al harén de la dama, cubierto de alfombras, y luego se marchó al *mukhaad*.

Era una verdadera belleza y una coqueta cruel, una auténtica «vampiresa» del desierto, consciente de sus poderes y hábilmente empeñada en destruir la tranquilidad de todo hombre que se pusiera al alcance de sus encantos. Vestía una túnica de seda negra de Damasco bañada en oro. Amplios brazaletes de plata rodeaban sus antebrazos hasta la mitad del codo, y tobilleras de plata con campanillas y colgantes de turquesa tintineaban cuando movía los dedos de sus pies rosados como el heno.

Mizkal me había dicho que era «virtuosa», para que no malinterpretara nuestro recibimiento, y resultó ser una actriz escandalosa. Mientras hablábamos, entró un anciano tambaleante, encorvado y débil —posiblemente un pariente pobre— y pidió comida. Ante su evidente asombro, ella se levantó de un salto, le hizo caso y le trajo un cuenco de arroz y carne con sus propias manos. Mientras él se sentaba en un rincón murmurando con sus encías desdentadas, ella le preguntó a Mizkal: «¿Cuántos años supones que tiene este hombre?», y él contestó aventuradamente: «Ochenta».

Entonces adoptó una expresión muy triste y se echó a llorar:

—Ay, ay, sólo quise darle felicidad, pero mi belleza está maldita. Este hombre, roto y encorvado, es en realidad más joven que cualquiera de vosotros. Hace sólo un año era recto como una lanza, alto, fuerte y hermoso, el más veloz de nuestros jinetes, y estaba en la flor de la vida. Que Alá, el misericordioso, el compasivo, me perdone.

Y con un destello descarado de sus ojos, y una ondulación serpenteante digna de Gilda Gray o de la reina de Saba, se recostó entre sus cojines y movió sus dedos tintineantes y desvergonzados.

Al oír su voz alzada y nuestras risas, el joven campesino de Haurán regresó, torpe y dudoso de su acogida, pero incapaz de mantenerse alejado de la cruel belleza. Ella lo hizo sentir miserable, negándose a mirarlo o a incluirlo en la conversación, y al poco rato nos dijo:

—Os contaré la extraña historia de una aventura que me ocurrió. Pero no, porque si contara mi historia podría ser malinterpretada por la *gente de las caras grises de la tierra*, es decir, los agricultores. No tienen imaginación, y pensarían que es una historia increíble.

El infeliz pretendiente protestó que no lo malinterpretaría. «¡Cuídate de no hacerlo!», gritó ella, y ésta fue su historia, que compartió, creo que sólo para atormentarlo:

—Un día, mientras trasladábamos el campamento, recordé de repente que me había dejado, bajo una piedra cerca de mi tienda, un ovillo de lana de camello que había estado hilando. Nos habíamos alejado muy poco, así que cogí un burro y volví a buscarlo. Encontré la lana y el huso, y allí estaba yo, cabalgando sola por el desierto, siguiendo a la tribu. Me contentaba con estar sola y, como no había prisa, hilaba mientras cabalgaba.*

El granjero ya empezaba a mostrarse inquieto e incómodo, mientras ella continuaba con un brillo burlón en los ojos:

—Mientras cabalgaba oí gemidos, y de repente vi tendido en el suelo a un hombre que yacía boca abajo, que gemía y se retorcía, y parecía incapaz de levantarse; pero, ¿cómo atreverme a continuar? La gente lo malinterpretará y pensarán que es una historia inventada.

* Es frecuente ver a mujeres beduinas, cuando las tribus se desplazan lentamente, hilando hilo mientras cabalgan. Se sientan de lado en el burro y se levantan las faldas, de modo que el extremo del huso se apoya y gira contra la parte interior de la pierna, justo por encima de la rodilla. Cuando digo que cabalgaban hilando equivalía, por tanto, a decir que cabalgaban con las faldas levantadas.

De nuevo el infeliz pretendiente protestó que no podía pensar mal de ella, y ella continuó:

—Levanté al hombre y lo puse a lomos del asno detrás de mí, pero no pudo mantenerse sentado. Cayó como un saco de harina, primero a un lado y luego al otro. Quiero contarte todo lo que pasó, pero, ¿cómo contarlo en presencia de alguien que lo malinterpretará?

Empecé a observar que era una actriz soberbia, y que cada gesto y entonación que hacía, a medida que avanzaba, estaban deliberadamente diseñados para aumentar su angustia y hacerle «entender mal».

—Finalmente, como seguía cayéndose, lo levanté por última vez, le cogí los dos brazos y me los puse alrededor del cuerpo, y entonces consiguió agarrarse con un apretón que era como el de la muerte. Se había retorcido en el suelo y estaba cubierto de tierra y arena. Yo llevaba una prenda nueva y fina que acababan de coserme el día anterior, y me la aparté todo lo que pude para que no la ensuciara. Y a medida que cabalgábamos sus brazos se iban apretando más y más; ¡pero seguro que no puedo seguir, porque ya estarás pensando que esto es una historia inventada! No, no puedo decir más, porque de repente sentí que el hombre, que había estado gimiendo y medio muerto, estaba muy vivo de nuevo, ¡y estaba rasgando los hilos de mi túnica! Luché con todas mis fuerzas, pero él era fuerte y terrible, y caímos del asno. En sus manos yo era como un pájaro en las garras de un halcón. Estaba sola, a su merced en el desierto, mi tribu estaba lejos.

En ese momento, el pretendiente de Haurán, exasperado y desdichado hasta la saciedad, se puso en pie de un salto, extendió los brazos en señal de protesta y gritó:

—¡Ahora, en el nombre de Alá, si esto no es una historia inventada, no puedo comprender que sea una historia en absoluto!

Y salió corriendo de la tienda, seguido por la cruel risa de ella. Pero Furja era más que una *comediante* de lengua afilada, y lo demostró más tarde cuando cantó para nosotros, al son de su *rabeyba* de una sola cuerda, una balada recitativa moderna, que celebraba el heroísmo de cierta belleza beduina, Gutne (Flor de Algodón), hija del jeque Ibn al-Ghanj, de los Sirdieh, en una batalla que esa tribu libró con una rama de los anazaítas.

Las tribus beduinas más orgullosas siguen librando batallas campales de vez en cuando, como antaño en Europa, en los viejos tiempos de la caballería. Se fijan la hora y el lugar. Las fuerzas contrarias llegan en panoplia, con todas sus tiendas y mujeres, e instalan sus campamentos a la vista de todos. Los combates personales, como los torneos de antaño, suelen preceder a la batalla.

Furja cantó dramáticamente sobre este acontecimiento.

En lugar de una bandera o estandarte, cada tribu tiene por estandarte una especie de oriflama humano: un enorme trono, instalado a lomos de un camello, una gran litera cuadrada con dosel, completamente cubierta de plumas de avestruz teñidas de brillantes colores. El día de la batalla, este trono se coloca sobre un camello gigante, con tres o cuatro de las vírgenes casaderas más hermosas de la tribu, vestidas con sedas carmesíes y adornadas con todas sus joyas.

Un pequeño camellero, encaramado frente al trono, guía a la bestia, y cabalgan hacia delante y hacia atrás, al borde mismo de la batalla, gritando ánimos a sus guerreros.

Si una tribu sufre una derrota absoluta, estas bellezas elegidas se convierten en cautivas de los conquistadores, pero son tratadas con el mayor honor, e incluso se les permite elegir con quién casarse, aunque la más bella suele convertirse en esposa en el harén del jeque.

La canción de Furja contaba que el día de la batalla entre los Sirdieh, Gutne cabalgaba con otras tres bellezas Sirdieh y no paraba de gritar al camellero que se acercara. En un momento en que la batalla parecía ir en contra de su tribu, se inclinó hacia delante, cogió la vara de bambú de la mano del pequeño camellero, lo derribó de su precaria percha y condujo el camello hacia el fragor de la batalla, gritando a pleno pulmón el prolongado:

«¡Oh!, ¡oh!, ¡oh!, ¡oh!» —que es como el grito de guerra de los indios americanos—, mientras las otras chicas chillaban y se arañaban aterrorizadas.

La canción contaba cómo, en medio de la confusión y la agitación, los Sirdiehs se unieron y ganaron la batalla.

Quise obsequiar a nuestra bella anfitriona con un par de piezas de oro inglesas, que podría perforar y colgar de su collar, pero Mizkal pensó que se ofendería, así que, en lugar de eso, después de que nos hubiera servido dulces y té de canela, me incliné a la manera europea para darle las gracias y le besé la mano.

Fue un gesto totalmente nuevo para ella, ya que en el desierto besar la mano es un homenaje que sólo se rinde a los hombres, poderosos jeques o potentados. Ella soltó una risita y me preguntó a qué me refería, y yo le expliqué que era una costumbre *farengi* habitual al despedirse de una dama muy hermosa.

Capítulo 4

Mansour, el esclavo

UN día, cabalgando hacia el sudeste desde Um-el-Akmid, con el jeque Mizkal y veinte de sus hombres, para visitar las ruinas de una antigua fortaleza omeya, nos topamos con una vara de bambú, de la altura de un hombre, plantada en la cima de una colina desierta, con un trapo negro ondeando al viento.

Bajo la colina, en un terreno más llano, un kilómetro más al sur, estaban las tiendas de un campamento Beni Hasán. Tiramos de la rienda donde estaba la vara y Mizkal me mostró con sus prismáticos otras varas de señales, colocadas en cimas distantes, dando vueltas a derecha e izquierda, de modo que ningún jinete podía acercarse al campamento sin verlas.

«Habrá seis, en un amplio círculo, con un séptimo aún en el *menzil*, y dentro de poco veréis una cosa rara, lamentable», dijo.

Normalmente, al entrar en un campamento, cabalgábamos decorosamente hasta la tienda del jeque, desmontábamos y guardábamos silencio hasta que éste salía a recibirnos.

Pero ahora, al acercarnos, Mizkal empezó a gritar, y los hombres que cabalgaban con él, todos menos yo, se unieron al clamor.

—¿Para quién es el ennegrecimiento? —gritaban una y otra vez.

Los miembros de la tribu amiga de Beni Hasán, que salían de sus tiendas y se reunían ante su jeque, nos gritaban a coro:

—Para Furtak ben Klaib.

No desmontamos cuando llegamos hasta ellos, sino que volvimos a permanecer en nuestras monturas. El griterío general cesó, y Mizkal volvió a exigir en voz alta:

—¿Para quién es el ennegrecimiento?

Un hombre se destacó del grupo y respondió:

—Furtak ben Klaib está ennegrecido, y sus padres, y su familia.

—¿Por qué está ennegrecido? —gritó Mizkal.

—Porque buscó a traición la deshonra de la mujer de su primo, y no murió porque pusiera las manos sobre su cuerpo, sino que sólo la buscó con palabras torcidas.

«¡*Aiee!* ¡*Aiee!* ¡*Aiee!*», gritaron Mizkal y todos sus hombres. «¡Qué el rostro de Furtak sea ennegrecido, y sus padres, y su familia!»

Luego, con los hombres de Beni Hasán guiándonos, cabalgamos entre las tiendas hasta llegar a una con las cortinas echadas, y frente a ella, plantada en la arena, había otra varita con su trapo negro y ondeante como un signo de muerte o pestilencia.

Y allí, de nuevo, todos gritaron:

—¡Qué se ennegrezca la cara de Furtak!

Cumplido esto, volvimos a la tienda del jeque; él abrazó a Mizkal, y me abrazó a mí cuando Mizkal me presentó como «hermano», y nos sentamos a tomar café, sin que nadie dijera una palabra más de Furtak y el ennegrecimiento.

Pero después, cuando nos despedimos, Mizkal nos explicó la dura e inmemorial ley del desierto. Cuando un beduino afrenta a traición a otro miembro de su tribu, y cuando el agravio es grande, pero no tanto como para derramar sangre, el individuo agraviado debe notificar debidamente la intención de ennegrecer; y si el agravio puede ser corregido por el acusado, debe dársele la oportunidad de hacerlo o de demostrar su inocencia.

Cuando no puede hacer ni lo uno ni lo otro, al cabo de tres días, tiene lugar el ennegrecimiento. El agraviado planta primero la varita frente a la tienda del culpable, luego da una amplia vuelta alrededor del campamento y planta otras seis en lugares bien visibles.

Durante tres días, las señales negras ondean al viento, y cada vez que un extraño visita el *menzil*, ya sea un solo jinete o una compañía, se repiten las frases rituales.

Da lo mismo si el ennegrecido está recluido en su tienda, o si ya ha huido de la desgracia, con sus bienes y su familia —lo que se le permite hacer, pero en ese caso no puede volver nunca, y no se le permite destrozar la tienda misma ni llevársela consigo—.

Si el ennegrecido permanece, se le permite llevar armas, montar en *ghrazzu* o en guerra, tener propiedades, pero está en estado de desgracia, excluido del círculo del café y de los consejos.

Por lo general, se queda y, tras un lapso de tiempo adecuado, intenta obtener el perdón y la restitución mediante alguna forma de expiación o disculpa, acompañada de una ofrenda de paz al agraviado, consistente en un camello o unas cabras. Si se trata de una afrenta privada, el agraviado tiene el poder de conceder o denegar el perdón.

Sólo cuando el agravio es imperdonable o irreparable, el ennegrecido abandona su tribu, y entonces se convierte en un paria errante, ya que ni siquiera una tribu enemiga por rencor de sangre lo aceptará. La única nueva alianza que puede hacer es con una de las bandas de gitanos beduinos, escurridizos y sin tribu, que infestan los bordes de los caminos y las afueras de las ciudades de Siria e Irak.

Este Furtak, al que no vi, había decidido quedarse. Cuando la ira se hubiera calmado, probablemente dentro de un mes, se acercaría al marido, ofreciéndole disculpas y un regalo de paz, confesando su falta y citando pasajes del Corán que ensalzan el perdón. Y como no se había hecho ningún daño en última instancia, probablemente sería readmitido, aunque, como dijo Mizkal, debido a la naturaleza de su ofensa, seguiría teniendo «un poco de mala fama».

En generaciones pasadas, la mancilla pesaba tanto sobre la familia inmediata del hombre, hijos, padre, hermanos, como sobre él mismo. Hoy en día se conserva la antigua fórmula ritual, que sigue siendo una desgracia para su familia, pero el ostracismo subsiguiente se inflige normalmente sólo al individuo culpable.

Sin embargo, sigue habiendo ciertos delitos de muerte, como la violación, la seducción y el asesinato a escondidas, por los que el padre y los hermanos del delincuente, aunque inocentes, son asesinados con él: la familia masculina es eliminada de raíz.

Me había fijado curiosamente en que Mansour, cuyo propio rostro africano era negro sin más culpa que la voluntad de Alá, había gritado «que se ennegrezca» tan enérgicamente como el resto.

El negro, entre los beduinos, es símbolo de calamidad, culpa, pena y mala fortuna, pero el mal está en el símbolo, no en la negrura intrínseca. El color negro no encierra ninguna cualidad mágica ni vergüenza inherente. Un hombre tiene un corazón negro (malvado). Su rostro está ennegrecido (deshonrado). Sin embargo, las tiendas en las que viven los beduinos son negras, las *abas* de los hombres son negras la mayoría de las veces, el *agal* es negro, el atuendo común de todas sus mujeres es negro de la cabeza a los pies.

Del mismo modo, aunque el rostro moreno se considera un defecto de la belleza femenina y masculina, los africanos negros entre ellos, ya sean libres o esclavos, no sufren ningún desprecio.

Ningún hombre de la casa de Mizkal era más popular que Mansour. De hecho, el estatus de un esclavo como Mansour es algo difícil de comprender para la mente occidental.

Mansour se deleitaba enseñándome nuevas palabras árabes, mientras yo le ayudaba a aumentar sus conocimientos de francés; nos caímos bien desde el principio, y con el paso de los días se volvió confidencial.

Una mañana, de vuelta en nuestro campamento, parecía deprimido. Le faltaba su alegre exuberancia. Le pregunté si le dolía la cabeza. «No», respondió, «son mis hombros los que me duelen y escuecen como si hubieran sido pisoteados por diez mil *genios*».

Al verme perplejo, esbozó de pronto una sonrisa apenada e infantil, y dijo, como un niño malo atrapado en una travesura no demasiado perversa:

—La noche pasada disparé a mi hermano.

Esta noticia me sorprendió, y no tenía muy claro qué podía tener que ver con su dolor de espalda.

—El mes pasado, antes de que vinieras —continuó— hicimos un pequeño *ghrazzu* contra los Sirdieh, y me enriquecí con una yegua y un potro.

»Mi hermano (también esclavo de Mizkal) no monta en *ghrazzu*, por estar ocupado en palacio. Él reparte generosamente conmigo, y yo con él, y lo que tomo en *ghrazzu lo* compartimos a menudo. Esta vez exigió el potro, pero por un capricho se lo negué. En realidad deseaba quedarme con los dos para mí, ¡que Alá perdone mi avaricia! Pero ayer me enteré de que mi hermano, por despecho, había enviado el potro a Amán, lo había vendido y se había quedado con el oro. Así que fui a pedírselo, pero cuando llegué a él, me saltó a la garganta y me hizo dispararle, pero sólo a través del brazo, alabado sea el Todo Misericordioso, pues no deseaba su muerte.

»Entonces llegó el pachá —ésta fue una de las raras veces en que Mansour utilizó otro término que no fuera "mi tío" para referirse a Mizkal—, que nos golpeó a los dos de la manera más terrible, de modo que aullamos, pero mi hermano aulló más fuerte porque los golpes no le perdonaron ni siquiera su brazo herido; pero aunque nos golpeó por igual, me dio un potro nuevo.

Entonces Mansour volvió a sonreír como un niño malo. He relatado esto en detalle para contrastarlo con hechos posteriores que supe de Mansour. En una excursión hacia el oeste, a las tierras cultivadas de Mizkal, en el límite de la «siembra», atravesamos los campos en los que se acababa de cosechar el trigo. Esparcidos en todas direcciones, hasta donde alcanzaba la vista, había pequeños grupos de *fellahin*, hombres, mujeres, muchachas, campesinos nativos, cristianos y musulmanes, trabajando, sudando bajo el sol, mientras nosotros cabalgábamos como señores entre ellos.

Mansour, el esclavo negro al que habían apaleado como a un perro, ahora magníficamente montado en una yegua blanca, con su *aba* bordada en oro y las joyas de su cimitarra relucientes, extendió su gran pierna negra y un largo brazo del que fluían voluminosas mangas puntiagudas de la más fina muselina, e hizo un gesto de barrido para indicar una extensión de campos que debía comprender al menos trescientos acres.

—Todo esto es mío —dijo con orgullo— y toda esta gente de rostros grises trabaja para mi persona.

—¿Cómo lo conseguiste?

—Mi tío me lo dio después de que yo le protegiera de un espadazo cuando los wahabitas vinieron contra nosotros en el sur.

Miré a Mizkal en busca de confirmación, y asintió que era cierto.

Pero cuando regresé a América y dije a unos amigos, sin explicar las circunstancias: «He visto en la orilla del desierto a un esclavo musulmán negro cabagar enjoyado, con túnicas bordadas en oro, entre muchachas y mujeres cristianas blancas que trabajaban para él descalzas en los campos», mis amigos replicaron: «¡Tonterías! Nos estás tomando el pelo, porque no había nada parecido ni siquiera en los tiempos de Harún al-Rashid, y ahora es un país modernizado, donde los franceses y los ingleses han abolido la esclavitud en sí misma; ciertamente, esclavos que llevan espadas curvas y son amos sobre mujeres cristianas».

Sin embargo, hay cosas más extrañas que esto en la tienda del desierto y el palacio, donde la ley *farengi* nunca ha llegado, y tal vez nunca llegará.

Mansour, aunque esclavo, era uno de los miembros más ricos de la tribu, después de la propia familia de Mizkal. Podía haber cabalgado un par de días hasta cualquier puesto británico y convertirse automáticamente en un hombre libre, pero habría sido un necio si lo hubiera hecho. De hecho, no supe de ningún esclavo que se hubiera acogido a la ley *farengi*, y sólo de uno que se hubiera escapado. Y eso fue una generación atrás.

El padre de Mizkal tenía un poderoso esclavo sudanés, poderoso en la batalla, pero de mal genio. Una noche se enfureció con su amo, le arrancó las armas y lo atacó como si fuera una bestia salvaje. La muerte habría sido su condena, así que el sudanés huyó, y con la rabia aún en su corazón buscó refugio en la gran tribu Rualla, enemigos hereditarios de los Beni Sakhar.

Entró sigilosamente en el campamento Rualla, se agarró a la cuerda de la tienda del jeque y gritó:

—¡Protección! Ahora soy tu esclavo.

Pero el jeque, un hombre rudo y sin ley, lo reconoció, lo hizo arrastrar a la tienda y gritó:

—No, has matado a los Rualla en una disputa de sangre, y ahora morirás sin duda.

El esclavo invocó en vano la ley del desierto. Se apoderó de una cafetera hirviendo y trató de beber del chorro, pero se la quitaron de las manos, lo arrastraron fuera y lo degollaron.

Cuando esto llegó más tarde a oídos de los Beni Sakhar, aunque ellos mismos habrían matado al sudanés, cabalgaron contra los Rualla, y lucharon hasta que cinco Rualla murieron en venganza.

Los Rualla, una gran tribu, son los más rudos y belicosos del desierto septentrional. No son tan hábiles jinetes como los Sirdieh, más pequeños, ni tan ricos como los Beni Sakhar, pero en la lucha cuerpo a cuerpo no tienen rival.

En otra ocasión, y en circunstancias totalmente diferentes, con Emín Arslán y un banquero de Damasco —ellos y yo en coche y vestidos a la europea— visité un campamento Rualla. Fuimos recibidos con una hospitalidad orgullosa, áspera y pródiga, pero no en amistad. Emín es *dakhile* para todos los beduinos al norte de Madain Saleh porque los gobernó con justicia como gobernador del desierto bajo los turcos, pero aquí no hubo abrazos ni se habló de hermandad. Sentí en ellos —particularmente hacia mí y hacia los damascenos— un desprecio salvaje y desdeñoso.

Cuando entramos en el *mukhaad*, nos colocaron alfombras y sillas de camello, pero el jeque se sentó aparte con sus hombres en el suelo. Sin embargo, estaba pendiente un gran negocio de rebaños y, aunque poco dispuesto a mostrarse amistoso, creo que quería impresionar al banquero con el hecho de que la tribu era lo bastante próspera como para aguantar sus propias condiciones. En cualquier caso, cuando llegó la hora de la cena, trajeron una gigantesca sartén de hierro, de al menos dos metros y medio de diámetro, cargada por más de una docena de hombres tambaleantes, con el cadáver de un camello entero asado. Nos invitaron a sentarnos alrededor y comer hasta hartarnos; ningún miembro de la tribu, ni siquiera el jeque Rualla, comió con nosotros.

Cuando terminamos, el jeque y unos doce de sus guerreros se sentaron en cuclillas alrededor del enorme festín.

Emín Arslán me había dicho que observara atentamente los acontecimientos inusuales. Observé que el jeque cogió un pequeño trozo de hígado y se lo comió; pero que después cogió un puñado de arroz y salsa, preparó una bola como para llevársela a la boca, pero la besó, la dejó caer al suelo y no comió más. Los guerreros Rualla arrancaron cada uno una tira de carne del cadáver, se la pasaron por los labios, la dejaron caer al suelo, se sentaron con todos los síntomas de haber terminado una comida satisfactoria, permanecieron en cuclillas unos cinco minutos más, cuchicheando y conversando como personas que han disfrutado de una buena cena, y luego, diciendo todos: «Hemos comido», se levantaron y salieron, secándose las manos en sus *abas* o en el pelo.

Nuevos grupos de guerreros entraron en la tienda para ver a los extraños invitados; el jeque les había invitado a participar en el festín; algunos de ellos habían cabalgado duramente todo el día, y estoy seguro de que ni un bocado había pasado por sus labios desde la mañana. En todos los casos decían: «Gracias, jeque, en nombre de Alá, pero ya hemos comido».

Media hora después sacaron la enorme cacerola y la pusieron en el suelo a unos tres metros de la tienda y a la luz de la linterna; un esclavo agitó las largas mangas de su *gumbaz*, y nunca he visto un espectáculo igual al que siguió. Había tal vez cien o ciento cincuenta mocosos desnudos, niños y niñas, pequeños salvajes morenos, de entre tres y ocho años. Llegaron corriendo al cadáver del camello, treparon unos sobre otros en su prisa y alegría, se pelearon por los puestos; algunos de ellos finalmente cayeron como cerditos en el enorme plato.

Después de que los niños se saciaran, las mujeres se acercaban con cestas de mimbre y cuencos de madera y recogían el cadáver hasta dejar el esqueleto.

Mientras los niños se atiborraban, me había fijado en un grupo de otros niños, quizá una docena o más, desnudos y de aspecto exactamente igual al resto, que permanecían a una distancia de unos seis metros y no participaban en las algarabías infantiles. Me fijé en uno de ellos, un chiquillo de unos cinco años que, acercándose más que los demás, permanecía desconsolado chupándose el dedo. Pregunté a Emín:

—¿Y este segundo grupo de niños?

—Estos son pequeños Rualla; los que viste corriendo hacia el cadáver no son Rualla en absoluto, sino miembros de una tribu tributaria acampada con ellos —respondió.

Los Rualla tienen la vieja y espartana idea de la disciplina y la dureza, y enseñan a sus hombres e hijos varones a abstenerse a voluntad de comer carne. Pero me pareció que había un fuerte elemento de hosca ostentación y orgullo en esta extraordinaria exhibición.

La vida y las costumbres entre los Beni Sakhar me parecieron mucho menos rudas, aunque a veces asombrosamente primitivas. Una mañana, un hombre de nuestra tribu se presentó en la tienda de Mizkal con la cabeza descubierta, la kefia atada al hombro y empapado de sangre. Tenía una fea herida de cuchillo, resultado de una pelea privada.

La antisepsia fue rápida, rudimentaria y, supongo, bastante eficaz, pero debió de ser terriblemente dolorosa.

Mansour hirvió una taza de melaza, quitó la venda, abrió la herida con los dedos hasta que quedó abierta, vertió el líquido, aún hirviendo, y la cubrió firmemente con una kefia limpia que había sacado de un cofre del harén.

El hombro y el brazo del individuo temblaban como el flanco de un caballo picado por las moscas, pero no emitió sonido alguno. Cuando terminó el trabajo, alguien le tendió un cigarrillo encendido.

Me sorprendió un poco, porque en la tienda de Mizkal, y en las de muchos otros jeques que visité más tarde, era cosa corriente ver aparatos y utensilios modernos, prismáticos Zeiss, linternas modelo «Ever Ready», pistolas automáticas y otros productos de la ciencia occidental, por no hablar de colchones, cachivaches y utensilios de hojalata procedentes de Inglaterra o Alemania. Me parecía extraño que un jeque tan progresista como Mizkal no hubiera aprendido que había cosas mejores que hervir melaza para esterilizar las heridas. Yo portaba un pequeño botiquín que contenía, entre otros medicamentos, un frasco de yodo y un tubo de cristales de permanganato. Se los mostré y le expliqué su uso. Quería saber en qué eran mejores que la melaza hirviendo, y le sugerí que, en cualquier caso, eran menos dolorosos. Me aseguró que no había mucha diferencia, ya que el dolor era soportable y desaparecía rápidamente. Y añadió, con cierto sentido común, que la melaza se podía encontrar en todos los campamentos del desierto, mientras que un hombre podía morir de sus heridas antes de encontrar la medicina *farengi*, aunque algunos jeques dispersos tuvieran una provisión de ella.

Le pregunté si no tenía ningún tipo de medicina *farengi*, y me contestó que creía que su mujer más joven había tenido una vez una caja de aspirinas, pero que las había usado todas. «También es una pena», dijo, «porque una de las mujeres ha estado sufriendo dolores de cabeza, y es más potente que nuestros propios medicamentos».

Le di tres pastillas para la mujer y reanudamos nuestra conversación sobre medicina. Descubrí que de los remedios europeos sólo conocía los usos de la aspirina, la quinina y las píldoras laxantes, a las que llamaba *purga*.

La medicina beduina más común, me informó, era la orina de caballo, que actuaba como purgante y emético, y también era valiosa para la fiebre.

Entró de nuevo en el harén y regresó con un pequeño cofre de madera que contenía toda la farmacia de su casa. Había en él pequeñas cajas, dos o tres botellas y varias bolsas de cuero. Con un coraje estimulado por la curiosidad, olí y probé el contenido de todas ellas. Un trozo de goma que apestaba como mil demonios era fácilmente identificable como asafétida. Él la llamaba *haltita*. También había alcanfor, ajo, pimienta negra gruesa y un polvo gris pardo inodoro e insípido que, según me dijo, era estiércol de oveja pulverizado. Las tribus salvajes y primitivas de todo el mundo conocen el valor medicinal de diversos excrementos. Había dos o tres hierbas aromáticas que no pude identificar y he olvidado sus nombres árabes. Me dijo que la pimienta negra se convertía en una bebida para la fiebre; el ajo se daba en leche agria para el dolor de vientre, y el alcanfor era bueno para los escalofríos. Sobre los demás remedios no me dijo nada.

También me mostró un cuerno de cabra negro, muy abierto en la base, con una abertura más pequeña en la punta limada, utilizado para «ahuecar» o sangrar. También en este caso descubrí un sólido y rudimentario conocimiento de la antisepsia, pues me explicó que primero se rascaba la piel con la «punta de un cuchillo ennegrecida por las llamas». Una vez presionada la copa, se aspiraba el aire con los labios, y se deslizaba un trozo de cuero entre estos y la punta del cuerno y se ataba para preservar el vacío.

Las quemaduras con hierros calientes o la cauterización con melaza hirviendo eran comunes para todas las llagas o heridas de hombres o animales. Los vi cauterizar eficazmente una llaga en la mejilla de una yegua, y en ocho días se había curado con una cicatriz limpia.

Si un miembro de la tribu, hombre o mujer, enfermaba gravemente, me dijeron, y si sus sencillas medicinas resultaban inútiles, se le aislaba en una pequeña tienda apartada de los demás —tienen una idea clara del contagio— con comida suficiente para varias semanas, y se le dejaba solo, para que se recuperara o muriera, *como Alá quisiera*.

En el tratamiento de heridas serosas que requieren drenaje, utilizan paja limpia debajo de los vendajes, no como tubos, sino en mechones insertados sin apretar para que el drenaje gotee o se filtre.

La creencia en los amuletos y la magia, sobre todo en la eficacia de ciertos versículos del Corán para alejar o curar enfermedades, sigue estando muy extendida.

De vez en cuando, pero no a menudo, buscan ayuda *farengi* en Amán, Jerusalén o Damasco.

Un jeque de los anazaítas tenía un ojo gravemente infectado y se le convenció para que pidiera ayuda a un médico alemán en Amán.

Resultó que el jeque esperaba que realizara la cura, no tratando el ojo, sino suministrándole un *hiyab* (amuleto) para ahuyentar al espíritu maligno.

El médico perdió la paciencia.

—Soy un científico, un médico. Si quieres curarte quizá yo pueda curarte, pero si quieres encantos puedes acudir a uno de tus propios brujos.

—No, —respondió el jeque— confío más en ti.

—En ese caso, debes hacer lo que te digo.

El médico lavó el ojo, preparó un frasco de ácido bórico en solución, con un baño ocular que enseñó a usar al jeque, y le hizo jurar por Alá y el Profeta que lo usaría exactamente como se le indicaba, tres veces al día, hasta que se acabara el frasco, y que luego volvería a él.

El jeque, que era rico, pagó de buena gana la cuota de una libra de oro, y luego dudó.

—¿Está terminado? —preguntó.

—Ya está —respondió el médico. Pero el paciente no estaba satisfecho.

—*Bunti* —empezó diciendo—, ¿me lo darás?

Entonces repitió una fórmula beduina especial de petición que no puede ser rechazada excepto con grave descortesía si el favor es razonable y está dentro de las posibilidades.

—He prometido usar tu medicina —continuó el jeque—y ahora no puede hacer daño si también me das un *hiyab*.

—Muy bien, ¡te daré un *hiyab* de verdad! —gritó el doctor, estallando de impaciencia—. Envía a tu criado al bazar y que me traiga un trozo de cuero y una correa.

Mientras el criado las traía, escribió en una hoja de su recetario, en árabe:

> En el nombre del Profeta, y por los noventa y nueve nombres de Alá, y por el centésimo nombre: como uno de tus

ojos está ahora afligido, ¡qué quedes totalmente ciego de ambos!

Hizo un ovillo con este poderoso encantamiento, lo cosió firmemente al trozo de cuero y el jeque se marchó bien contento, con el amuleto colgado al cuello.

Un mes después regresó, curado y agradecido, todavía con el *hiyab* puesto, y dijo:

—Ahora lo tengo todo claro, oh poderoso amigo; el agua que me diste en la botella no era más que una prueba para poner a prueba mi fe, y fui fiel. El amuleto que colgaste de mi cuello me ha curado.

—Oh sabio y perspicaz jeque —respondió el médico—, si estás agradecido, ve ahora al bazar y vuelve a mí con testigos.

Diez minutos más tarde, el jeque regresó con tres amigos, abrió el *hiyab* en presencia de ellos y leyó su contenido, ante el terror y el asombro de todos.

El jeque se enfadó e insistió en quemar inmediatamente el periódico, pero un año después, cuando un hijo cayó gravemente enfermo, lo llevó al mismo médico para que lo tratara.

Y aunque mis amigos beduinos nunca se molestan en proveerse ni siquiera de las medicinas *farengi* más sencillas, que podrían haber adquirido fácilmente en Damasco o Amán, estaban lo bastante dispuestos a probar las mías.

Pronto se extendió por el campamento la noticia de que yo tenía aspirinas, y al poco llegó un hombre que dijo: «Mi mujer está afligida aquí», dándose golpecitos en la frente.

Le di dos pastillas. En menos de una hora vino otra, y luego siguieron viniendo. Parecía que había una epidemia de dolor de cabeza en todos los harenes de los Beni Sakhar, aunque nunca había oído que la neuralgia fuera contagiosa. El tubo contenía al menos cien pastillas y apenas quedaba una docena.

Entonces llegó Mansour, que se había constituido en mi tutor en emergencias grandes o pequeñas, y susurró:

—Las píldoras no entran en los vientres de sus esposas, sino que reposan contra un tiempo futuro atadas en los pliegues de sus propias kefias.

—No importa —respondí—, pero guardaré el pequeño resto para quien realmente las necesite.

Así que se anunció que las aspirinas se habían acabado.

Pensé entonces, y sigo creyendo, que a cualquier médico competente, con gusto por la emoción y la vida al aire libre, le espera una carrera interesante y útil, posiblemente con grandes recompensas materiales, si se vincula de forma permanente a uno de estos ricos y poderosos grupos tribales. Con el tiempo, podría hacerse con muchos camellos y un gran nombre, sobre todo si lleva un registro de sus experiencias.

Capítulo 5

El santo ladrón

—CABALGAMOS para visitar el *menzil* de un santo —dijo Mizkal.

Y mientras cabalgábamos me contó brevemente la historia de Haditha Pasha, jeque de El Khour. Había heredado la riqueza y el liderazgo de una poderosa tribu, pero sus posesiones y el número de sus guerreros habían menguado, debido a su extraordinaria generosidad, que se había hecho famosa en todo el desierto.

Le había hecho universalmente honrado y querido, pero era «mal negocio», señaló Mizkal, que los hombres se pasaran la vida siguiendo a un jefe que habitualmente regalaba tres cuartas partes de los rebaños de la tribu que criaba o robaba en *ghrazzu*. Por eso, muchos miembros de la tribu que «lo querían», lo habían abandonado para unirse a algún líder más práctico.

«No lo veríamos realmente abandonado o en la pobreza», dijo Mizkal. Aún tenía seiscientos guerreros leales y amplios rebaños para mantener su honorable patrimonio. Pero era pobre comparado con el propio Mizkal y otros jeques ricos que contaban sus hombres por miles y sus rebaños por decenas de miles.

Cuando llegamos al *menzil* de El Khour encontré a Haditha Pasha —que nos recibió con dignidad cortesana—, un hombre alto y anciano, de semblante grave y noble, que rara vez sonreía, con la barba cada vez más blanca y la mirada lejana de un soñador en sus ojos.

Su tienda, en la que nos sentamos, era grande, pero escasamente amueblada, casi desnuda. Tres semanas antes, un amigo vecino, el jeque Sirhán, se había aventurado hacia el sur en busca de la miel de El Aly, y los wahabitas habían saqueado su caravana. Cuando Sirhán regresó, despojado, Haditha había hecho un reparto de todas sus pertenencias personales, las había amontonado en montones iguales y le había dado uno a Sirhán, con varios camellos.

Sirhán se había ido ya, a reparar su fortuna infligiendo a otros lo que los wahabitas le habían hecho a él, pero uno de sus primos, Dirdar, que había estado con él en la aventura, nos contó estas cosas mientras Haditha estaba fuera del alcance de sus oídos.

Dirdar era de voz suave, gentil, con manos tan delicadas como las de una mujer. Me fijé en ellas por el contraste con su cimitarra, que parecía más pesada que la mayoría. Pedí ver la hoja y descubrí que la diferencia radicaba más en la anchura que en el peso. Era una hoja vieja, afilada como una cuchilla de afeitar, sin adornos ni incrustaciones, sólo la marca del fabricante, rudamente estampada, con un sol y una media luna. Mi petición de ver la hoja le complació, pues Dirdar era un famoso espadachín. Había cortado en dos a un wahabí, atravesándole la cintura, en un combate reciente, y con esta misma espada había matado a más de treinta hombres a lo largo de su vida.

Mientras hablábamos, se produjo una distracción en el exterior. Llegó un comerciante, con su ganado cargado en cuatro mulas, e instaló una tienda *engleysi* de alegres rayas y colores, en la que vendía estampados de algodón de Manchester, utensilios de cocina de hojalata, pequeños pertrechos de hierro, sal en trozos grandes como un puño y azúcar gruesa. Fuimos a ver el comercio. Encontré en la tienda del comerciante media docena de tomates maduros y quise comprarlos. El precio era de unas pocas piastras de cobre, pero él insistió en dármelos y no quiso pagarme por ser huésped de Haditha. Ofrecí algunas a Haditha, Mizkal y otros jeques, pero sólo uno aceptó. Llevaba varias semanas sin comer fruta ni verdura y tenía un intenso antojo de verduras. A los beduinos habituados no les importa nada. Creo que debe de ser la leche fermentada de camello lo que les salva del estreñimiento y el escorbuto.

En la tienda de Haditha existía menos formalidad que en el gran *beit-shaar* de Mizkal, pero una hermosa cortesía. Un beduino gastado y harapiento, de rasgos desagradables y malvados, que evidentemente había cabalgado lejos, se quedó fuera, sujetando el ronzal de su caballo, y se aventuró a decir un «*salam aleikum*», inseguro de su bienvenida. Pertenecía a una tribu hostil a Haditha, pero no era un enemigo de sangre. Su actitud era evidente. Era como quien dice:

«Sé que soy un hombre sin importancia, también que no tenéis motivos para ser amistosos conmigo o con mi tribu, y que no tengo derecho a reclamar vuestra hospitalidad; pero estoy cansado y hambriento».

Hubo un momento de vacilación; luego Haditha se levantó en toda su estatura y respondió: «*Aleikum salam*». Se le dio gratuitamente agua, leche, queso y pan, y se colocó una alfombra en un rincón alejado de la tienda, donde se tumbó boca abajo como un perro y durmió.

La gran cafetera fue torpemente trastornada por un hombre que removía las brasas, cuando todos exclamaron: «¡Buen augurio!». Pregunté por qué lo decían. «Porque siempre ha sido la costumbre», dijo uno. Mizkal sugirió que quizá era «para que el torpe no quedase mal». Me pregunté si realmente se remontaba a las libaciones paganas vertidas sobre la arena en la época premusulmana.

Haditha tenía un halcón encadenado a una pequeña percha de madera. Le arrojaba trozos de carne de cabra, que comía con avidez, pero miraba con ojos que no parpadeaban. Luego lo desencadenó y lo lanzó al aire. Voló en círculos cada vez más amplios. Intenté seguirlo con las gafas de Mizkal. Cuando sólo era una débil mancha en el cielo, Haditha se despojó de su *aba* y la agitó. El pájaro captó su señal desde aquella gran distancia y, al regresar, se posó en su muñeca. El halcón se utiliza para cazar la gacela, la paloma y otras aves comestibles que abundan en el borde del desierto; como la avutarda, un ave dos veces más grande que un pavo, la misma mencionada por Jenofonte. Cazan también con un pequeño lebrel, veloz, pero apenas la mitad del tamaño de la raza europea. Llevan el halcón encapuchado, en la muñeca o en el pomo de la silla de montar, como hacían los señores y las damas en tiempos de la caballería.

Cuando oscureció, se colgó un farol en el mástil de la tienda, después de que hubiéramos comido, y un hombre cantó al son de la *rabeyba*. En la pausa posterior, nuestro invitado, harapiento y de rasgos viles, se revolvió y gruñó en sueños. Dije unas palabras en alabanza de la hospitalidad beduina, que incluía aun a gente como él.

«No es gran cosa», respondió Haditha, «pero es cierto que la hospitalidad es más del desierto que de la ciudad».

«Hace dos años crucé a la frontera de *Engleysi* (Irak) en un *ghrazzu*, que nos fue mal, no llevamos ganado, y fuimos apaleados. Éramos trescientos jinetes que regresábamos, y estuvimos noventa y seis horas sin comida ni agua, salvo un poco para nuestros caballos, que no soportan la sed como un hombre o un camello. Llegamos a un campamento de no más tiendas que los dedos de una mano, donde vivía un jeque empobrecido, Sahr Assarah —que Alá le conceda mejor prosperidad, pues su única riqueza entonces eran dos camellos y quince cabras negras—».

«Conocía mi nombre, aunque nunca me había mirado a la cara. Y mientras mis hombres cabalgaban hacia el pozo del que sacaba agua, me dio de beber en su tienda, pero llamó a otro para que hiciera café y se marchó».

«Oí un estridente balido en la lejanía. Sahr Assarah con sus hijos había ido entre las cabras y había roto una pata de cada cabra».

Haditha se detuvo, como si la historia hubiera terminado, y así fue. «¡*Aiee*!», gritó Mansour; y «¡Por Dios!». «¡He aquí una cosa para recordar!», exclamó Mizkal; y los demás vitorearon: «¡Que Alá conceda prosperidad a ese jeque!».

Una cabra con una pata rota debe ser sacrificada inmediatamente. Sahr Assarah sabía que si empezaba a matar a su rebaño, Haditha lo oiría y se lo prohibiría antes de que se hubieran degollado tres cabras. Con las patas de las cabras rotas era inútil detener la matanza, y había carne para Haditha y todos sus hambrientos guerreros.

Siguieron otras historias de hospitalidad memorable, y Dirdar contó ésta, que le había contado su padre:

Un jeque rico murió sin hijos, y su viuda se fue empobreciendo poco a poco. Seguía a la tribu a pastar, pero siempre acampaba sola, lejos del resto. Si hubiera vivido entre ellos, todo forastero importante habría tenido el deber de visitar a la viuda del jeque, y ella de proporcionarle un refrigerio. Vivía de la leche de su única camella, que llevaba a pastar y montaba por la noche.

Una oscura noche de invierno llegó un mercader errante para comprar camellos y tropezó con su tienda antes de encontrar el campamento principal. Por sus palabras y su porte, él supo que ella era una figura con carácter; las sombras ocultaban la pobreza de su morada. Le preguntó si tenía camellos para el mercado.

Ella respondió:

—No, sólo tengo un camello aquí. Mis rebaños están en pastos lejanos.

Y no teniendo granos para hacer café, le puso leche delante. Dijo el mercader:

—He recorrido un camino agotador. Si hay una segunda tienda, me gustaría descansar y dormir.

Según la ley beduina, un vagabundo que viene en son de paz puede pedir cobijo en cualquier tienda, pero no habría sido correcto compartir la misma tienda con una mujer, aunque fuera anciana.

—Tengo otra tienda —respondió ella— donde me acostaré, y tú permanecerás aquí.

Al cabo de un par de horas regresó con un gran cuenco de carne humeante y caliente, rica en salsa. El mercader dijo:

—¡He comido como un sultán, oh madre de la generosidad!

No tenía otra tienda, y durmió *con frío y nieve, bajo la misericordia de Dios.*

Cuando regresó por la mañana, el mercader vio sus ropas empapadas y se extrañó. Ella le explicó que la segunda tienda estaba con unos parientes, «más allá de la colina», y que al volver había pasado por una fuerte ráfaga de lluvia.

Mirando a su alrededor a la luz del día, el forastero sospechó de su pobreza. Sin herir su orgullo —porque él no era un habitante del desierto, cuya tienda también debía estar abierta a todos los vagabundos—, tenía derecho a ofrecerle un regalo a cambio de su hospitalidad, y le pidió que le prestara su camello para enviarle una carga de trigo.

—¡Ay! —exclamó—, anoche murió mi camello.

Una mujer de condición inferior no se habría sentido obligada a un sacrificio tan grande, pero ella, por el honor de su familia de jeques, y no teniendo otra carne que ofrecer al extranjero, había sacrificado su único camello para su comida.

Cuando Dirdar hubo terminado la historia, afirmé:

—Pido respuesta y perdón por una pregunta sin gracia, pero vengo de un país donde una parte de este cuento sería mal tomado.

—Pregunta —respondió Dirdar— en el nombre de Alá.

—Deberíamos considerar una gran vergüenza que a una anciana tan noble, viuda de un antiguo jeque, su propia tribu le permitiera permanecer apartada como un perro fuera del *menzil*, en la pobreza y la miseria. ¿Cómo es que, cuando los beduinos, en su orgullo de hospitalidad, dan cobijo y entretenimiento a todos los forasteros (incluso a ese de mal semblante que gruñe allí mientras duerme) no socorren, sin embargo, a los suyos?

Y conté nuestro proverbio de que la caridad empieza por casa.

—Es una buena pregunta —respondieron, y Dirdar dijo:

—Todos los parientes de la mujer habían muerto. Era demasiado vieja para casarse de nuevo, y su gran orgullo era tal que se negaba a aceptar sus limosnas, porque nunca podría haber retribución.

No les disgustó que planteara la cuestión. Pero, tal vez con amistosa malicia, me preguntaron si podía igualar sus historias con una de generosidad *farengi*. Con el pájaro de Haditha todavía aferrado a él, les conté la historia de Boccaccio sobre el hombre que había matado a su halcón para ofrecer carne a su dama. Era un cuento apropiado, dijeron, pero Mizkal añadió agudamente que «no era lo mismo», ya que se hacía por amor romántico, más que por hospitalidad.

Otra de sus historias de aquella noche me pareció fabulosa, o al menos bordada con exageraciones.

El jeque Hatim de los Beni Tai tenía un hijo llamado Zeyd. El niño no tenía sentido del valor de la propiedad, y desde los ocho años regalaba a cualquier forastero que pasaba cabras y ovejas de los rebaños confiados a su cuidado. Finalmente, su padre lo envió con los pastores al lejano desierto, por donde rara vez pasaban extraños.

Un día, el muchacho cabalgaba con un pastor al frente de cien camellos. Por casualidad se encontraron con tres trovadores beduinos, que cantaron para él. Él quedó encantado y les dijo: «Os haré un regalo». Dividió el rebaño en tres partes y dio una a cada uno de los cantores. El pastor no podía prohibírselo, porque Zeyd era hijo del jeque, pero mandó decir a Hatim:

—Tu hijo está herido por Alá. Es un santo, pero si se queda con nosotros pronto no te quedarán camellos.

Hatim mandó llamar a Zeyd y le interrogó con severidad:

—¿Dónde están mis cien camellos?

El hijo respondió:

—He hecho para ti y para nuestra tribu un nombre desde hoy hasta el Día del Juicio Final.

Lo que significaba que el trovador compondría una canción sobre el regalo, y que la canción sería inmortal.

El padre murió. El hijo le sucedió como jefe de la pequeña tribu, y pronto los redujo a todos a la pobreza. Una noche llegaron cuatro invitados a su tienda. Él dijo a su madre:

—¿Qué tenemos para ofrecerles?

Y ella respondió:

—¡Ay, han matado a la última cabra!

Él continuó:

—A una hora de distancia acampan algunos de los anazaítas. Me mancharé la cara de negro, y me venderás a ellos como esclavo, recibiendo en pago cabras, que podrás matar para nuestros huéspedes, a fin de que la tienda de mi padre no quede deshonrada.

Ella se negó. Entonces él cogió un puñal y amenazó con suicidarse; así que ella hizo lo que él le había ordenado.

El hijo, que se había convertido en esclavo, trabajó con sus nuevos amos durante cinco años. Entonces sucedió que, mientras cuidaba los rebaños, pasó por allí uno de los mismos trovadores en sus andanzas, y le dijo: «Si tu rostro no fuera oscuro, podría creer que eres aquel», y le cantó la canción que había hecho sobre el regalo de cien camellos. El muchacho respondió: «No fui yo», y se quedó cuidando las ovejas.

Un día, después de nuestra visita a Haditha, le pregunté a Mizkal, que era un hombre de gran sentido común, cuál de estas historias podía ser un hecho real y cuál una fábula. Me dijo que la historia de la viuda del jeque le parecía cierta, pues había ocurrido muchas veces. Sobre la historia de Haditha de Sahr Assarah y las cabras no había duda. La historia de los cien camellos por una canción, en cambio, le parecía una *fantasía*, una de las muchas expresiones europeas que los árabes han incorporado a su propio idioma.

La veracidad beduina —o la falta de ella— es un asunto sutilmente complicado. Consideran que mentir es un pecado vergonzoso e imperdonable, y los hombres de honor se adhieren al código, pero hace falta ser un *beduino* nato para entender las sutiles distinciones de lo que es mentira, *a priori*, y lo que no lo es. Tampoco es, curiosamente, una cuestión de juramento. Un hombre puede venir del desierto y jurar por la barba del Profeta que se encontró con una caravana de mil camellos verdes con alas, y no es mentira. Si un hombre ha sido robado en el camino, puede declarar que cincuenta guerreros lo despojaron, aunque sólo hayan sido tres. Después de una batalla puede jurar por Alá que ha matado a diez enemigos, aunque tal vez sólo haya matado a uno o dos; por semejante falsedad puede que se le tache de fanfarrón, o incluso que se le desprecie, pero no se le mancharía de negro ni se le deshonraría como mentiroso. Ninguna de estas mentiras, al menos teóricamente, puede perjudicar a otra persona ni afectar a acontecimientos posteriores.

Por otra parte, hay casos asombrosos en los que un inglés o un estadounidense se verían tentados a mentir —o al menos a mantener un estricto silencio— cuando el beduino del honor debe decir la verdad.

Emín Arslán estaba en un pequeño *menzil* beduino, tomando café con el jeque, cuando vio a una mujer pasar dos o tres veces por delante de la tienda, dirigirle una mirada significativa y hacer un ademán hacia una tienda contigua. No podía creer que estuviera flirteando con él y se quedó perplejo. Cuando lo hizo por tercera vez, se levantó y se dirigió a la tienda que ella le había indicado. Allí encontró a dos hombres de una tribu enemiga vecina, atados de pies y manos, y a un grupo que se disponía a degollarlos. Emín, que en aquel momento era gobernador del territorio, detuvo el procedimiento. El jeque dijo que los hombres estaban siendo justamente ejecutados porque habían venido como espías y disfrazados para asesinarle en su propio campamento. No habían cometido ningún acto manifiesto, pero dijo que había sido informado fehacientemente de su propósito. Emín dijo:

—No se puede asesinar a dos hombres de oídas.

El jeque levantó los ojos sorprendido y replicó:

—Pregúntales.

Emín hizo que desataran a los dos hombres y los llevaran ante él a otra tienda. Les dijo:

—¿Por qué habéis venido a este campamento?

Ellos respondieron:

—Hemos venido a matar al jeque.

Él les contestó:

—¿No sabéis que si decís eso, aunque no permita que os maten aquí, tendré que entregaros a las autoridades turcas y os meterán en la cárcel de por vida?

—Eso está en manos de Alá, pero hemos venido con el propósito que hemos declarado.

Harían falta muchos volúmenes, y serían tan técnicos como los de nuestros propios tribunales, para codificar las leyes no escritas del desierto de Arabia.

El beduino puede robar con astucia, puede asaltar y matar con violencia, puede golpear por la espalda a sangre fría, pero sólo en determinadas circunstancias. El mismo hecho, en condiciones diferentes, puede ser un crimen espantoso.

Su código de honor es, en algunos aspectos, tan quijotesco y fantástico como el de los caballeros del rey Arturo. Haditha lo encarnaba, tal vez, más que cualquier otro beduino que conocí. Mi amigo Mizkal era rico, próspero y mundanamente sabio, cínico también, de un modo amable; sin embargo, veneraba a Haditha como a una especie de santo. Entre las muchas historias que Mizkal me contó de él, la siguiente es la más típica.

Haditha tenía una yegua blanca que le encantaba. Un jeque vecino llamado Goren, que mantenía relaciones amistosas, pero no íntimas con Haditha, admiraba la yegua y estaba ansioso por comprarla. Ofreció a Haditha trescientas libras de oro y, al comprobar que Haditha no vendería la yegua a ningún precio, le ofreció a cambio una de sus hijas, famosa por su belleza. Haditha se negó a desprenderse de la yegua. Goren le llamó entonces formalmente y le dijo: «Como no somos enemigos, el honor y la ley del desierto me obligan a advertirte que voy a hacer todo lo posible por conseguir tu yegua, aunque tenga que robarla». Haditha respondió: «Estoy advertido».

Goren esperó su momento con larga paciencia. Cuando había transcurrido más de un año —según Mizkal, esto ocurrió en 1920—, Goren se enteró de que Haditha planeaba ir a Damasco para acordar la venta de unos camellos.

Los beduinos suelen recortarse la barba hasta dejarla corta. Goren se había mantenido fuera de la vista de Haditha, y había dejado que su barba creciera áspera y larga. Se manchó la cara con vetas de alheña y se la frotó con ceniza de estiércol de camello; después cogió un puñal y se infligió en el pie derecho una herida dolorosa, pero no peligrosa, que le haría cojear; se la vendó con un trapo viejo, de modo que la sangre se filtró e hizo una mancha; luego se vistió con ropas de mendigo y cogió un bastón.

La mañana en que Haditha debía cabalgar hacia Damasco, Goren tomó el camino delante de él y andó con su pie cojo durante kilómetros, hasta que estuvo realmente agotado, cubierto de sudor y con gran dolor. Estas precauciones podrían parecer teatrales e innecesarias, pero los ojos de los beduinos son tan agudos como los de un halcón para penetrar el disfraz o la farsa. Por lo tanto, Goren había producido en sí mismo una condición, hasta en los detalles del agotamiento y el dolor, que no era fingida, sino real.

De pronto, Haditha, al galope de su yegua blanca, alcanzó a Goren, y cuando llegó a su altura, Goren se desplomó en el camino, casi bajo las patas de la yegua. Haditha, observando el vendaje ensangrentado y el agotamiento, no reconoció a Goren por la barba, la alheña, la suciedad de su rostro y la kefia que lo cubría parcialmente; se detuvo y desmontó para socorrer al caminante en apuros.

Goren se quejó de que iba camino de Damasco y de que estaba agotado a causa de la herida. Haditha hizo lo que cualquier jeque beduino haría en esas circunstancias: subió a Goren al lomo de su yegua, lo sujetó en la silla y partió hacia Damasco, él a pie, dejando que el mendigo cabalgara. Goren guardó silencio durante más de media hora, dando tiempo a que recuperaran sus fuerzas; luego dijo: «Noble jeque, tu arma pesa sobre tus hombros; cuélgala, pues, aquí, en el pomo». Era un día caluroso y un largo camino, y Haditha, sin sospechar nada, consintió. Dos o tres minutos más tarde, Goren clavó violentamente los talones en la yegua, y en tres saltos estuvo fuera del alcance de Haditha. Luego hizo girar el animal, desenganchó el rifle y volvió hacia donde estaba Haditha.

—Oh Haditha, te di una advertencia honorable.

Haditha reconoció a Goren, y replicó, muy disgustado:

—¡Oh Goren, advertido fui!

Cuando Goren se dio la vuelta para alejarse triunfante, Haditha gritó de repente. Goren giró de nuevo y volvió hacia él. Haditha dijo:

—He reflexionado. La yegua es tuya, y te prometo que no intentaré recuperarla ni con violencia ni con engaño, si me prometes lo que te pido.

—Lo prometo —respondió Goren.

Es costumbre entre los jeques beduinos exigir una promesa y aceptarla sin decir cuál es el trato, dependiendo del honor de cada uno. Haditha dijo:

—Prometerás en nombre del Profeta, y yo prometeré lo mismo, que no diremos a nadie la forma en que obtuviste mi yegua.

—¡Lo prometo, oh jeque! Pero, ¿por qué? —respondió Goren.

—Porque si esta historia se extendiera de boca en boca en nuestro desierto, ningún jinete se atrevería a volver a detenerse para socorrer a un herido o a un mendigo, y esto sería una vergüenza mayor que la pérdida de mil yeguas blancas.

Goren reflexionó, bajó del lomo del caballo, puso la brida en manos de Haditha y dijo:

—No puedo robar, ni siquiera después de una honrosa advertencia, a un hombre así.

Haditha, debido a la herida de Goren, le ayudó a volver a la silla de montar, entraron juntos en Damasco y siguieron siendo buenos amigos.

Por supuesto, esta historia sólo muestra una parte del verdadero carácter beduino. Su código de honor es más elevado en muchos aspectos que el de cualquier país europeo; sin embargo, siguen siendo esencialmente ladrones profesionales. Las incursiones y el robo de ganado —sólo superado por la cría de ganado— son sus principales ocupaciones.

Tampoco limitan siempre sus robos al saqueo de otras tribus nativas. Siguen considerando al viajero europeo como su presa legítima, y aunque desconfían de la venganza *farengi* en las fronteras de Siria, Transjordania e Irak, el forastero que se aventura lejos en el desierto arriesga sus pertenencias y su vida.

A pesar de los aviones y los cuerpos de camellos, incluso la Nairn Transport Company, que envía sus convoyes Cadillac directamente a través del desierto de Damasco a Bagdad, y viceversa, tres veces por semana; paga regularmente tributos en oro a ciertas tribus, y, aun así, sufre robos ocasionales, aunque raros, a causa de algún «malentendido». Semejante atraco acarrea graves consecuencias, represalias, noticias en los periódicos, y por esta razón el convoy de Nairn es, con mucho, la forma más segura, así como la más rápida y cómoda, de atravesar Arabia. Si su precio de veinticinco libras esterlinas por persona parece elevado, es porque una parte se destina como tributo para mantener la ruta comparativamente segura.

El viajero que se aventura solo, o en convoy privado, corre un riesgo malsano. Una mañana vi a un arqueólogo alemán, su esposa y cinco sirvientes nativos, en dos coches cargados de equipaje, partir del Hotel Victoria, en Damasco, hacia Palmira, a sólo seis horas de distancia. Pensaban que no tenían nada que temer, pues Palmira es el cuartel general de los *mehari*, el cuerpo francés de camellos del desierto. Regresaron inesperadamente ese mismo día, a tiempo para el almuerzo tardío. El enfadado caballero llegó a pie, descalzo por cierto, y desnudo como un arrendajo, salvo por su guardapolvo de lino. Su dama montaba un burro que le habían prestado en las afueras de la ciudad. A ella le habían permitido conservar la falda y la blusa. Sólo regresaron porque habían tenido la sensatez de no oponer resistencia.

Sin embargo, me resultaba difícil recordar este tipo de cosas cuando era huésped de los beduinos, pues me unían a ellos los lazos más amistosos. Pero de vez en cuando ocurría alguna pequeña cosa, o se pronunciaba alguna palabra, que me hacía darme cuenta de que estaría dando un testimonio falso si sólo relatara su maravillosa hospitalidad, su honor entre ellos y su leal amistad.

Por ejemplo, se habló de los sionistas en la tienda de Haditha, y me sorprendió la amargura de las palabras. Tengo amigos judíos de toda la vida, y cuento ahora simplemente como parte de mi intento de dejar constancia veraz de que los beduinos que conocí sentían odio y desprecio por todos los judíos. Le pregunté al gentil y santo jeque Haditha qué pensaba del movimiento sionista actual. Me había respondido, con la dulzura de un cordero y sin intención de ironizar, que lo consideraba un arreglo de lo más admirable; cuando los británicos los hubieran traído a todos y les hubieran retirado la protección armada, ¡sería fácil y conveniente masacrarlos a todos y quitarles sus rebaños y cosechas!

Estas tribus con las que viví en pacífica seguridad —y otras tribus como ellas— eran tan temidas por las pequeñas colonias agrícolas judías de la periferia del desierto como lo fueron los pieles rojas por los colonos aislados de las praderas, y me temo que por una causa igualmente justificada.

Sólo tres meses antes, una tribu a menos de ciento cincuenta kilómetros al sur había asaltado, quemado y masacrado una granja judía cercada de unas treinta personas. No hubo ningún superviviente. Las mujeres y los niños fueron encontrados junto a las ruinas carbonizadas, degollados como ovejas. Esto no se consideró una «vergüenza» para la tribu que lo había hecho, ya que entre los hombres del desierto y los colonos *yahud* (judíos) existe una enemistad de sangre declarada. Esta proscripción de muerte no es contra los judíos en general, sino contra todos los colonos a los que se han asignado tierras que los árabes consideran suyas. «Esta tierra era nuestra», dicen, «antes de que Moisés y su horda ladrona de esclavos fugitivos vinieran a asolarla desde Egipto. Volvió a nosotros bajo califas y sultanes, y volverá a ser nuestra».

Así que, naturalmente, el judío de los confines de Palestina considera al beduino un salvaje cruel y despiadado que no da cuartel. Lo único bueno que admiten de él a regañadientes es que no tortura ni viola. No tiene la costumbre, como los tuaregs del Sáhara, de mutilar a los cautivos o cortarles los párpados y dejarlos al sol. Lleva a cabo masacres, pero «limpias» y rápidas. Por lo que he podido saber, el beduino árabe no practica la tortura. El único castigo físico que se inflige en las tiendas negras es una simple paliza a la antigua usanza con cualquier cosa que esté a mano, normalmente una cuerda o un palo. La única tortura de la que he tenido conocimiento en la Arabia moderna es la que sufren voluntariamente los derviches y *faquires* en nombre de la religión, y la que ocasionalmente se sigue infligiendo en los harenes de palacio a las esposas y concubinas infieles.

En el *ghrazzu* entre las propias tribus beduinas se da cuartel libremente, se trata honorablemente a los prisioneros y, por lo general, las bajas son pequeñas. Las guerras de venganza de sangre, las guerras de exterminio entre tribu y tribu, siguen produciéndose, pero cada vez con menor frecuencia.

Mizkal me contó algunas de sus leyes más sencillas en el *ghrazzu* intertribal.*

Si un hombre caía de su caballo, no podía ser atacado. Si un enemigo montado lo derribaba o le disparaba, ese enemigo sería mancillado por su propia tribu.

Y por ello, un hombre sin caballo que dispara contra un enemigo montado sería un asesino.

Al atacar un *menzil* es delito disparar contra las tiendas, por riesgo de alcanzar a mujeres y niños.

A un hombre hecho prisionero se le debe permitir sentarse en el círculo del café con sus captores y comer hasta saciarse del plato común. Una vez finalizado el *ghrazzu*, se le permite regresar a su tribu, para lo cual se le presta un caballo o un camello —a menudo su propia montura capturada—.

---

* El *ghrazzu*, quiero insistir, no es más que un juego salvaje y rudo, con rebaños robados como premio. En el *ghrazzu*, los beduinos nunca matan por matar.

Pero su tribu está obligada por su honor a devolverlo más tarde a los captores. El beduino no tiene lugar ni uso para los prisioneros. El guerrero más humilde moriría antes que ensuciarse las manos con cualquier trabajo físico. Así que el intercambio general, sin llevar la cuenta, es universal.

Si un jeque gobernante es hecho prisionero, es agasajado con honores de jeque y queda libre más tarde sin necesidad de rescate.

Cierto jeque fue hecho prisionero en una incursión en la que también fueron capturados cincuenta de sus camellos. Esa noche, sentado en la tienda de su captor, negoció la recompra de sus propios camellos, acordó un precio en oro y se le permitió cabalgar con ellos al día siguiente, sin más garantía que su palabra de que el oro le sería enviado más tarde.

Los cautivos son «huéspedes», me dijo Mizkal.

Otra serie de leyes no escritas se refieren a las rencillas personales, más honorables que las que imperan en las colinas de Kentucky. Si un beduino tiene una enemistad a muerte con otro, no puede matarlo desde una emboscada ni tomarlo desprevenido. No sólo debe avisar formalmente, si el hombre no lo sabe ya, de que hay sangre entre ellos, sino que cuando se encuentren debe ser a gritos, para que ninguno tenga la ventaja de la sorpresa.

En los pocos casos en que se decreta la muerte de un hombre en consejo tribal, se le mata sin oportunidad de defenderse, pero también deben observarse ciertas reglas. Bajo ninguna circunstancia, por ejemplo, se puede matar a un hombre mientras duerme.

Si van a la tienda donde un hombre duerme con el propósito de matarlo, primero deben despertarlo y darle la oportunidad de hablar, comer, beber y fumar.

Una vez, un esclavo Sirdieh, encargado de realizar un degüello de este tipo, se olvidó, quizá por miedo, de despertar a su víctima, y durante años después, cuando los Sirdieh iban a la batalla, sus enemigos se burlaban de ellos gritando: ¡Asesinos de los que duermen!

Capítulo 6

Cabalgamos en *ghrazzu*

ALÁ, eterno dramaturgo, cuyas tramas son *kismes*, preparó irónicamente el escenario una noche de tranquila belleza para lo que resultó ser mi aventura más salvaje entre los Beni Sakhar.

Nuestra tienda oriental se alzaba hacia las colinas inundadas de luz por la luna roja y dorada de Arabia. Me tumbé sobre un montón de alfombras, despierto, pero medio soñando. ¡Qué silencioso y pacífico era el desierto, y qué extrañamente hermoso el rebaño de camellos blancos de Mizkal, dormidos ante el *menzil*!

El burbujeo de la pipa del jeque junto a mi codo era el único sonido, salvo el ocasional chasquido del pedernal sobre el acero al encender un cigarrillo, uno de los que se sentaban tarde en el círculo del café, que era como una hilera de estatuas triangulares en cuclillas, embozadas, misteriosas.

De repente, se oyó un grito a lo lejos, un «¡Oo-oo-oo!», prolongado, y apareció un camellero, primero silueteado contra el cielo en lo alto de una colina, y luego bajando por la ladera hacia nosotros, cabalgando a una velocidad vertiginosa.

Se apresuró a encender una linterna y colgarla de un poste. Dos hombres se hicieron cargo de su montura sobre la marcha, mientras él entraba en la tienda a toda prisa.

Ahora no había «*salam aleikum*». Se arrodilló rápidamente, besó la mano de Mizkal, entró en el semicírculo abierto y se acuclilló frente al jeque, sin quitarse la cartuchera ni el fusil que llevaba colgado de los hombros. No le ofrecieron ni café ni agua, aunque parecía necesitar ambos. Era un beduino pequeño, enjuto y reseco, viejo, harapiento y demacrado bajo el sudor seco y la suciedad.

Levantando su bastón de camellero, lo golpeó contra la arena con un impacto agudo, casi como el chasquido de una pistola, y empezó a hablar con una voz áspera y ruda que a veces llegaba casi al grito. Lo que decía en su rudo dialecto era más de lo que yo podía entender. Arengaba rápidamente, pero al final de cada frase hacía una pausa y golpeaba la arena con su bastón. Sus palabras y sus modales eran tan ásperos y ruidosos que, a pesar de su primera reverencia, sospeché que traía algún airado mensaje de desafío. Pero estaba totalmente equivocado.

Cuando terminó, Mizkal, que había escuchado en silencio pensativo, gritó: «¡Por Dios! Estas son buenas noticias. Pregunta más tarde y serás recompensado».

Dos hombres se abalanzaron sobre el mensajero, lo levantaron —de hecho, estaba casi exhausto—, le quitaron la pesada cartuchera y el fusil, mientras otro traía una tetera con agua. Se llenó la boca sin tocarse los labios con la boquilla, escupió, tragó como para aliviar los músculos resecos de la garganta y luego bebió. Tomó sólo unas gotas de café, pero enseguida comió vorazmente del cuenco de madera con arroz y restos de carne, lo mejor que pudieron encontrar para él a esas horas de la noche, y se echó a dormir. Se tumbó sobre la arena desnuda, pero alguien trajo una *aba* y se la echó por encima, además de la suya.

Mientras tanto, Mizkal había llamado bruscamente a cinco hombres por turnos, por sus nombres, que se apresuraron a salir con sus instrucciones susurradas y partieron en varias direcciones, a pelo, al galope de sus yeguas.

Durante esta agitación, Mizkal no había dejado que se apagara el carbón de su pipa de agua, y ahora fumaba plácidamente, como un hombre meditabundo y satisfecho de sus pensamientos.

Luego me preguntó si lo había entendido, y cuando le dije que no, me lo explicó.

Los Sirdieh, una tribu pequeña, pero audaz al este del Monte Druso, famosa por su habilidad con el *ghrazzu*, iban camino de apoderarse del rebaño de Mizkal cuando éste se fue a los pastos —los mismos quinientos *hejin* blancos que ahora yacían durmiendo frente a nuestras tiendas—, un premio tentador.

Durante semanas, Mizkal los había estado enviando cada mañana antes del amanecer, sin más guardia que el pequeño camellero y un anciano, a pastar todo el día en los matorrales espinosos, sin suponer que nadie se atrevería a asaltarlos, ya que era de dominio público que más de mil de sus guerreros estaban acampados en estas colinas adyacentes.

Los Sirdieh se habían enterado de la situación, y esperaban atacar por sorpresa y partir hacia el norte con todo el rebaño hacia el río Leja sin disparar un tiro, antes de que Mizkal pudiera alertar a sus hombres.

Y podrían haberlo conseguido fácilmente, de no ser porque el mensajero —un hombre de los Beni Hasán— los había visto dando vueltas hacia el este y luego hacia el sur, había adivinado su intención y había cabalgado durante treinta horas a un ritmo que ningún caballo podía seguir para avisarnos.

La noticia había llegado a tiempo, pues era medianoche y los Sirdieh difícilmente podrían llegar a los pastos antes del amanecer. Para Mizkal habría sido bastante sencillo no enviar sus rebaños esa mañana, o enviarlos bajo una guardia tan fuerte que los Sirdieh no se atrevieran a atacarlos, ya que el *ghrazzu* sólo contaba con unos cien hombres. Pero el plan de Mizkal era otro. Esperaba tenderles una trampa, puesto que ahora la ventaja, tanto en estrategia como en número, estaba de su lado.

Propuso enviar los camellos a pastar como de costumbre, custodiados únicamente por el muchacho y el viejo maestro camellero, pero cuatrocientos de sus propios guerreros se apostarían en emboscada, aprovechando el terreno ondulado, para proteger sus fuerzas y capturar también algunas de las yeguas del enemigo.

Prometía ser un juego emocionante, y Mizkal no puso la menor objeción cuando le pedí permiso para participar en él.

Mientras conversábamos se oyó de pronto un grito rítmico de muchas voces, que se acercaban como un canto, cadencioso al compás y golpeteo de los cascos de los caballos, y unos ochenta guerreros de los Beni Sakhar, agitando sus rifles y aullando como derviches, llegaron galopando a la tienda de su jeque. Sus aullidos no eran de furia fanática ni de sed de sangre Sirdieh, sino de alegría exuberante ante la perspectiva de una refriega. En respuesta a su ruido, las mujeres de nuestro campamento, desde el interior de sus tiendas, respondieron con largos aullidos de guerra indios.

Nunca he oído a los indios en una batalla real, pero el ruido que hacían estas mujeres era idéntico al que hacían los pieles rojas de Buffalo Bill cuando atacaban el carruaje de su circo del Salvaje Oeste. Las mujeres beduinas siempre gritan así para animar a sus hombres que cabalgan hacia el *ghrazzu* o la batalla.

Era un ruido salvaje y glorioso, y yo me estremecía con él. También lo hicieron algunos de los caballos, resoplando, dando zarpazos a la tierra. Ninguno de ellos dijo «¡ajá!»; pero es mucho pedir esperar que el caballo de un beduino haya leído el Libro de Job.

Los guerreros se agolparon alrededor de la tienda, mientras Mizkal se dirigía a ellos y les daba instrucciones; luego saltaron a sus monturas y se marcharon, todavía gritando su canción salvaje.

Durante la hora siguiente, la escena se repitió varias veces; nuevas partidas subieron a caballo, recibieron sus órdenes y partieron al galope.

El campamento volvió a quedar en silencio cuando el rebaño *hejin*, excelente cebo para nuestra trampa, se alejó hacia los pastos, guiado por el chiquillo encaramado sin montura en la grupa de un camello, y seguido sólo por el viejo conductor, montado en lo alto de una bestia ensillada, bajo las estrellas menguantes, con su manto envuelto a su alrededor, como uno de los tres Reyes Magos.

Mizkal y yo, acompañados únicamente por Mansour y los veinte hombres de la escolta de nuestro jeque, galopamos tras los camellos media hora más tarde, y luego hicimos un rodeo hacia el sur, para entrar por la retaguardia de una de nuestras bandas ya emboscadas.

Yo montaba una pequeña yegua alazana, veloz pero menos fogosa que mi anterior yegua blanca, y más fácil de controlar. En mi cinturón llevaba una daga corta y una pistola automática, además del rifle que llevaba a la espalda, pero Mizkal me había hecho prometer que me mantendría absolutamente al margen de cualquier lucha cuerpo a cuerpo que pudiera producirse. Muchos beduinos siguen utilizando la cimitarra larga y curva en el combate a caballo, con una pistola en la mano izquierda, controlando a sus caballos mediante el balanceo del cuerpo y la presión de las rodillas, un juego que ningún novato inexperto como yo podría practicar. Los mejores combatientes entre nuestros propios hombres, alrededor de un tercio, incluido el propio Mizkal, llevaban espadas. Para evitar un anticlímax, será mejor que diga ahora que no hubo combate cuerpo a cuerpo en esta incursión, aunque tuvimos algunos tiroteos y más de una aventura antes de que terminara.

Al amanecer, que llegó rápidamente, quedamos ocultos tras unas colinas. Mizkal, Mansour y yo desmontamos y nos arrastramos hasta una cresta. Desde allí podíamos contemplar el valle alargado donde pastaban los camellos blancos entre matorrales espinosos. Mi corazón latía acelerado por la excitación, aunque no había ni rastro de los Sirdieh, ni tampoco de nuestras propias bandas, tan hábilmente dispuestas.

Pero pronto Mizkal, con su catalejo, captó una mancha que se movía, y luego otra. Poco después pude ver, aunque sólo por unos instantes, a tres hombres montados que se acercaban cautelosamente desde el norte para hacer un reconocimiento. Tal vez los Sirdieh sospechaban la trampa, o habían sido advertidos a su vez. En cualquier caso, su grupo principal no había caído en ninguna trampa aquella mañana.

Los tres exploradores siguieron acercándose. Luego desaparecieron durante un tiempo y, para mi sorpresa, reaparecieron cabalgando a toda velocidad en campo abierto, a menos de cuatrocientos metros de distancia, directamente hacia los pastos. Su plan consistía en asegurar al pastor y a su hijo, y luego poner en marcha los camellos hacia el norte, donde les esperaba su propia fuerza.

«¡Ahora!», gritó Mizkal, y yo empecé a bombear mi rifle, mientras los demás chasqueaban a mi lado. Con una escopeta no habría podido acertar a blancos tan rápidos, pero esperaba que Mizkal no lo supiera. Los tres jinetes se desviaron bruscamente, se dispersaron y se alejaron hacia el noreste, zigzagueando, agachados en sus monturas. Pensé que iban a escapar limpiamente, y no creo que le diéramos a ninguno de ellos, pero un fuego cruzado desde la cima de otra colina derribó a un caballo mientras los otros dos desaparecían por una elevación, con un puñado de los nuestros persiguiéndoles.

Cuando galopamos hacia el hombre que había caído, se levantó ileso y se sacudió, sin preocuparse siquiera de levantar las manos en señal de rendición. Y pensé que era una de las cosas más extrañas que había visto en el desierto cuando este cautivo Sirdieh, a quien habíamos intentado matar un momento antes, estaba ahora despreocupado, con insolente buen humor, con la mano colgando a menos de quince centímetros de la culata de su automática cargada y, para más inri, ¡ni siquiera se molestaron en desarmarlo! Si no fuera por la yegua que yacía temblando, podría haber sido un juego de polo.

Y es que trataba de un deporte, no de una guerra, un juego con camellos como premio, un juego rudo en el que las vidas formaban parte del marcador, pero en el que no se podía matar salvo dentro de las reglas. Sólo perdimos uno o dos minutos antes de seguir a nuestros hombres en persecución de la banda principal de los Sirdieh, pero merece la pena relatar el extraordinario diálogo que tuvo lugar en esos pocos momentos.

«¿Dónde está el halcón del pachá?», preguntó nuestro prisionero con alegre descaro. El propio Mizkal sonrió y Mansour rugió con una carcajada salvaje. Era una verdadera ocurrencia beduina, retorcida y directa, pero cargada de malicioso significado: «¡Así que estás cazando pájaros esta mañana, Mizkal! Pero los Sirdieh no son perdices que caigan en tu red, y ahora salen a tal velocidad que se necesitarían alas para atraparlos».

«No, asesino de los que duermen», replicó Mizkal; «llevamos rumbo a una manada de lobos, y nuestros caballos los pisotearán antes del atardecer».

De hecho, el grueso de la banda de Mizkal ya estaba en su persecución. Me preguntaba cómo se desharía del prisionero.

«Puedes quedarte aquí con mi camellero y volver esta noche con él a mi *menzil*», dijo Mizkal, «o irte ahora con uno de mis hombres, que te pedirá el rifle como pago por la escolta».

Apenas podía creer lo que oía. «Me acojo a la ley, jeque», dijo simplemente el prisionero, y se acabó. Lo dejamos allí de pie, todavía armado, con sólo el anciano y el chiquillo para guardar el rebaño que había venido a robar, y nos marchamos rápidos como el viento. ¡Aquí estaba el honor entre ladrones con una venganza! O, mejor dicho, una caballerosidad pura y fantástica como no creo que perviva en ningún otro lugar del mundo.

Cabalgamos durante dos horas y finalmente alcanzamos a nuestros hombres, que nos seguían como sabuesos por el sendero de los Sirdieh, a un galope constante pero no forzado. Nosotros éramos unos cuatrocientos, y por sus huellas, claramente marcadas en algunos lugares e invisibles durante kilómetros en otros, ellos eran, según nos habían informado, unos cien.

Pero habían empezado bien, y a pesar de que nuestros caballos estaban frescos y los suyos no, ya que perdíamos el rastro con frecuencia y teníamos que explorar a derecha e izquierda para retomarlo, Mizkal juzgó al atardecer que les habíamos sacado poca ventaja. La brillante luz de la luna nos ayudó y seguimos cabalgando. Estuve enfermo, dolorido, cansado, sediento y hambriento durante un rato al final de la tarde, pero a medida que avanzaba la noche se me pasó el hambre. Por supuesto, ningún caballo podía soportar un galope continuado durante tanto tiempo, y hubo breves paradas, pero fue una cabalgata dura y forzada. Cuando se puso la luna acampamos. En un lado de mi alforja había un odre de agua, en el otro unas cuantas bolas de queso de camello seco, rancio, aunque alimento concentrado, con un poco de grano para la yegua. Mansour vino con una bolsa de cuero y me ayudó a darle de beber y de comer. Bebí medio litro de agua, me comí dos trozos de queso y me acosté temblando de frío, demasiado cansado para dormir. Mizkal me trajo un cigarrillo encendido, me preguntó cómo me encontraba y le dije que bien, pero él sabía que estaba muerto de cansancio. Dos horas más tarde, al amanecer, nos pusimos de nuevo en marcha.

A medida que avanzaba la mañana, intolerablemente larga hacia el mediodía, con el calor y el resplandor en aumento, tuve la sensación de que algo iba mal. Personalmente, no me sentía bien en aquel momento; me preguntaba si mi fuerza de voluntad podría hacerme aguantar, pero no quería hacerlo saber. Mizkal estaba preocupado por algún elemento nuevo en el juego, y también lo estaban sus hombres. El sendero se había desviado de norte a noreste, y ahora lo seguíamos casi en dirección este, que no era la ruta que los Sirdieh debían haber tomado para regresar a sus propias colinas y ponerse a salvo.

A medida que aumentaba la inquietud, avanzábamos cada vez más despacio y finalmente nos detuvimos.

El terreno parecía llano —un barrido aparentemente ininterrumpido de guijarros y arcilla cocida hasta el horizonte—, pero había depresiones traicioneras y barrancos lo bastante grandes como para haber ocultado al ejército de un sultán. El inexplicable desvío hacia el este había sido sospechoso, pero también creo que los beduinos tienen una especie de sexto sentido que les avisa del peligro que acecha.

Mizkal envió seis hombres hacia delante, que se extendían en forma de abanico, ocultándose alternativamente por el terreno y reapareciendo después; y sólo después de haberlos seguido durante dos kilómetros o más con sus anteojos desmontamos, dimos de beber y alimentar apresuradamente a nuestros caballos, y bebimos de nuestros mermados odres.

Media hora más tarde oímos el chasquido de rifles lejanos y luego vimos a dos hombres, evidentemente nuestros exploradores, que volvían hacia nosotros para salvar sus vidas, seguidos por un grupo de unos treinta, disparando mientras galopaban tras ellos.

Aunque éramos cuatrocientos, saltamos a nuestras monturas al grito de mando de Mizkal, dimos media vuelta y huimos.

Los perseguidos y sus perseguidores nos siguieron, ganando terreno, mientras nos quedábamos atrás para dejar que los exploradores se reunieran con nosotros, y el enemigo empezó a dispararnos a larga distancia.

Nos dispersamos, todavía corriendo, y respondimos al fuego. Yo disparé con el resto, pero sin éxito, excepto cuando casi alcancé a uno de nuestros propios hombres, después de lo cual consideré más seguro, simplemente agitar mi rifle y gritar valientemente, aunque en realidad estaba bastante asustado. Yo siempre he sido un cobarde bajo cualquier tipo de fuego, pero el canto de las balas siempre me ponía más nervioso que cualquier bombardeo.

Dos de nuestros hombres cayeron, aunque no vi que los hirieran, porque al momento me di cuenta de que dos caballos sin jinete galopaban con nosotros. Luego, un caballo Beni Sakhar y su jinete se estrellaron contra un montículo mientras avanzábamos. Sólo vi a uno de los Sirdieh salir disparado desde su silla de montar. Habían avanzado con paso firme, pero ahora se quedaron atrás, siguiéndonos, pero manteniéndose casi fuera de nuestro alcance, sin dejar de disparar; y entonces, de repente, simplemente ya no estaban allí. Habían dejado de perseguirnos.

Puede que el lector se pregunte —como yo hice en su momento— por qué cuatrocientos guerreros capaces huían para salvar sus vidas de treinta.

Lo que había ocurrido era lo siguiente.

En primer lugar, Mizkal sabía que treinta hombres no nos habrían atacado a menos que hubiera un truco en ello.

Además, como zorro inteligente que era, había adivinado el truco con una precisión asombrosa. Los Sirdieh sabían que los Rualla —una gran tribu con la que estaban aliados— habían partido hacia el este en un gran *ghrazzu* propio y que regresarían en masa. Nos habían conducido hacia el este, con la esperanza de unirse a los Rualla y volverse contra nosotros. Se habían unido a la avanzadilla Rualla y la habían enviado contra nosotros como cebo para mantenernos comprometidos, si éramos tan estúpidos como para resistir, hasta que llegara su fuerza principal.

Mizkal creía que los Sirdieh, después de habernos conducido cómodamente a esta trampa, volvería a casa, pero que la fuerza principal Rualla nos daría una dura batida, no sólo para matar —los beduinos evitan el derramamiento inútil de sangre en *ghrazzu*—, sino con la esperanza de llevarse muchos de nuestros caballos.

A día de hoy no sé si los Rualla nos pisaban los talones o no, durante aquel (para mí) infernal viaje forzado de treinta horas que nos llevó de vuelta a la frontera de Transjordania. No se disparó ni un solo tiro, ni apareció detrás de nosotros señal alguna de un perseguidor. Una estimulante mezcla de miedo, excitación y curiosidad me había mantenido bastante al día, pero ahora estaba demasiado lejos para preocuparme por nada. Descubrí que tenía el pulgar en carne viva a causa de la rienda y que me aferraba con ambas manos al pomo de madera de la silla. No me moría de hambre ni de sed, pero tenía la boca y la garganta más secas de lo que jamás había sentido. Afortunadamente, Mizkal se dio cuenta de mi situación y, en nuestra primera parada, insistió en que subiera a bordo de uno de los cinco *hejin* que habían traído con más agua y forraje. Los *hejin* son más que rivales para los caballos en trayectos largos, pero no se montan en *ghrazzu* porque no son tan buenos como los caballos en maniobras rápidas.

Fue un bendito alivio, y conseguí aguantar, medio dormido durante buena parte del tiempo. Creo que hicimos varias paradas breves más, y recuerdo después del calor y el resplandor una noche interminable en la que el frío amargo era aún peor. Después de más horas de miseria, sin recordar mucho cómo llegué allí, excepto que no me desmayé y me tuvieron que llevar en brazos, estaba dentro de una tienda, y Mansour me echaba agua por la cabeza, y yo bebía agua de una cacerola de hojalata y la escupía y luego tragaba mucha, y me fui a dormir chupando un trozo de carne de cabra, pues estaba demasiado cansado para masticar.

¡Qué deliciosa fue la ociosidad durante los dos o tres días siguientes, cuando se me pasó el dolor! Me sentí un poco avergonzado por no haber mostrado más resistencia y temí haber quedado mal, pero afortunadamente les caí lo bastante bien como para ser indulgentes y se interesaron amablemente por mi rápida recuperación. Mansour juró descaradamente por Alá que una bala mía había derribado a uno de los Sirdieh, y los demás consintieron en esta halagadora ficción.

Estábamos destinados a oír hablar más del modesto papel que yo había desempeñado en el *ghrazzu*, y de una fuente inesperadamente elevada. Unos días más tarde llegaron unos jinetes de Amán para anunciar que su alteza real, el emir Abdulá, soberano de Transjordania, hermano del rey Faisal de Irak e hijo del antiguo rey Huseín del Hiyaz, saldría al día siguiente para visitar a su amigo Mizkal. Llegaría a la sede de Mizkal, el palacio de Um-el-Akmid, la mañana siguiente hacia las diez u once.

Este gobernante jerife, que mantiene su poder bajo los británicos, no es popular entre los nacionalistas árabes, porque consideran que ha jugado demasiado a favor de los británicos; pero es el principal favorito de las tribus beduinas de su territorio, porque nunca interfiere en sus asuntos tribales y les permite su antigua libertad.

Los beduinos del desierto septentrional tienen pocos sentimientos nacionalistas en el sentido político. Les gustaría ver a todos los *farengi* expulsados de la península —como querían que expulsaran a los turcos durante la Guerra Mundial—, pero su exclusiva lealtad es hacia lo único que conocen: sus tribus individuales. Otro inconveniente para el sentimiento nacionalista entre ellos es que son enemigos hereditarios de Ibn Saúd y los wahabíes, el gran grupo nacionalista fanático e invicto que se encuentra más al sur, en los alrededores de La Meca.

La visita propuesta por el emir a Mizkal no tenía nada que ver con la política, grande o pequeña. Era meramente por amistad y por asuntos de negocios privados propios. Mansour cabalgó inmediatamente para preparar las cosas en palacio, pero Mizkal se quedó con nosotros y pasó la noche en el campamento. Me dio la impresión de que Mizkal nunca iba a su palacio si podía evitarlo, y creo que hubiera preferido tumbarse en la arena con sus cabras antes que dormir bajo su techo.

A la mañana siguiente se marchó temprano. Yo debía seguirle con algunos de los otros cuando quisiera. Cuando llegué al palacio, poco después de las diez, me dijeron que el emir ya había llegado. No había nada en el patio que lo indicara, excepto un Ford destartalado, más nuevo que la mayoría, con la columna de dirección llena de tubos remendados, como suele ocurrir con los Ford que viajan por el desierto, y una gran bolsa de agua cubierta de lona colgada de un perno cerca del parabrisas. Los coches hierven de Damasco a Bagdad, pero llegan igual. Y este maltrecho Modelo T, al menos ese día, era el regio carruaje de su alteza real, el gobernante de Transjordania. El camino entre Amán y la aldea de Mizkal es duro y pedregoso en algunos tramos, sin carretera alguna, y el emir había dejado sabiamente su limusina Rolls-Royce en casa.

En la sala de guardia, grande y desnuda, decenas de beduinos habían amontonado sus armas y murmuraban, ansiosos por entrar en la sala de reuniones, pero se mantenían tímidamente alejados de la puerta. Cuando tres hombres se armaron de valor y entraron, me asomé tras ellos.

La plataforma baja del fondo de la sala estaba repleta de magníficas alfombras y cojines, y en su centro se sentaba el Emir, con las piernas cruzadas como un turco y una pipa de agua a su lado. Mizkal estaba sentado a su derecha. Cien o más de los Beni Sakhar se acuclillaban en filas sobre el suelo de piedra, a derecha e izquierda, dejando un amplio pasillo abierto desde la puerta hasta el diván.

Los tres recién llegados, que habían vencido su primera timidez, caminaban ahora orgullosos por el vestíbulo, incluso pavoneándose un poco en beneficio de quienes, como yo, pudieran estar espiándolos. Entonces se arrodillaron ante el emir, le besaron la mano, se levantaron y se unieron al círculo de sus compañeros.

Me asaltaron algunas dudas acerca de lo que debía hacer al entrar en la sala. Como hombre que vestía un tosco atuendo beduino, como los guerreros comunes, y que ciertamente no pretendía ser un jeque, lo más sencillo sería hacer una reverencia como el resto, y la verdad es que no tenía ninguna objeción —como algunos ingleses— a participar en esa inofensiva cortesía hacia un potentado nativo. Pero pensé que podría interpretarse como algo indigno según sus propias costumbres, ya que yo era amigo e invitado especial de Mizkal. Así que opté por una solución intermedia.

Recorrí unos dos tercios del pasillo hasta el diván, me detuve, hice una profunda reverencia, seguida de un saludo militar, y continué de pie.

El emir susurró una pregunta a Mizkal, luego se levantó, vino a mi encuentro, me estrechó la mano y me dijo en inglés:

—Oh, hello, how do you do?

—Es un gran honor conocer al gobernante de este país, donde he encontrado verdadera hospitalidad y amistad —respondí.

Me indicó que me sentara a su izquierda, en el diván, y no dijo nada más mientras otros grupos entraban para arrodillarse ante él.

El emir Abdulá es un hombre fornido de mediana estatura, con barba y tez más arenosa que bronceada —un tipo inusual para un árabe—, pero su apariencia lo desmiente, pues es de la más pura sangre jerife de La Meca, y su frente ligeramente abultada encierra un cerebro sagaz y astuto. Conoce la psicología de las tribus del desierto más íntimamente que ningún otro político de Arabia, ya que en su juventud fue enviado a vivir entre las tiendas negras por la vieja costumbre familiar, y luchó para los Aliados al frente de las tropas beduinas en la Guerra Mundial. Sigue vistiendo al estilo beduino y no al de los árabes de ciudad. Excepto por su *agal* (cota de malla), que era ancha y relucía con hilos de oro, su traje no difería del de Mizkal. Y en su cinturón, en lugar de la elaborada daga jerife de empuñadura alta y funda de oro que aparece en sus fotografías formales, llevaba una pesada automática en una funda de cuero liso.

Se dirigió a mí con buen humor:

—Mi primo Mizkal me ha dicho que has estado cabalgando con ellos en *ghrazzu*. Me gustaría que no lo hicieras más, porque podrías hacerte daño.

Respondí que, puesto que estaba comiendo la comida de Mizkal, había creído mi deber cabalgar con el resto en defensa de sus rebaños, y como eso sonaba tonto y farisaico, añadí impulsivamente: «Además, había un camello mío en el pasto».

Esto pareció divertirle. Se rio y dijo:

—¡Oh, pequeño beduino! Y supongo que esperabas volver del *ghrazzu* con cuatro.

Más tarde me dijo en privado:

—Creo que me has entendido mal con lo del *ghrazzu*. No es que me importe salvar tu pellejo; eso es asunto tuyo. Es simplemente que si te mataran aquí podría haber una investigación perjudicial para Mizkal.

No hizo ninguna referencia a mi desagradable encuentro anterior con su primer ministro, y llegué a la conclusión de que Rakaby Pasha no lo había mencionado.

El mensajero del emir había anunciado el día anterior que su amo no se quedaría a cenar, y después de tratar sus asuntos privados con Mizkal, lo abrazó, lo besó y se marchó.

No le acompañaba ningún miembro de la guardia de palacio ni de la gendarmería uniformada. Sustituyó el reluciente *agal* que llevaba en la frente por un turbante negro común, se subió al asiento delantero del Ford junto al conductor, con un fusil entre las rodillas, y otros dos beduinos con fusiles en el asiento de atrás.

Mientras el coche se alejaba no había nada que indicara que transportaba a la realeza, y pensé en el gran califa Harún al-Rashid, que sin duda habría usado un maltrecho *Tin Lizzie* para esas excursiones informales, si las hubiera habido en su gloriosa época.

Capítulo 7

«Por los ojos de Gutne»

No hay flores en el desierto de Arabia, ni en la montaña de los Drusos.

Cuando Ibn el Ghanj, jeque Sirdieh, cabalgó en busca de forraje por el valle del Éufrates un otoño seco y encontró campos de algodón en flor, su belleza conmovió su alma feroz.

Dos años más tarde, cuando nació una niña de su esposa más joven, dijo: «La llamaremos Bint Gutne» (flor de algodón).

Esto ocurrió hace sólo una generación, de modo que entre los miembros de las tribus de los Beni Sakhar, los Sirdieh y los Beni Hasán, de quienes aprendí poco a poco, a intervalos de meses, la historia completa de la *Odisea de Gutne*, hay muchos que la habían conocido y hablado con ella y muchos cuyos padres y hermanos murieron «por los ojos de Gutne», cuando su belleza de niña estalló en la llama que empapó de sangre el desierto desde Palmira hacia el este hasta los Jardines de Bagdad.

Me enteré de que nadie la había fotografiado nunca. Los beduinos utilizan el lenguaje de la poesía para describirla, de modo que la imagen no surge con claridad. Las mismas frases de siempre: el pelo como el cielo negro y azul del invierno, cuando la luna se ha hundido bajo la arena; los ojos como charcos en el oasis; los pechos como manzanas maduras; la cintura como una palmera joven; los pies como la gacela. Frases tan familiares que no transmiten ninguna imagen. Sólo por los rostros de los hombres que trataban de contármelo, ancianos cuyos ojos se rejuvenecían milagrosamente por el brillo de los recuerdos, pude casi verla.

Emín Arslán, el más árabe entre los árabes, pero ciudadano del mundo, que conoce a mujeres hermosas en todas las capitales europeas —y que vio a Gutne dos veces en Amán— intentó describírmela, y habló elocuentemente mientras tomaba café y *Bénédictine* en el *Army and Navy Club* de Beirut, pero también él fracasó, salvo que recuerdo esto:

«... No se parecía a ninguna otra mujer que yo haya visto: era hembra, tan hembra como lo es un animal, pero su belleza no tenía nada de suave ni de voluptuosa: había algo afilado y doloroso, como el filo de una espada».

En el desierto, bajo las tiendas negras, cuando los jinetes se sientan en círculo alrededor del fuego del café, cantan canciones de Gutne al son del tañido del laúd beduino de una cuerda, pero la mejor canción de Gutne es la suya propia, que compuso y cantó cuando su hermano menor, Ali, yacía asesinado por los anazaítas.

Y es con esta canción con la que comienza propiamente la historia de Gutne, tal y como se me fue desvelando poco a poco, en muchas noches en las que me sentaba en el círculo del café, como amigo y hermano del jeque Mizkal, morando como ningún extraño entre los Beni Sakhar.

El anciano Ibn el Ghanj, jeque y padre de Gutne, murió cuando ella tenía trece años, recién estrenada la juventud. Tenía dos hermanos que la adoraban: Alí, un año menor que ella, y Meteb, un hombre taciturno, extraño y violento de treinta años, que gobernaba como jeque de los Sirdieh en lugar de su padre.

Una noche, cuando Meteb y unos cien de sus hombres elegidos cabalgaban lejos, los anazaítas irrumpieron en el campamento de los Sirdieh, mataron al joven Alí y a una docena de guerreros más, y se marcharon hacia el este.

Los Sirdieh deberían haberse apresurado a vengarse, pero su jeque estaba ausente con más de un tercio de sus mejores jinetes, pues eran una tribu pequeña, y los que quedaban estaban sentados maldiciendo a los anazaítas, esperando el regreso de Meteb.

Las madres, esposas y hermanas de los asesinados se vistieron con sus ropas más viejas, se soltaron el pelo, se mancharon la cara con las cenizas negras del estiércol de camello y caminaron entre las tiendas, lamentándose y gimiendo.

Así caminaban las mujeres y lloraban a sus muertos, mientras amanecía sobre las tiendas de los Sirdieh; pero aunque el joven Alí yacía entre los muertos, su hermana Gutne no caminaba entre las mujeres que lloraban.

Por eso los hombres alzaron la voz y dijeron: «¿Quién es Gutne?». Y otros respondieron: «Es la hermana de Alí, que yace entre los muertos, pero no camina con los que lloran».

Y dijeron: «¡Qué la vergüenza caiga sobre Gutne, y no sobre el rostro de su hermano muerto!».

Pero, mientras murmuraban, apareció una mujer, bellísima, vestida con un manto de seda carmesí, con monedas de oro enredadas en el pelo y los pechos relucientes de oro, ataviada como una novia en plena gloria, montada a lomos de un camello blanco, engalanado con todos sus adornos de brillantes colores.

La mujer era Gutne, y todos los que la contemplaban se maravillaban.

Detrás de ella, en un segundo camello blanco, cabalgaba su sirvienta, alrededor de cuyas muñecas, cuello, cintura y tobillos, Gutne había colgado todas las joyas y tesoros de su cofre: brazaletes de plata, tobilleras con turquesas colgantes y campanillas tintineantes, tantos collares de monedas de oro que el cuerpo de la muchacha brillaba como una armadura.

Así cabalgó Gutne entre las tiendas de los muertos, donde los hombres se sentaban desconsolados y las mujeres desgreñadas caminaban con los rostros ennegrecidos, lamentándose.

«¿Estás loca Gutne?», gritaron, «¿con la sangre de tu hermano Alí apenas seca en la arena? ¿Te has vuelto loca?».

Gutne cabalgaba lentamente entre las tiendas, yendo y viniendo entre ellas, y mientras cabalgaba cantaba la canción que había compuesto:

Vergüenza para aquellos cuyos pechos brillan con cartuchos de bronce.

Vergüenza para los que portan cimitarras—Vergüenza para los que montan caballos veloces.

Que se lleven a la yegua blanca que nunca ha conocido a un semental.

Que se la lleven engalanada con regalos y adornos.

Que caminen humildemente a pie, guiando a la yegua blanca.

¡Llevándola como regalo, al jeque de los anazaítas!

El regalo de una yegua virgen blanca, conducida por hombres a pie, sólo se hace entre beduinos cuando se ven obligados a demandar una paz humillante o a pedir clemencia.

Pero en la canción de Gutne la yegua blanca era un símbolo, que significaba ella misma, y su canción significaba:

«Vergüenza debería daros, guerreros Sirdieh. Mi hermano, el hermano de vuestro jeque, yace asesinado por los anazaítas, y en lugar de seguirlos para vengaros, os sentáis aquí como cobardes».

«Contempladme vestida y lista para que vuestra vergüenza sea completa: para ser llevada como regalo, como esclava, al jeque de los anazaítas, que os perdonará la vida por mi cuerpo».

Así, Gutne los enardeció con sus burlas y su belleza, y ellos recordaron que eran Sirdieh, y saltaron a sus monturas, gritando: «¡Por los ojos de Gutne!», y se marcharon cabalgando para vengarse...

Pero los pocos que murieron entonces no fueron nada comparado con los que murieron después, cuando sus ojos comenzaron a brillar con el fuego fatal del amor.

A medida que la fama de su valor y de su belleza flamígera se extendía por el desierto, decenas de jóvenes guerreros beduinos, orgullosos hijos de jeques, la flor y nata de todas las tribus del norte, con cara de halcón y delgados, con barbas afiladas y escasas, y sus cabellos negros trenzados en cortas trenzas, acudían de uno en uno, de dos en dos y de tres en tres, con sus túnicas de pelo de camello bordadas en oro, para sentarse en el harén de la tienda del jeque Meteb y jugar con Gutne al peligroso juego del *nasr'b hbal*, que significa trampa o red.

Y ésta es la ley del *nasr'b hbal*: la doncella puede adornarse y bailar con tintineantes campanillas para deleitar a algún pretendiente favorecido, a solas con él tras las cortinas descorridas del harén, o puede caminar lejos con él a solas bajo las estrellas del desierto; y está a salvo de todo daño, pues la vergonzosa muerte es la pena si él la fuerza o la traiciona.

Por lo tanto, seguramente los que murieron más tarde por el bien de Gutne murieron de otra manera, y limpiamente, sin vergüenza.

Entre los jóvenes jeques orgullosos que buscaron primero el favor de Gutne, ella no eligió al joven cuya belleza igualaba la suya, ni al juglar que entonaba canciones de amor, ni al que llevaba los regalos más ricos. Su corazón se sintió fatalmente atraído por el delgado y rudo Trad ben Zaban, que tenía el cuerpo de una pantera medio muerta de hambre y el rostro de un águila sedienta de presa: Trad ben Zaban, jeque menor de los poderosos Beni Sakhar, silencioso y distante en el círculo del consejo, pero su gloria brillaba en el día de la batalla.

Cruel fue la manera de cortejarla. El primer día que Gutne bailó sola ante él, la miró con ojos duros y burlones, y se inclinó para trazar ociosos arabescos con el dedo en la arena; y otro día, una vez a solas con ella, cuando estaba temblando, se rio en su cara, se levantó y se marchó.

Y habría sido mucho mejor que nunca hubiera regresado, pues los ojos de Gutne le habían traspasado el alma, y el recuerdo de su belleza fluía en sus venas como una fiebre; y cuando buscó al jeque Meteb, hermano de Gutne, para pedirle su mano en matrimonio, Meteb se negó con palabras violentas, y juró por Alá que su hermana no se casaría con ningún hombre, salvo por elección propia.

Y tenía el poder de obligar a ello, por la ley del desierto, ya que era el amo tanto de la casa como de la tribu desde la muerte del viejo jeque.

A Meteb no le gustaba Trad ben Zaban en ningún caso, pero la raíz de su rechazo se nutría de las aguas envenenadas de un manantial más profundo y oscuro.

Meteb era un hombre maldito por el destino, herido por la llama prohibida de la belleza de su propia hermana. Ningún hermano se había apareado con su hermana en tierras árabes desde los antiguos tiempos de los reyes idólatras de Egipto, y la herida de Meteb no tenía cura. Las leyes de Alá y Mahoma eran inflexibles, y él no se atrevía a confesar la verdad ni de palabra ni de obra —ni entonces ni nunca—, pero su corazón se llenó de celosa rabia ante la idea de ceder a Gutne a otro.

Así que ahora dijo a Trad ben Zaban, que tenía el rostro nublado y los ojos negros de dolor: «¡Vete y no vuelvas!».

Y mientras Trad se alejaba a caballo, Meteb, como exigía la ley beduina, levantó su pistola y disparó tres tiros hacia el cielo, como advertencia de que si Trad volvía alguna vez habría sangre.

Trad no se volvió ni miró atrás, sino que reflexionó profundamente mientras cabalgaba. Al llegar al campamento de los Beni Sakhar, no se dirigió a su propia tienda, sino directamente a la de Talaha, el venerable jeque de jeques, que estaba recostado sobre una gran pila de alfombras, apoyado en su silla de camello plateada, resoplando una pipa de agua y atendido por dos esclavos africanos.

«*Salam aleikum*», dijo, y Talaha respondió: «*Aleikum salam*».

Trad se sentó con el venerable Talaha y habló larga y seriamente, sin guardarse nada, y finalmente dijo: «Es una debilidad y una cierta vergüenza, pero es como Alá quiere. Debo tener a esta mujer, o mi vida ya no me servirá de nada, ni a ti, ni a nuestra tribu, ¡oh mi jeque y tío!».

Y Talaha se levantó y llamó a consejo a los jeques y guerreros, y ellos vinieron y escucharon y respondieron: «Haremos todo lo que se pueda hacer con honor, porque Trad es nuestra gloria en el día de la batalla».

Al amanecer, cien de los más orgullosos hombres entre ellos montaron en sus mejores yeguas, ataviadas con sus mejores galas, y cabalgaron, guiados por el jeque de jeques en persona, hasta el campamento de los Sirdieh y la tienda del joven jeque Meteb.

Cuando Meteb vio que Trad no estaba entre ellos, saludó a los Beni Sakhar con honores, enviando esclavos a sacrificar al camello más gordo, y les invitó a entrar.

Pero el venerable Talaha dijo:

—¡Bendita sea tu hospitalidad, oh Meteb! Pero no podemos entrar en tu tienda y compartir tu comida, a menos que hagas una promesa.

—¿Prometer qué, oh jeque de jeques?

—Hemos venido en paz, y que la paz perdure entre nuestras tribus, a pedir la mano de Gutne para Trad ben Zaban en honorable matrimonio.

Meteb percibió que el asunto era ya demasiado grave para una negativa tajante, así que respondió:

—Entrad, pues, libremente. Bebed y comed. Y después discutiremos el precio del matrimonio.

Cuando hubieron bebido y comido, Meteb dijo con orgullosa insolencia:

—Por el precio del matrimonio de Gutne me daréis quinientos camellos blancos.

Los Beni Sakhar respondieron:

—Que así sea. Daremos.

Pero era un gran precio, que trascendía la costumbre tanto como la belleza de Gutne, y se asombraron cuando Meteb gritó:

—Daréis también treinta fusiles.

Se enfadaron, pero respondieron: «Daremos».

Y Meteb, esbozando una astuta sonrisa, siguió hablando, haciendo fabulosas demandas: tres decenas de camellos cargados de grano, tantas sillas de montar, tantas alfombras... la mitad de la riqueza de una pequeña tribu.

Pero Talaha también era astuto, y los Beni Sakhar eran una tribu rica y poderosa. Si pagaban esta monstruosa porción nupcial, los Sirdieh se verían forzosamente obligados a aliarse con ellos, y los hombres de Meteb, aunque pocos en número, eran guerreros de renombre. Así que Talaha persuadió a sus seguidores hasta que todos estuvieron de acuerdo, y gritó: «Daremos, pero se acabó».

Y Meteb guardó silencio mientras Talaha se levantaba con todos sus hombres, diciendo:

—Nos vamos, y al día siguiente te enviaremos quinientos camellos, cargados con todo lo que te hemos prometido. Por tanto, que la novia esté preparada.

Pero Meteb se levantó de un salto y los detuvo:

—¿Acaso somos gitanos de Basora, oh Talaha, y tú un rey, que compras a mi hermana Gutne con una dote real y le pides que salga de su propio harén con una vieja capa harapienta echada apresuradamente sobre los hombros? ¿Crees que los vestidos de boda de Gutne pueden prepararse en una hora o en un día? Vuelve, más bien, cuando hayan pasado siete días, y estará vestida con ropas de seda carmesí, bordadas con plata y oro.

Talaha y todos los que escuchaban, asombrados, sabían que eran palabras vacuas pues el traje nupcial de una doncella beduina está listo a partir de los catorce años. Pero en vez de entrar en discusiones, prefirieron contentarse, y así se acordó, y montaron en sus caballos, y se marcharon.

Transcurridos siete días, los Beni Sakhar regresaron con su rica caravana para pagar el precio de compra de Gutne, y con un gran estrado montado a lomos de un camello, como para una reina, para llevar desde allí a la novia en gloria.

Pero cuando llegaron al *menzil* de los Sirdieh lo encontraron todo confuso, y ellos también estaban confusos, pues Meteb había huido por la noche, con su tienda, sus esclavos, seis camellos y su hermana Gutne. El jeque de los Sirdieh había abandonado a su tribu y desaparecido sin que nadie supiera adónde.

Cuando estas extrañas noticias llegaron a oídos de Trad ben Zaban, éste maldijo el nombre de Meteb e hizo un amargo juramento de venganza contra todo aquel que se atreviera a dar cobijo a Meteb. A los tres días llegó la noticia de que Meteb había huido a un campamento de los Beni Hasán, acampado en las colinas frente a los Leja, y Trad dirigió una sangrienta incursión contra ellos, gritando: «¡Por los ojos de Gutne!».

Pero Meteb, Gutne y su familia habían huido hacia el oeste la noche anterior, para encontrar un refugio más seguro en el Monte Druso.

Los señores drusos dieron hospitalidad a Meteb, que vivió allí con su hermana durante un tiempo, a salvo de persecuciones.

Pero los drusos eran un pueblo aparte, moradores entre muros de piedra, adoradores del becerro de oro, y Meteb era un extraño entre ellos.

Era un jeque exiliado sin tribu, y su corazón estaba enfermo de añoranza por las tiendas negras del desierto.

Pero no se atrevía a volver a los suyos, los Sirdieh, para no provocar la muerte entre ellos por la venganza de Trad ben Zaban. Y pensó en aliarse con los Rualla, la ruda y poderosa tribu que dominaba el desierto al norte de los dominios de los Beni Sakhar.

Así que envió mensajeros al sultán Pasha Shalan, gobernante de los Rualla, y éste, que no temía la venganza de nadie, ordenó a Meteb que viniera, junto con Gutne y su familia. Pero si se quedaba o no, se decidiría en el círculo del consejo.

Entonces Meteb llegó al *menzil* Rualla y acampó junto a la tienda de Shalan, y cuando Gutne se detuvo junto a las cortinas del harén levantadas, todos se maravillaron de su gran belleza.

Y Shalan, que hasta entonces sólo había reflexionado sobre qué ventaja egoísta podría obtener, en la guerra o en la paz, aceptando o rechazando el santuario de Meteb, miró ahora el rostro de Gutne. Y cuando vio a Gutne ocurrió lo que el destino había decretado.

Cuando Meteb se sentó ante él en el círculo del consejo, Shalan dijo: «Te ordeno que llames a Gutne». Así que Gutne fue y se sentó también entre ellos.

Shalan continuó:

—¡Escucha ahora palabras claras, oh Meteb! Has venido pidiendo santuario y alianza, pero no puede haber ninguno hasta que cese esta agitación relativa a tu hermana, Gutne. Y la culpa es tuya. Mientras ella permanezca soltera, y bajo tu custodia, la venganza te perseguirá, y serás proscrito por la maldición de Trad. Pero con Gutne casada con otro hombre y bajo la custodia de su propio marido, el asunto terminará, porque ningún hombre sigue una venganza vacía, y Trad, con el tiempo, encontrará otra esposa.

»¡Escúchame ahora, oh Meteb!, y presta atención a tu respuesta. Yo, el sultán Pasha Shalan, jeque Rualla, pido la mano de Gutne en honorable matrimonio.

Y Meteb conoció la hora de la rendición, y respondió: «Oír es obedecer», e inclinó la cabeza.

Y Gutne también supo la hora de la rendición, y al tercer día sus esclavos la vistieron de novia con seda carmesí y oro, con monedas de oro relucientes en el pecho y en la frente; y se sacrificaron camellos con muchas ovejas y cabras para el gran banquete nupcial. Cuando toda la tribu hubo festejado, Shalan cabalgó sobre una yegua blanca hasta la tienda de Meteb, y un escriba atestiguó el contrato necesario para que todo se hiciera de acuerdo con la ley del Corán; luego, según la ley más antigua del desierto, Shalan subió a Gutne a la silla de montar de la yegua blanca y cabalgó con ella tres veces alrededor del campamento, con una cimitarra desnuda en alto, y todos se pararon ante sus tiendas y gritaron: «¡Contemplad a la novia de Shalan!».

Contra la pared del harén del gran *beit-shaar* de Shalan se alzaba el emparrado nupcial, una pequeña tienda colgada de tapices de colores, y el más brillante de ellos al amanecer del día siguiente era el vellón blanco y manchado de rojo del lecho nupcial de Gutne.

Y si Gutne no amaba a Shalan, lo tenía en honor como a su señor y esposo, pero sus pensamientos secretos eran para Trad ben Zaban, y su corazón presagiaba el mal.

Así que Gutne vivió en su enramada, como esposa de Shalan, y Meteb se convirtió en jeque de los jinetes Rualla hasta el momento en que pudiera comandar a los suyos.

Y pronto sucedió lo que Gutne había presentido. Las malas noticias venían de las marchas del sur, donde Trad ben Zaban, cabalgando con mil hombres, dirigía un *ghrazzu* contra los Rualla y mató a muchos de ellos. Y se contaba que Trad había gritado en medio de la matanza: «¡Por los ojos de Gutne!».

Así que hubo guerra en el desierto, y la luna de verano fue roja; las arenas estaban mojadas de sangre, mientras los guerreros cabalgaban para morir «por los ojos de Gutne».

Y cuando las mujeres Rualla empezaron a contar el número de sus maridos, hijos y hermanos asesinados, maldijeron el día del nacimiento de Gutne. Maldijeron la belleza de Gutne, y la llamaron *Hormat Dima*, «Mujer de Sangre» y *Hormat Hamra*, «Mujer Roja».

Y cuando se alejaba del harén de la tienda de Shalan, las mujeres, sin atreverse a gritar abiertamente contra ella, se reunían y caminaban cerca, y susurraban: «¡La sangre de mi hermano está en tus ojos!». «¡La sangre de mi padre está en tu cara!». «¡Mi hijo, demasiado joven para saber lo que es una mujer, ha muerto por tu culpa, maldita seas!».

Pero Gutne no respondió a sus burlas y maldiciones. Ni huyó, ni se escondió, ni se quejó a Shalan. Iba entre ellos orgullosa y silenciosa, infeliz, pero caminando con la cabeza erguida, pues era Gutne.

Hasta que, un día en que la amargura de su orgullo requería una señal, dejó a un lado las vestiduras negras que todas las mujeres llevan por costumbre del desierto, excepto en tiempo de alegre fiesta, y se vistió de carmesí.

Así se paseó entre las esposas y las hijas de los Rualla, que estaban asombradas, y dijo:

—Me habéis llamado *Hormat Hamra*, la Mujer Roja. ¡Pues he aquí que soy ella! Mi manto está gloriosamente teñido con la sangre de muchos guerreros. Está manchado con la sangre de vuestros maridos, hijos y hermanos. Contemplad, ¿no me queda bien?, ¿no es hermosa *Hormat Hamra*?

En su agonía y dolor, las mujeres que gemían habrían matado a Gutne mientras esta se burlaba de ellas, pero no se atrevieron. Y a partir de ese día se movió en el campamento como una llama roja como la sangre.

Cuando Shalan regresó de la batalla y la vio así ataviada, se asombró y la interrogó, y ella respondió: «Mi señor ha pagado un alto precio, y en agradecimiento quiero mantenerme siempre bella, para estar en su corazón cuando cabalgue, y esperando ataviada siempre como una novia, en cada hora de su ausencia».

Mientras tanto, semana tras semana, continuaba la encarnizada guerra. Y una noche, Trad ben Zaban, con muchos jinetes, se adentró en los territorios Rualla, y condujo ante él, hacia el sur, ochocientos de los camellos de estos.

Cuando llegaron estas noticias, una fuerza Rualla cabalgó velozmente en su persecución, pero Shalan, su jeque de jeques, permaneció sombrío y desconsolado en su tienda, pues había rechazado el golpe de una cimitarra con su rifle, y la hoja había rebotado hacia abajo, hiriéndole en la mano derecha.

En el desierto, Trad y sus hombres habían conducido a la gran manada de camellos de los Rualla a través de un estrecho paso en el que el grueso de sus propias fuerzas estaba emboscado. Cuando los Rualla cabalgaron entre las colinas, las estrechas entradas estaban cerradas por los hombres de Trad agrupados y tumbados, y sus yeguas tumbadas con ellos, detrás de murallas de camellos arrodillados.

Y los Rualla, atrapados entre las colinas, sin cobertura y sin escapatoria, estaban a merced de Trad.

Pero cuatro hombres Rualla, que cabalgaban muy por detrás, como es costumbre en la estrategia de la guerra del desierto, vieron la trampa cerca y dieron media vuelta, no por cobardía, sino porque era su deber.

Y exprimiendo a sus yeguas, hasta la muerte si era necesario, cabalgaron de vuelta al *menzil* de Shalan con las malas nuevas.

Pero nada podía hacer Shalan en aquella hora aciaga, salvo despachar otros mensajeros con pocas esperanzas, pues los guerreros que le quedaban estaban en *ghrazzu* muy lejos del *menzil*.

La mala noticia se extendió por el campamento, y las mujeres, previendo una nueva matanza, acudieron a la gran tienda, desafiando la cólera de Shalan, gritando maldiciones y crueles insultos.

Shalan habría defendido a Gutne y las habría ahuyentado, pero, al levantarse, la propia Gutne rasgó las cortinas del harén y se enfrentó con furia a las mujeres que gritaban:

—¡Cerdas, hembras de ganado, hambrientas y débiles! ¡Os atrevéis a reprochármelo! Reprochaos vosotras mismas,

¡oh mujeres de vientre pequeño! ¡Oh mujeres que no criais hombres, sino ovejas, que os dejáis descuartizar como ovejas! Si no podéis parir infantes que sean hombres, ¡id a Trad y a los Beni Sakhar, y arrojaos sobre vuestras espaldas, y sabréis lo que es criar niños-hombres, aunque os reviente las entrañas!

Las mujeres retrocedieron, acurrucadas unas junto a otras en un silencio y horror que duró un largo momento, pero que finalmente fue roto por un susurro mudo y ansioso. Porque sabían que las imprudentes palabras de Gutne habían ultrajado el honor de Shalan y el honor masculino de la tribu, más allá del perdón.

Shalan lo había oído, y la cólera se apoderó de él, de modo que pensó en matar inmediatamente a Gutne con su espada. Ella no huyó ni pidió clemencia, sino que se arrodilló ante él y levantó la garganta para recibir el filo de la espada. Pero debido a su gran belleza no pudo golpearla. Y dijo: «No puedo hacerlo». Y Gutne se levantó de sus rodillas, entró en el harén y descorrió las cortinas.

Pero las mujeres se mantuvieron a cierta distancia y esperaron pacientemente, pues sabían, y Shalan también, que las palabras de Gutne habían tocado su honor y estaban más allá del perdón.

Sin embargo, a causa de su gran belleza y del amor que le profesaba, que era una debilidad, no podía encontrar en su corazón el modo de matarla o apartarla de su lado. Así que se sentó a conversar con sus pensamientos y todo quedó en silencio, salvo por el leve golpeteo de su vara de camello en la arena.

En ese momento cesaron los golpecitos, pues Shalan estaba pasando la varita de la mano izquierda a la derecha, herida por el golpe de la cimitarra. Sus dedos se cerraron sobre ella, pero la venda los aprisionaba y se la quitó.

Agarró la varita con los dedos empapados y manchados de sangre, se levantó, descorrió las cortinas del harén, entró y las cerró tras de sí.

No hubo lucha ni se pronunció palabra alguna, sólo el sonido de la seda rasgada y desgarrada, y luego un silbido en el aire y el golpe de la vara de bambú sobre la carne desnuda. Y así continuó durante mucho tiempo, sin que se oyera ni una queja ni un grito.

Por fin cesó la tortura, y Shalan salió, encorvado y tembloroso como un borracho, con los jirones de la vara de camello aún aferrados en su mano manchada de sangre.

Pero, al poco rato, se oyó una conmoción y gritos desde el otro extremo del campamento. Y un mensajero galopó hacia la tienda de Shalan, gritando al llegar: «¡Noticias! ¡Buenas noticias! Buenas noticias del campo de batalla».

Cuando saltó de su yegua y se precipitó a la presencia de Shalan, volvió a gritar: «¡Buenas noticias!». Pero era un hombre en quien Shalan no confiaba, y Shalan frunció el ceño y se extrañó, pues el rostro del hombre parecía torcido y malvado.

Y aún le parecía mal a Shalan, y su corazón presagiaba el mal, cuando los ancianos de barba gris se habían reunido en el círculo del consejo bajo el gran toldo de la tienda, mientras él se sentaba en medio de ellos sobre un montón de alfombras, mientras el mensajero doblaba la rodilla ante él y le besaba la mano.

El mensajero gritó de nuevo:

—Traigo buenas noticias, ¡oh jeque de jeques!, y te ruego que llames a Gutne, pues estas noticias le conciernen de cerca, y para ella éste es un día que será recordado para siempre.

Y Shalan respondió: «No la llamaré», pues vio que había odio en el rostro del hombre cuando pronunció el nombre de Gutne. Y afuera, entre las mujeres que se pararon a escuchar, se murmuraba que Gutne no podía venir porque ella, la orgullosa y hermosa esposa del jeque de jeques, había sido azotada como una mujer cristiana, como una esclava.

Pero Gutne lo había oído, y no quiso ocultar su vergüenza. Orgullosa, se acercó, con su túnica carmesí desgarrada, enrollada en pliegues desde el cuello hasta los talones, ocultando las grandes rasgaduras que Shalan había propiciado, y las crueles marcas de azotes en su cuerpo.

Así llegó, se puso al lado de su señor, y levantó la cabeza, y mantuvo su orgullo.

Y el mensajero, volviéndose hacia ella con bellas palabras, gritó:

—¡Éste es un día inolvidable para nosotros, oh Gutne!, un día marcado para los Rualla; y no se lo debemos a nuestra propia fuerza ni a la estrategia: ¡se lo debemos, Gutne, a tus ojos!

Entonces se hizo un profundo silencio. Y hasta Shalan, jeque de jeques, guardó silencio, pues hasta que no se desarrollara la historia nada podía decir.

En este profundo silencio, el mensajero levantó su vara de camellero, golpeó la arena y habló:

—Nos vimos atrapados en la red de Trad ben Zaban entre las colinas, sus hombres se agruparon y nos impidieron el paso y nos preparamos para subir con nuestros caballos a las rocas que sólo las cabras podían escalar, para morir al menos atacando, antes que ser abatidos como codornices.

»Pero en ese momento, Trad se levantó ante nosotros, de pie, sobre el borde de una gran roca, con ambos brazos extendidos para que nadie disparara contra él, y gritó con un profundo alarido: ¡Venid a mi cara!

»Y sus hombres retuvieron sus disparos, y nosotros desmontamos de nuestros caballos, trepamos por las rocas, y nos pusimos frente a él. Y no nos habló a nosotros, sino a sus hombres, que ahora también se habían reunido entre las rocas, formando un gran círculo a nuestro alrededor.

»Mientras estábamos allí, frente a Trad, maravillados, gritó a sus guerreros: "¿Me daréis?".

»Y ellos respondieron gritando: "¡Te daremos!".

»Y Trad gritó con gran voz: ¡Perdonaréis la vida a todos ellos por los ojos de Gutne!

El mensajero hizo una pausa, mientras los ancianos del círculo del consejo y las mujeres que estaban más allá escuchando se maravillaban y se alegraban. Incluso Gutne se atrevió en ese instante a esperar que sus palabras fueran ciertas, sabiendo que quien está loco de amor comete locuras. Pero cuando miró el rostro del mensajero, vio odio negro, y su alma se estremeció.

Levantó la vara de camellero y golpeó la arena otra vez más, y cada golpe fue como si cayera de nuevo sobre la carne desnuda de Gutne, pues ahora había burla abierta y traición en sus palabras.

—Trad volvió a gritar: Les devolveréis, por los ojos de Gutne, todos los camellos y aparejos que hemos tomado hoy... ¡Devolvedles, por los ojos de Gutne, todos los rebaños que habéis tomado en *ghrazzu* desde el primer día de guerra! También, por los ojos de Gutne, les daremos, de nuestros propios rebaños, ¡diez mil camellas blancas! Y sin duda Alá, correspondiendo a nuestra generosidad, por los ojos de Gutne resucitará a sus hijos y hermanos muertos.

»¿Ahora has escuchado, oh jeque de jeques, y entendido mi mensaje?

Y Shalan sabía que en el desierto Trad había infligido nuevas muertes a los Rualla, y que los que habían escapado, rebelándose contra nuevas matanzas, no cabalgarían más ante los ojos de Gutne.

—Que así sea —dijo Shalan—, pero no era necesario lograrlo mediante burlas mentirosas.

De pronto se oyó el destello de un acero largo y curvo que la vista apenas podía seguir, y la cimitarra de Shalan hendió el cráneo del mensajero, le atravesó los hombros y le traspasó las costillas y los pulmones hasta llegar a sus profundas entrañas, que se derramaron en la arena.

Pero esa noche Shalan se divorció de Gutne...

La ley del desierto exigía que al día siguiente Gutne fuera enviada a su propia tribu y parentela, los Sirdieh; pero esa misma noche cogió en secreto un poco de pan y agua y puso una silla de montar a lomos de un camello arrodillado, lo montó mientras todos en el campamento Rualla dormían, y cabalgó sola hacia el sur, guiada por las estrellas.

Cuando salió el sol, cambió su rumbo hacia el este y el camino entre las colinas, pues su corazón la llevaba a Trad ben Zaban.

Cabalgó durante un largo día y una larga noche, con los labios resecos y el estómago vacío. Con otro amanecer llegó al barranco entre las colinas, donde yacían los cuerpos de los hombres que Trad había matado. Los buitres y los chacales detuvieron su festín para verla pasar con su túnica roja como la sangre.

Siguió las huellas de los jinetes de Trad y, pasada la medianoche de la tercera noche, llegó a las afueras de su campamento, pues no tenían perseguidores que temer.

Cansada, hambrienta y sedienta, se detuvo en la primera tienda del oscuro campamento, la de un tal Hasán, un hombre sin importancia, que se quedó muy sorprendido al ver salir de la oscuridad del desierto a una mujer sola, montada en un camello.

La ayudó a desmontar del camello, y cuando ella entró en su tienda quedó asombrado por la belleza de su rostro enjuto y pálido, en el que sus ojos brillaban más que los de cualquier mujer mortal que hubiera visto jamás.

Y se quedó mirando, y creyó que era Gutne, pero ahogó la pregunta en su garganta, pues es una grosera descortesía exigir el nombre de quien viene buscando hospitalidad o refugio.

Pero él estaba ansioso por obtener beneficios para sí mismo, y cuando ella hubo bebido agua del cuenco de madera, dijo, sin dar nombres, pues no podía estar totalmente seguro de que fuera Gutne:

—Oh, hermosa, ¿puedo ir a decirle que estás aquí?

Y ella, completamente cansada, inclinó la cabeza como diciendo:

—Haz lo que te parezca mejor.

Y él supo que en verdad era Gutne. Y se levantó de un salto de alegría, y salió corriendo, y mató una cabrita, y la puso en la olla, y dirigiéndose a ella por su nombre, le dijo:

—Oh Gutne, la tienda de Trad está lejos, detrás de la segunda colina, y si no he vuelto antes de que la comida esté lista, toma y come libremente, pues todo lo que tengo es tuyo; y que seas bendecida en el nombre de Alá, pues voy como mensajero de buenas noticias.

Y Hasán, en su afán, no se detuvo a buscar su yegua, sino que corrió a pie por las dos colinas hasta la tienda de Trad, y lo despertó, gritando en su alegría: «¡Buenas noticias, oh Trad!».

Y Trad respondió, como es costumbre: «Daré».

Ahora Trad supuso que Hasán había traído noticias de algún pequeño rebaño apresado en *ghrazzu* u otro asunto de poca importancia y compadeció a Hasán por su codicia de recibir un pequeño regalo.

Pero Hasán dijo:

—Me darás, por las noticias que traigo, tres camellos; y me darás una yegua, y con gusto me darás diez cabras y veinte ovejas.

Y Trad, desconcertado, reflexionó profundamente y no replicó, pues en tales casos no se acostumbra a usar más palabras hasta que se reflexiona sobre el asunto.

Cuando hubo reflexionado, Trad supo que Gutne había acudido por fin a él, y le dijo a Hasán:

—Si ha dejado a Shalan y ha venido a mí totalmente por su propia voluntad, te daré tres veces tres camellos y tres veces todo lo que me pediste; pero si no ha dejado la tienda de Shalan por su propia voluntad, ¡que Alá me ciegue si alguna vez la miro a la cara!

Cuando el mensajero regresó a su tienda, encontró que Gutne había sacado la carne del cabrito de la olla y la había puesto decentemente en un gran plato, a pesar de que había ayunado durante dos días y dos noches, y cuando él entró en la tienda, ella se estaba llevando el primer bocado de carne a la boca.

Y estaba tan ansioso en su esperanza de enriquecerse con los dones de Trad que gritó: «¡Oh Gutne!, dime que dejaste Shalan por tu propia voluntad».

Y por la pregunta, Gutne supo fatalmente todo lo que se había dicho, tan claramente como si hubiera escuchado la propia voz de Trad.

Y ella respondió, pero no con palabras. Besó el bocado de carne cocida, en obediencia a la ley, y lo dejó caer sobre la arena.

Sin hablar, se levantó y se dirigió en la oscuridad hacia el camello arrodillado en cuyo lomo no había ni odre ni bolsa de comida, lo hizo levantarse y cabalgó con el rostro levantado orgullosamente hacia las estrellas, hacia el este, hacia los páramos sin huellas del gran desierto...

Ruego al lector creencia en este relato de la *Odisea de Gutne*, porque es un relato verdadero, y lo he plasmado fielmente, tal como me lo contaron en las negras tiendas de los Beni Sakhar, hombres cuyos cuerpos aún llevaban las heridas de aquellas batallas inolvidables.

MIZKAL AL-FAYEZ CON MAZIR, SU CAMELLO FAVORITO (1925)

Capítulo 8

En el castillo del sultán Pasha Atrash

CUANDO Daúd Izzedin nos dijo a mi mujer y a mí, mientras el Monte Druso empezaba a vislumbrarse en la lejanía a través de las llanuras del Haurán: «Probablemente durmamos mañana por la noche en el castillo del sultán Pasha Atrash en Kurieh», me pareció tan extraño como si hubiera dicho: «Vamos a pasar la semana con el profeta Mahoma», o «nos dejaremos caer para almorzar con Saladino».

Pocos hombres se convierten en figuras legendarias durante su propia vida, pero las historias que yo había oído de este hombre —el señor de la guerra de los drusos— en los clubes europeos de Beirut y en las tiendas del desierto, eran fabulosas más allá de lo creíble. Se le atribuían milagros de ferocidad y mansedumbre por igual. Luchaba con el salvajismo de un tigre enloquecido y volvía de la batalla, llorando y rezando, por las almas de los hombres que había despedazado con su cimitarra. Su anciana madre tuvo que impedirle que regalara todos sus bienes a los pobres. Era un demonio con sed de sangre. Era un santo. Era una especie de mulá loco, una especie de Cristo.

Y ahora nos dirigíamos a ser los invitados de este increíble sultán, Pasha Atrash, y de su pueblo, los drusos de la montaña.

Seguíamos la antigua calzada romana que desaparece hacia el sureste desde Damasco, adentrándose en la salvaje región volcánica del Yábal, al borde del gran desierto. Los camellos que Daúd había prometido no eran necesarios. Viajábamos en un gran Cadillac descapotable y pretendíamos llegar a Souieda, la capital drusa, a última hora de la tarde.

Nuestra primera visión de Souieda, que se alzaba a kilómetros de distancia más allá de la llanura, nos mostró que no era la típica ciudad árabe que yo había visto antes. Se parecía más a una ciudad feudal de las colinas de Bretaña, con sus enormes muros de piedra gris, sus parapetos cuadrados y sus casas apiñadas, tan sólidas como si hubieran sido talladas en la roca viva. Nunca hubo una cúpula ni un minarete, pues los drusos no son musulmanes.

Son una raza separada, mantenida unida por una religión secreta y por sus leyes matrimoniales, que infligen la muerte rápida a cualquier mujer drusa que pretenda casarse fuera de su propio pueblo.

Algunos de ellos se han europeizado como habitantes de las ciudades, pero siguen siendo siempre drusos, y son recibidos como hermanos cuando la ocasión les lleva al Yábal.

Como toda Arabia, el Monte Druso estuvo teóricamente bajo el dominio del Imperio otomano durante siglos, y desde el establecimiento del mandato francés en Siria los drusos han estado, en principio, bajo el dominio de Francia. Pero nunca han aceptado a ninguno de los dos *de facto*, y su historia ha sido una larga serie de revueltas y guerras.

Incluso mientras entrábamos en el Yábal se estaba gestando otra revuelta, aunque no soñábamos que llegaría tan pronto: la revuelta de finales del verano de 1925, que se extendió como un reguero de pólvora por toda Siria.

Al llegar a las afueras de Souieda cruzamos una amplia explanada frente a la casa de Gobierno y la ciudadela, erigidas por los turcos en 1886 y ocupadas ahora por la guarnición francesa. Esta era la ciudadela en la que, menos de un mes después, los únicos franceses que quedaban vivos en el Monte Druso estaban atrincherados y sitiados.

Pero la tarde de nuestra llegada, y durante muchos días más, todo fue paz. Conseguimos llegar en coche hasta la ciudad, pero pronto las calles se volvieron tan estrechas y tortuosas que ningún coche podía pasar, y recorrimos a pie los últimos cientos de metros hasta la casa de Alí Bey Obeyid, el antiguo juez civil druso de Souieda, que iba a ser nuestro anfitrión durante la primera noche.

A través de una puerta arqueada en un alto muro entramos en el patio inferior. A la izquierda, cuatro pequeños caballos árabes comían en pesebres de piedra. Un camello, arrodillado, mascaba su bolo alimenticio y nos miraba con desagrado. En un rincón se apiñaban varias cabras negras de pelo largo: las hembras tenían las ubres encerradas en bolsas de algodón. A la derecha, unos escalones de piedra conducían a un porche elevado y a una puerta flanqueada por largos bancos de piedra. A la cabeza de los escalones se encontraba Alí Bey, un hombrecillo de barba cana y ojos bondadosos que vestía el atuendo de un *akil* druso, o anciano: un alto turbante blanco ceñido al cuerpo y una voluminosa *aba* negra de pelo de camello. Las bestias del patio y el hombre eran patriarcales. Así habría recibido Job, hace tres mil años, al viajero invitado, y así habría hablado:

«*Salam aleikum*», dijo Alí Bey —con el sencillo saludo islámico que es mucho más antiguo que el islam— «La paz sea con vosotros». A lo que respondimos: «*Aleikum salam*» («y sobre vosotros, la paz»). Besó a Daúd en ambas mejillas, me estrechó la mano, primero a mí y luego a mi esposa, y susurró a Daúd preguntándole si mi esposa prefería venir con nosotros al *mukhaad* o ir al harén con las mujeres. Daúd respondió que ella se sentaría con el anfitrión, entre los hombres, para honrarle, como era nuestra costumbre.

El *mukhaad* era una habitación cuadrada con capacidad para veinte o treinta personas. No había más mobiliario que esteras de hierba y cojines sobre los divanes de piedra. Cerca del fuego de carbón, en una depresión del suelo de piedra, se amontonaban los complicados utensilios para hacer café. Cuando entramos en la sala, ocho o diez ancianos drusos vestidos como Alí Bey nos dieron la bienvenida.

Después, Alí Bey nos presentó a sus cuatro hijos, entre los que destacaban Fouad, de veinticuatro años, y el joven Adham, de catorce, todos ellos guerreros drusos hechos y derechos, o *jahils*, y todos vestidos con la kefia beduina en lugar del turbante. Los ancianos estaban sentados, pero los cuatro hijos permanecieron de pie durante toda la media hora que duró la ceremonia del café. Para honrarnos, el propio Alí Bey preparó el café, sentado con las piernas cruzadas en el suelo ante el fuego de carbón. Mientras bebíamos por turnos de las mismas dos tacitas que se pasaban alrededor del círculo, Alí Bey nos habló de una curiosa costumbre del Yábal. Si un druso muestra alguna vez cobardía en la batalla, no se le reprocha, pero la próxima vez que los guerreros se sientan en círculo y se sirve café, el anfitrión se para ante él, sirve exactamente igual que para los demás, pero al entregarle la taza derrama deliberadamente el café sobre la túnica del cobarde. Esto equivale a una sentencia de muerte. En la siguiente batalla el hombre se ve obligado no sólo a luchar valientemente, sino a ofrecerse a las balas o espadas del enemigo. No importa con cuánto valor luche, no debe salir vivo. Si fracasa, toda su familia caerá en desgracia.

Antes de cenar nos invitaron al patio, donde Fouad nos echó agua en las manos desde una jarra alta de barro y luego nos las secó con una toalla bordada. Volvimos a un comedor abovedado y nos sentamos —cinco de nosotros— en semicírculo en el suelo. Enseguida, los otros hijos, ayudados por un criado, trajeron una oveja entera asada en un gran carro de latón. Otro criado entró con un montón de panes, suaves hojas circulares, tan grandes como servilletas y casi tan finas como el papel. Comíamos con la mano derecha, el brazo desnudo hasta el codo.

Mi mujer y yo dormimos cómodamente en unos colchones de paja limpios colocados en el suelo. Alí Bey se disculpó por no tener somieres. No eran «prácticos» en el monte, explicó, porque cada seis meses más o menos durante los últimos cien años, los drusos, luchando contra los turcos o los cristianos, se habían visto obligados a abandonar temporalmente Souieda, llevándose todos sus enseres domésticos a lomos de camellos y caballos a las montañas.

A la mañana siguiente, durante el desayuno en el *mukhaad*, empecé a preguntarme si íbamos a despedirnos de Alí Bey sin haber contemplado a ninguna de las mujeres de su casa.

De hecho, habíamos visto una en el momento de nuestra llegada, evidentemente una vieja sirvienta sentada en un rincón del patio, mezclando estiércol y agua para hacer tortas de combustible, que golpeaba contra la pared para que se secaran.

Sin embargo, poco después del desayuno, Alí Bey dijo que su esposa deseaba reunirse con nosotros, y cuando fuimos a una terraza superior, salió tímidamente de la puerta del harén y vino hacia nosotros. Imagino que se había engalanado para la ocasión, pues bajo los velos blancos que cubrían por completo su cabeza y hombros había una falda completa, elaboradamente bordada con seda de brillantes colores.

Cuando le dirigimos la palabra, descorrió el velo y vimos el dulce rostro de una anciana, arrugado, nudoso, pero ansioso y amable. Creo que quizá éramos los primeros occidentales que conocía. Mi esposa le besó ambas mejillas marchitas.

En ese momento, Daúd me dio un discreto codazo y contemplé, enmarcada en la puerta del harén, una visión muy distinta. Era la hija de diez años de Alí Bey, una pequeña belleza delirante. Iba vestida como una reina oriental en miniatura, con falda larga y amplia, alegre corpiño bordado en oro, anchos brazaletes de plata y un velo blanco que se había retirado completamente de la cara. Capté un destello de labios granados y brillantes ojos azules, un rostro ovalado y pícaro, mitad niña, mitad mujer, y luego se escabulló entre las sombras como un conejo asustado.

Alí Bey sonrió, la siguió y la arrastró de la mano hacia nosotros. No parecía estar segura querer ser vista por nosotros. Por la forma en que se cubría la parte inferior de la cara con el velo y coqueteaba con los ojos, era evidente que se consideraba una joven adulta, madura para el romance y el matrimonio. Pero no creo que Alí Bey compartiera esa opinión, pues de lo contrario no nos habría permitido a Daúd y a mí conocerla. A pesar de su tierna edad, era una tentación peligrosa como nunca había visto.

Nuestro plan era avanzar de inmediato hacia la aldea de Kurieh, la fortaleza del sultán Pasha Atrash, más atrás en la montaña, pero Alí Bey nos dijo que el sultán Pasha llegaría ese mismo día a Souieda para entrevistarse con el gobernador militar francés —entonces el capitán Renaud—, así que aplazamos nuestra partida.

Hacia las once oímos gritos y nos apresuramos, junto con la mitad de la población de Souieda, hacia la ciudadela.

Y enseguida aparecieron, el sultán Pasha y su escolta de más de cien guerreros, espléndidamente montados, con modernos fusiles y cartucheras cruzadas relucientes sobre sus pechos, parecía como si hubieran cobrado vida de las pinturas asirias de las paredes de algún viejo palacio de Nínive. No se trataba sólo de sus túnicas y tocados, sino de sus cabellos trenzados, sus túnicas teñidas de colores brillantes y sus párpados ennegrecidos por el kohl. Eran los legendarios y temibles «guerreros de los ojos pintados». Y mientras cabalgaban entre la multitud, entonaban un canto antiguo de voz grave, la canción de Beni Maruf.

En su vanguardia cabalgaba, no con orgullo, sino con una sencilla y tosca túnica negra de pelo de camello y un pañuelo de algodón común, con la cabeza inclinada, uno de los cuales la gente gritaba: «¡Es él!».

Y sólo por esto supe que se trataba del sultán Pasha Atrash.

Estas relucientes muestras de la antigua gloria en Arabia van siempre acompañadas de curiosos anacronismos. En este caso se trataba, aquí y allá, de un par de modernas gafas ahumadas que llevaba algún guerrero mayor para protegerse los ojos del sol.

Media hora más tarde, en el *mukhaad* de una casa particular drusa frente a la ciudadela, donde los jeques y los ancianos se habían reunido para una conferencia preliminar, y donde fui llevado, solo, por Alí Bey, me encontré por primera vez cara a cara con el sultán Pasha.

De entre todo el grupo era el último hombre que hubiera elegido por conjetura como el legendario «león de los drusos».

Parecía tener unos cuarenta años, de estatura y peso medios, bien afeitado, excepto por un bigote erizado, y sin ningún rasgo llamativo excepto sus ojos. Eran de un azul muy pálido, y en ellos había una expresión de tristeza melancólica, casi desconcertante. La mano que me ofreció era suave y su voz dulce. Apenas dijimos diez palabras. En aquella mañana, para mí, se presentaba como un completo misterio. Estaba sentado, envuelto en un silencio introspectivo, mientras los demás zumbaban y discutían sobre la conferencia que se avecinaba.

Deduje que había insistido en entrar solo en la ciudadela y que los jeques temían arriesgar a su jefe dentro de las murallas. Se avecinaban verdaderos problemas y temían que lo tomaran como rehén. Finalmente, uno de ellos protestó en voz alta diciendo que era una locura «entrar desnudo en la boca del lobo» (desarmado). El sultán Pasha los escuchó pacientemente y, al oír esto último, se levantó y se acercó al hombre que había gritado, esbozó su extraña y triste sonrisa y, con los codos, apartó los pliegues de su capa negra. Debajo de ella, atadas juntas sobre su estómago, había dos fusiles automáticos de gran calibre.

Más tarde aprendí a conocerlo un poco más íntimamente en su propia casa, manso como un cordero, y más tarde aún, cuando cabalgó hacia la batalla real con el brillo inconfundible del asesino fanático nato en sus ojos, llegué finalmente a la conclusión de que era un tipo anormal de «místico inspirado». Me pareció que en la vida privada su carácter era poco menos que semejante al de Cristo, como me habían dicho, pues aunque era un hombre rico, incluso para los estándares europeos, descubrí que su familia tenía que evitar continuamente que regalara todo lo que poseía, y que dedicaba todo su tiempo, cuando no estaba en la guerra, a ayudar a los pobres y a rezar.

Tal era su estado de ánimo aquella mañana en Souieda, que ni él ni el gobernador en funciones querían la guerra. Cuando salió de la ciudadela al cabo de media hora dijo a la gran multitud de drusos que se había reunido en la plaza para escuchar el desenlace: «¡Id a casa, hijos míos, y que la paz os acompañe!».

Al día siguiente, mi mujer y yo fuimos en coche, acompañados por Daúd Izzedin y el joven jeque Fouad, hijo de Alí Bey, a visitar al sultán Pasha y a su familia en su aldea de Kurieh, a unas tres horas de Souieda. Encontramos el castillo de Atrash, una gran masa de ruinas, en el centro del pueblo. Había sido dinamitado por los franceses dos años antes y estaba destruido en sus tres cuartas partes. La familia vivía en cinco habitaciones cuyas paredes aún se mantenían en pie y, para reemplazar el salón de actos y la cafetería, que habían sido destruidos, habían erigido con piedra de los escombros una especie de pabellón, con una fachada abierta y un techo enramado sobre altos postes. En este pabellón recibían a todos los invitados de paso. Cuando llegamos, ya había una docena o más de visitantes de los pueblos de los alrededores. Fuimos recibidos por los hermanos del sultán Pasha Alí, que murió en la primera batalla contra los franceses, menos de un mes después, y Mustafá, que resultó gravemente herido en el mismo combate.

En el patio había una fuente, una gran pila de piedra en la que brotaba agua de un manantial a través de una tubería. Mientras tomábamos café, sentados en el pabellón, entraron en el patio seis u ocho mujeres beduinas con camellos. Dos de ellas se pararon delante del pabellón. Alí, el hermano mayor, salió a hablarles y ellas se arrodillaron y le besaron las manos. Luego volvieron a la fuente y llenaron de agua varios odres, los cargaron en los camellos y se marcharon. Una hora más tarde, un campesino druso —un forastero— montado en un burro y conduciendo un camello, vino a sentarse con nosotros y a tomar café. Su camello estaba repleto de bidones de gasolina de veinte litros. Los llenó en la fuente y se marchó. Sin embargo, no vi a nadie del pueblo sacando agua de la fuente. Alí me lo explicó con una mezcla de exasperación y orgullo:

«Es mi hermano, el sultán, ya sabes. Como la mayoría de nuestros pozos están secos en la montaña este verano, ha hecho correr la voz de que todos los nómadas y viajeros, y todos los drusos que vienen de otros pueblos donde no hay agua, pueden tomar libremente de este manantial, mientras que nosotros, de su propia familia y pueblo, debemos usar agua traída en caravana de otro pozo, de difícil acceso y a cuatro días de camino».

El sultán Pasha llegó más tarde al pabellón y nos saludó seriamente, disculpándose por la humildad del recibimiento. Nos dijo: «Perdonad que no estuviera presente a vuestra llegada. Estaba rezando por la paz que los drusos nunca han conocido, que nunca hemos tenido durante mil años, y que algún día debe ser enviada. Pero me temo que no será ahora».

Cuando le pregunté por la supuesta tiranía de los franceses, con la que los otros drusos habían empezado a llenarme los oídos, se limitó a responder: «No podrían hacer nada si no fuera la voluntad de Dios. Nada ocurre fuera de la voluntad de Dios. ¿Qué más puedo decir?».

El almuerzo se sirvió en una de las habitaciones del castillo que aún permanecían intactas. La habitación era un revoltijo de cofres, muebles y cortinas amontonadas. La comida era sencilla: trozos de cordero asados en espetones, ensalada de berenjenas y un gran cuenco de nata cuajada que se pasaba de mano en mano, con una enorme cuchara de plata que todos usábamos por turnos.

En la pared estaba enmarcado el retrato de un poderoso y digno anciano druso. Era Toukan Atrash, padre del sultán Pasha, que había sido una especie de gigante, un hombre de enorme fuerza física, famoso tanto en conferencias como en batallas. El sultán Pasha hablaba de él con orgullo. «Esto no lo recuerdo», dijo, «pero mi madre me lo contó. Cuando yo era un bebé de sólo un año, llegaron los turcos, y mi padre, sosteniéndome en una mano y con su espada desenvainada en la otra, saltó al lomo de su caballo y, guiándolo con las rodillas, cargó a través de ellos, matando a tres mientras escapaba, de modo que la sangre me salpicó la cara».

Cuando pregunté cuánto tiempo llevaba muerto Toukan Atrash, fue Alí quien respondió.

Fue capturado a traición y ahorcado en 1912 por los turcos, por orden del general Sami Pasha Feruki, en la plaza pública de Damasco. Tenían una cuerda vieja, que se rompió tres veces, pero a la tercera ya estaba muerto. Antes le habían preguntado si tenía algo que decir, y él había gritado: «¡Decidle a mi pueblo que nunca confíe en un turco!».

Durante esta conversación estábamos sentados en el pabellón con forma de cenador, construido con piedras del castillo en ruinas. El sultán Pasha había vuelto a marcharse modestamente y nos había dejado con sus dos hermanos.

Tras la pausa que siguió al relato de las últimas palabras del viejo Toukan, Mustafá se volvió hacia mí con seriedad y me dijo: «*Wellah*, ¡los franceses son peores!».

Creí que se refería a la dinamitación de su casa —aunque, en realidad, tenía en mente quejas totalmente distintas— y le pregunté si me contaría las circunstancias que la habían provocado.

«Fouad tal vez pueda relatarlo», respondió Mustafá. «Él también cabalgó con el sultán Pasha».

Supuse que fue la modestia —o el orgullo— de la familia Atrash lo que detuvo sus propios labios, mientras Fouad, hijo de Alí Bey Obeyid, comenzaba el recital. En el mismo momento en que empezaba, Daúd Izzedin vino a mi lado y me susurró: «Esta, ya sabes, es la historia de la mayor hazaña del sultán Pasha: su ataque al tanque francés». Fouad comenzó:

—En 1922, cuando el alto comisario francés, el general Gouraud, se dirigía en coche de Beirut a Damasco, fue tiroteado por un grupo de árabes, no se sabe si bandidos o patriotas. Un secretario resultó muerto y un ayudante militar árabe gravemente herido.

»Un tal Adhan Hanjar, árabe de Damasco, fue sospechoso por los franceses de complicidad en complots que precedieron al tiroteo y tal vez lo condujeron a él. Enviaron una orden para su arresto, y huyó al Monte Druso. Después de entrar en nuestro territorio fue detenido en la carretera, en presencia de varios drusos que pasaban por allí. Cuando los soldados franceses se lo llevaron, gritó: "Soy el huésped del sultán Pasha Atrash. Me dirigía a su casa".

»Debes saber que en el Yábal un invitado es algo sagrado.

»Los drusos que lo habían oído se apresuraron a llegar al castillo de Atrash. Era tiempo de paz, y el sultán Pasha cabalgaba con sus halcones y sabuesos. En su ausencia contaron su historia a su madre.

»Cuando regresó, ella lo recibió en la puerta del castillo y le gritó: "Tú, hijo mío, cuyo suelo de tierra de la sala de banquetes está ennegrecido por la grasa de muchas ovejas sacrificadas para agasajar a los invitados, debes protegerte ahora".

»¿Cuándo he fallado? —respondió.

»Adhan Hanjar —dijo ella— vino a la Montaña, y de camino a tu casa fue apresado y metido en prisión en Souieda.

»El Sultán Pasha rompió a llorar y cantó la canción de guerra drusa:

> Somos los hijos de Maruf.
> Entre nuestras rocas está el santuario.
> Cuando nuestras lanzas se oxidan, las hacemos brillar.
> Con la sangre de nuestros enemigos.

»Cuando terminó de cantar, rezó y envió una carta a la guarnición francesa de Souieda, diciendo: "Este hombre, aunque no había puesto el pie en mi casa, venía como mi huésped, y os ruego por nuestras sagradas leyes de hospitalidad que lo liberéis bajo mi palabra hasta que su causa sea oída".

»Los franceses no enviaron respuesta.

»Esa noche sultán Pasha, con sus dos hermanos aquí presentes, Alí y Mustafá, y otros cinco hombres, fueron a asaltar la pequeña cárcel. La encontraron vacía. Los oficiales franceses habían llevado a Adhan a la ciudadela.

»El sultán Pasha cabalgó de nuevo a casa, y antes del amanecer envió mensajeros de guerra por toda la montaña. Mientras tanto, los franceses habían enviado tres tanques para llevar al prisionero a Damasco. Eran tanques pequeños, tripulados por dos oficiales cada uno.

»Los de Souieda habíamos oído la noticia. Algunos de nosotros cabalgamos hacia Kurieh para reunirnos aquí con el sultán Pasha, y otros se prepararon para reunirse con él más tarde. Cuando llegué a Kurieh, él ya había reunido a cuatrocientos o quinientos guerreros, y con esta fuerza cabalgamos hacia Souieda para comenzar el ataque. Cuando llegamos a la cima de una colina que daba a la llanura en dirección oeste, vimos los tres tanques de Damasco que se arrastraban como insectos. Mientras seguíamos cabalgando hacia ellos, el poder del sultán Pasha surgió de repente en su interior. Con un gran grito impulsó a su yegua blanca al galope y luego a la carrera. Cuando llegó a la llanura, cabalgaba casi medio kilómetro por delante, a toda velocidad, contra el primer tanque.

»Le dispararon, pero escapó ileso, aunque cuatro balas atravesaron los pliegues de su *aba*. La tapa superior del tanque había quedado abierta a causa del calor. Arrojando su arma, el sultán Pasha montó su caballo a toda velocidad contra el tanque, saltó de la silla encima de él, y con su espada mató al capitán y al teniente que estaban dentro. En su furia de batalla no se contentó con matar de un solo golpe hacia abajo. Después se encontraron veinte estocadas en el cuerpo del capitán. Nosotros habíamos subido mientras tanto y, aunque doce de nosotros murieron, inutilizamos los otros dos tanques.

»Sabíamos que después de esto los franceses vendrían a atacar el castillo del sultán Pasha y su aldea. El sultán nos condujo de noche, con varios centenares de jinetes, a una masa de ruinas antiguas que dominaba la aldea y de la que se habían marchado todos los habitantes. Nos escondimos tan bien, tanto nosotros como nuestros caballos, que los franceses que vinieron en aviones de reconocimiento no vieron nada. Entonces una fuerza de soldados de caballería y a pie, mezcla de tropas francesas, árabes y africanos, entró en la aldea y se dispuso a llevarse todo el trigo y el grano antes de empezar a dinamitar. El sultán sabía que no podía impedirlo, pero esperaba hostigarlos. Nos dijo: "No disparéis hasta que hayan entrado en las eras y hayan bajado sus armas".

»Pero uno de nuestros hombres se emocionó y disparó demasiado pronto. Tuvimos una pequeña batalla. Al día siguiente, los franceses enviaron más tropas, se llevaron todo el grano y destrozaron el castillo del sultán con dinamita y bombas.

»Más tarde, cuando se firmó la paz, el sultán Pasha entró en Souieda y fue llevado en brazos por sus soldados que cabalgaban por las calles. Nuestra gente, e incluso las tropas francesas, se agolpaban para verle. Los propios franceses se ofrecieron a reconstruir su castillo, pero él se negó cortésmente, diciendo: "Una casa que no puede proteger a su huésped es indigna de permanecer en pie, y vosotros hicisteis bien en destruirla". Y así yace tal como lo veis hasta hoy.

En una de las cinco cámaras intactas del castillo dormimos aquella noche mi mujer y yo, de nuevo al estilo oriental, sobre jergones. Daúd y Fouad Obeyid durmieron en una cámara contigua.

Dos días más tarde nos adentrábamos en el Yábal para visitar a otro gran jefe de guerra druso de la misma familia, Huseín Pasha Atrash, señor de Anz. Tuvimos que abandonar el Cadillac y montar en camello.

Anz, donde llegamos justo antes del crepúsculo, era un enorme castillo-fortaleza en la ladera de una colina, con cientos de casas de piedra de tejados planos y paredes gruesas apiñadas en la ladera.

Los sirvientes nos recibieron en una puerta de la muralla del castillo y nos siguieron, conduciendo a nuestros camellos al patio con sus establos y graneros.

Una escalinata empinada, recta y estrecha conducía a una terraza con columnas que dominaba el valle. Desde la terraza entramos en la sala de recepción principal, de techos altos, ricamente tapizada y decorada al estilo oriental, pero con muebles de diseño europeo, tapizados de terciopelo y dorados, traídos a lomos de camellos desde Damasco. En un rincón de la habitación había una enorme cama de Estado europea, de postes altos y con un elaborado dosel. Fue la única cama que vimos en el Monte Druso, pero era de lo más noble, y en ella dormimos aquella noche.

Un momento después de nuestra llegada a la sala de recepción entró Huseín Pasha. Se inclinó profundamente, repitiendo a cada uno de nosotros: «Bienvenidos, es un honor para mi casa». Era un hombre corpulento de mediana edad, con un rostro de gran fuerza. Llevaba el tocado de un príncipe árabe, *kajieh* de seda blanca, sujeto por una doble banda de oro, y una *aba* negra bordada en oro y plata. Resultó, sin embargo, que se había puesto este esplendor simplemente para honrarnos, pues al día siguiente y en días sucesivos vistió el traje árabe ordinario. Más hermosa era la joven esclava africana que estaba a su lado.

Salimos y nos sentamos en la terraza más fresca en el crepúsculo, mientras se colgaban faroles y lámparas, y enseguida aparecieron los hijos de Huseín, tímidamente, para recibir a los extraños invitados. El hijo mayor, de unos diecisiete años, llevaba el pelo trenzado y el mismo traje que su padre. Un niño de doce años, con el pelo suelto sobre los hombros como el de un paje medieval, vestía de terciopelo rojo, y un pequeño de cinco años iba vestido con un uniforme militar británico en miniatura, que le habían hecho por encargo en Jerusalén. Una niña de dos años, a la que sacaron para que se sentara en las rodillas de Huseín Pasha antes de la cena, parecía una muñequita o una princesita de cuento de hadas. Tenía los párpados ennegrecidos por el kohl; la cara pintada con delicadeza y arte; el pelo enroscado con brillantes monedas y joyas; las puntas de los dedos teñidas de rosa con alheña, como el rosado amanecer. Y con ellos tiraba de los bigotes del feroz papá al que adoraba.

Huseín Pasha había sido descrito por un oficial francés en Beirut como un bandido, «un bandido salvaje». Los británicos le tenían en muy diferente estima, porque en la última parte de la Guerra Mundial había ayudado a reclutar tres regimientos de caballería árabe para ayudar a Allenby y a los Aliados contra los turcos, había dado varios cientos de camellos cargados de grano de sus propios almacenes para alimentar a las tropas, se había convertido en coronel de las fuerzas nativas en el ejército británico, y fue citado por su valentía personal en los despachos oficiales británicos.

En cuanto a nosotros, el «bandido salvaje» nos pareció un anfitrión y un hombre encantador.

La cena fue servida en la terraza por dos esclavos africanos que podrían haber salido de las páginas de *Las mil y una noches*, con sus vaporosas túnicas y sus dagas enjoyadas. Pero si el trasfondo era reminiscente de la época de Harún al-Rashid, la comida en sí era «moderna» hasta el último detalle. Había una larga mesa con mantelería impecable, profusión de plata, copas de tallo alto y porcelana de Sevres. El champán era Cordon Rouge 1912.

Bajo su suavizante influencia, Huseín Pasha, empleando un políglota francés-inglés, se enfrascó en repetir en beneficio de mi esposa una edificante historia que acababa de contar en árabe sobre cierto judío y doce semillas de melón de agua. El cuento fue interrumpido temporalmente por un plato de perdices, y Huseín Pasha, sintiéndose ahora como en casa en su propio castillo, cogió distraídamente una de las aves en su puño de gran guerrero, y mordió de ella un trozo de carne, hueso, cartílago y todo.

Y fue entonces cuando empecé a quererle, porque de la vergüenza que revoloteaba por su rostro mientras sus mandíbulas trituraban el poderoso bocado, apareció gradualmente una sonrisa de disculpa y, volviéndose hacia la señora Seabrook, dijo: «Por favor, no me culpe, señora; es mi vieja asociación con esos ingleses; ¡entre ellos está de moda comer aves con los dedos!».

Los días que pasamos en Anz figuran entre nuestros mejores recuerdos de Arabia. También nos dieron la oportunidad de seguir en contacto con la vida inalterada de las aldeas más remotas del Yábal.

Una tarde, Huseín Pasha me llevó a Liheh para asistir a un tribunal del pueblo donde se administraba la antigua justicia drusa. Estaba en el *mukhaad* del anciano principal, que iba a actuar como juez. Otros jeques y ancianos se sentaban con él. El demandante, un agricultor cristiano del Haurán, se presentó ante ellos, lamentando el hecho de que la noche anterior le habían robado cuatro camellos cargados de grano en este mismo pueblo. Se le permitió presentar testigos drusos para apoyar sus declaraciones. Tras una conferencia, el anciano jefe dictó sentencia:

«Aunque no haya sido un druso quien te robó; aunque un beduino u otro forastero haya sido el culpable, la vergüenza y la responsabilidad recaen sobre nosotros, ya que en la aldea eras nuestro huésped. De los almacenes comunes de la aldea se te devolverá inmediatamente una cantidad igual de grano, y te pedimos ahora formalmente que aceptes nuestras disculpas».

Después, aparentemente como un detalle sin importancia, los ancianos se pusieron a buscar al ladrón.

Pregunté a Huseín Pasha qué castigos se imponían finalmente a los delincuentes. En Souieda hay cárceles según la ley francesa, pero aquí no había cárceles ni prisiones. Si el delincuente es forastero, se le impone una multa y no se le permite volver a entrar en el Monte Druso. Si es un druso, también se le impone una multa. Si su falta es perdonable, se le perdona. Si implica deshonra, el mayor castigo es la deshonra y la vergüenza permanentes. Le pregunté:

—Pero, ¿seguro que hay delitos para los que ninguna deshonra es castigo suficiente?

—Para eso, claro, está la muerte —contestó, y de camino a casa me contó esta historia:

—Los drusos no somos buenos para los oficios —dijo—. La mayoría de nosotros sólo sabe luchar. Solemos contratar albañiles del Líbano para construir nuestras casas.

»Hace unos años, un cantero cristiano de Showair llegó al pueblo de Shaij Amir con el fin de construir una casa nueva para uno de los hombres ricos. Trajo consigo a su joven y bonita esposa, una mujer cristiana, que fue, a la manera cristiana, desvelada. Cuando la casa estaba a medio terminar, el hermano menor del jeque Amir fue un día a casa del albañil y se llevó a su mujer por la fuerza.

»Inmediatamente se lo dijo a su marido, y éste, atemorizado, reunió todas sus pertenencias, las subió a un par de burros y se marchó con su mujer por la noche. A la mañana siguiente, el hombre cuya casa estaba construyendo le siguió a caballo y le preguntó airado por qué había dejado el contrato sin terminar. El cristiano respondió: "Mi honor ya ha desaparecido, y si te digo por qué, mi vida también desaparecerá. El hombre que me ha ofendido es un druso al que incluso los drusos temen. ¿Qué podría hacer yo, un cristiano, contra él?". El patrón obligó entonces al cristiano a contarle lo sucedido y a volver con él a la aldea.

»Se dirigió directamente al jeque Amir y le dijo: "Tú, yo y nuestro pueblo, hemos perdido nuestro honor, y sólo podemos recuperarlo derramando sangre". Se produjo una gran asamblea de ancianos y guerreros. El propio hermano culpable acudió, completamente armado como los demás. Mientras los guerreros formaban un gran círculo con sus caballos, los cuarenta, o más, jeques y ancianos se sentaron en un círculo más pequeño y los sirvientes del jeque Amir, que era el anfitrión, les sirvieron café, porque la conferencia se celebraba en las afueras de su aldea.

»Entonces el druso rico, cuya casa a medio construir había sido abandonada, se levantó y dijo: "¡Oh Jeque Amir, supón que fueras un hombre pobre y que, con tu mujer, fueras a trabajar a una ciudad entre extraños; y supón que, mientras estáis trabajando, un hombre de la ciudad entrara en tu morada y se llevara a tu mujer por la fuerza!".

»El jeque Amir se puso en pie de un salto y desenvainó la espada para matar al orador, no porque soñara que el asunto concernía a su propio hermano, sino porque estaba indignado por la referencia a su esposa en una relación tan horrible. Los otros jeques, sin embargo, saltaron sobre él y lo sujetaron, percibiendo algún significado secreto en las palabras.

»Oh, jeque Amir —continuó— mátame después si quieres, pero ahora respóndeme a esta pregunta: si ocurriera una tragedia así, ¿qué castigo debería recibir el culpable?

»El jeque Amir respondió: "Sin duda debe morir".

»El orador preguntó para cerciorarse: "¿Mantienes ese juicio?".

»El jeque Amir insistió: "Repito, si el hombre fuera de mi propia carne y sangre, aun así, debería morir".

»Entonces el orador preguntó a voz en cuello: "¿Es ese el juicio de todos?"; a lo que los demás jeques respondieron: "Es nuestro juicio".

»Trajeron al cristiano, demasiado asustado para hablar. Su patrón, después de contarle la historia, le dijo: "Te ordeno que señales al hombre". Lo hizo temblando. La verdad estaba clara. Según la costumbre, si un druso hace algo que merece la muerte, su propia familia impone la pena. Así que el jeque Amir mató allí a su propio hermano, y así se hizo justicia.

Una hora más tarde, el hombre que me había contado esta sangrienta historia de justicia salvaje estaba sentado en su huerto con los niños de rodillas y tirando de su *aba*. Uno de los esclavos se había subido a una morera para llenar de fruta un cuenco de plata, y ahora Huseín Pasha estaba metiendo las moras en la boca de los niños. En una rodilla estaba su hija pequeña. En la otra, un niño negro como el carbón, hijo de una esclava. Rellenaba sus ansiosas bocas indiscriminadamente y les limpiaba la cara embadurnada con el pliegue de su bata.

Cuando regresamos del huerto al anochecer, mi mujer llevaba a la niña dormida en los brazos y el bebé africano estaba seguro en el hombro de Huseín Pasha.

Capítulo 9

El becerro de oro

Aunque los funcionarios franceses de Damasco habían intentado disuadirnos de visitar el Monte Druso, fue un misionero quien nos hizo unas advertencias realmente emocionantes.

Escuchamos con caras escandalizadas, mientras bebíamos su té, deseando con nuestros corazones inocentes que la mitad de lo que nos decía pudiera ser verdad.

«Celebran ritos secretos y abominables de adoración de un becerro de oro», dijo. «Creen en la magia negra. Practican terribles crueldades con las mujeres. Entierran cadáveres en las paredes de sus casas».

Como prueba confirmatoria, este funcionario cogió un ejemplar de un libro viejo de Silvestre de Sacy y nos leyó:

«Es un culto secreto, rendido a la cabeza de un toro o de un ternero, rudamente fabricado, de oro, plata o bronce, que guardan en una caja oculta a todas las miradas, y abierta para la veneración de los iniciados».

Luego se contaba una curiosa historia, que le había llegado de primera mano, de cómo un pastor maronita, al oír gritos y gemidos procedentes de una granja drusa, se había asomado por un resquicio de la pared y había visto a una mujer tendida en el suelo de piedra, con el cuello rodeado por un pesado collar de hierro «que parecía sujeto directamente, o con un solo eslabón, a los adoquines, de modo que no podía levantar ni volver la cabeza».

Aquella historia me interesaba especialmente porque, de algún modo, no parecía producto de la imaginación desatada. De hecho, estaba resultando haber más de un grado de verdad, aunque exagerada en algunos casos, distorsionada en otros, en todo lo que nos había contado.

En Souieda, la capital drusa, y en los castillos de la familia Atrash, habíamos encontrado una rica aristocracia feudal, aferrada a las costumbres y tradiciones drusas, pero parcialmente sofisticada, gracias al contacto con Damasco, Beirut y la costa. Empezaba a conocer tan bien a mis anfitriones y a confiar tanto en ellos que no dudé en hablarles de las historias que había oído en Damasco. En algunos casos se divertían, en otros se enfadaban. En la mayoría de los casos se mostraron sinceros e incluso deseosos de que supiéramos la verdad. Al nordeste de Souieda, detrás de las terribles paredes de basalto y lava y de los desfiladeros del Layat, adonde Huseín Pasha Atrash nos llevó a caballo para visitar pequeñas aldeas y grupos de casas de piedra no señaladas en ningún mapa, hay campesinos drusos tan alejados de la civilización como si vivieran en las montañas de la luna.

Según Huseín Pasha, algunos drusos anticuados y supersticiosos creían en la posesión demoníaca. Encadenaban a un hombre o una mujer atormentados por un espíritu maligno con un collar de hierro como el que nos han descrito. No lo hacían por crueldad, sino con la idea de ahuyentar al demonio, que se cansaría de un cuerpo encogido y buscaría una morada más cómoda. Un ejemplo del miedo a los espíritus malignos lo vi con mis propios ojos en una casa donde nos detuvimos a por agua. Una madre drusa montó en cólera porque su marido, que se apresuraba a cruzar la habitación con una jarra para servirnos, había rozado la cuna vacía de su bebé con la falda de su *aba* y la había hecho mecerse. Mientras ella le reñía, Huseín sonrió y susurró que a los espíritus les gusta mecerse o balancearse, y por eso a veces saltan a las cunas vacías para dar un paseo gratis. Entonces, después de volver a poner al bebé en la cuna, el espíritu se encuentra apiñado y pellizca y atormenta al niño.

Uno de los objetivos de nuestro viaje al Layat era encontrar a cierto hechicero, con fama de obrar maravillas. Resultó ser un anciano alto y poderoso, de barba blanca, pero musculoso, al parecer la persona más importante de su aldea, ya que su casa era la más grande. Se sintió halagado por nuestra visita y se inclinó ante Huseín Pasha, pero no le besó la mano como hacían la mayoría de los campesinos. Insistió en hacer café y quiso que nos quedáramos a pasar la noche. Después de tomar el café hizo gala de sus poderes, posiblemente mágicos, aunque no necesariamente negros.

Primero colgó una Biblia del techo con una cuerda. A continuación leyó un pasaje del Corán que niega la divinidad de Cristo. Mientras leía, la Biblia empezó a sacudirse y a girar violentamente, hasta que finalmente se rompió la cuerda y cayó al suelo. Leyendo otros pasajes del Corán, pareció hacer que un huevo en agua hirviendo saltara de la olla y se rompiera en el suelo, y pareció transferir el agua de una jarra llena a otra vacía a tres metros de distancia. Digo «parecía» porque, en mi opinión, siempre debe haber alguna explicación física para este tipo de fenómenos.

La idea de que los drusos que mueren son enterrados en las paredes de sus casas se basaba, según descubrí, en el hecho de que hasta hace una generación los ancianos, o *akils*, eran enterrados así, y todavía lo son, en los distritos más remotos. No vimos ningún funeral druso en el Layat, pero en otra ocasión tuve la suerte de asistir a uno en las montañas del Líbano. Había llegado a Ibadyah para pasar la noche como huésped del tío de Daúd Izzedin. Ibadyah era una aldea poblada casi por igual por cristianos, mahometanos y drusos.*

Hacia las nueve, después de que hubiéramos cenado, un hombre se paró abajo, en la calle, gritando: «¡Escuchad, oh, escuchad!». Nos asomamos a las ventanas y gritó: «Said Najar ha muerto». Aquello equivalía tanto a un anuncio fúnebre como a una esquela mortuoria, ya que los drusos no practicaban el embalsamamiento y siempre celebraban el funeral a la mañana siguiente del fallecimiento. El tío de Daúd nos contó que Said Najar era un agricultor druso que había destacado por su fuerza física y su valor en la guerra. «Una vez», dijo el tío, «le vi levantar un mortero de granito por encima de su cabeza con una mano y llevarlo durante cincuenta pasos».

Temprano por la mañana, cuando nos dirigimos a pie hacia la casa del difunto, nos encontramos con una procesión encabezada por el portador del estandarte del islam, de seda verde bordada en oro con caracteres árabes, *en el nombre de Alá, el misericordioso, el compasivo*. Luego, llevado en alto sobre sus cabezas por seis hombres que lo dejaban reposar sobre las puntas de sus dedos extendidos, llegó un ataúd de

---

* El Monte Druso está poblado únicamente por drusos, pero también se encuentran en las poblaciones mixtas de todas las montañas de Siria. Con frecuencia adoptan muchas de las formas y símbolos externos del islam, y quizás crean parcialmente en ellos, aunque se aferran al mismo tiempo a los principios secretos de su propia fe misteriosa.

pino vacío, cubierto de estaño o níquel brillante, reluciente como la plata, y semejante a un sarcófago con tapa en forma de cuerpo de hombre. Flores silvestres, amarillas y rojas, atravesaban las asas del ataúd. Entre los manifestantes que le seguían había cristianos maronitas, drusos y musulmanes, que se distinguían por sus diferentes trajes y tocados. Hombres de las tres sectas, incluidos sacerdotes cristianos vestidos con las túnicas de las iglesias griega y maronita, se turnaban para llevar el ataúd y también el estandarte del islam, sustituyéndose unos a otros cada cien metros aproximadamente mientras la procesión serpenteaba por la calle del pueblo.

Le dije a Daúd:

—Creo que es el espectáculo más extraño que he visto en tu fantástica Arabia: ¡un sacerdote cristiano, con sus vestiduras y su crucifijo, sosteniendo en alto con ambas manos la bandera *infiel* de Mahound!

—¡Bah! —contestó él—, eso no es nada. O, en todo caso, es al 50 %. Si vienes aquí cuando muere un cristiano, encontrarás tanto drusos como mahometanos ayudando a llevar el crucifijo con estandartes cristianos a la cabeza de la procesión.

Tras el féretro llegaron primero los jóvenes, guerreros y campesinos. Cantaban mientras marchaban. Les siguieron los venerables ancianos drusos, con turbantes blancos y largas capas negras. Como la ley de los drusos es que los ancianos deben mantener siempre su dignidad y no mostrar nunca emoción, ni cantaban ni participaban en las ceremonias. Todos cantaban, al mismo son, una especie de pareado melodioso en compás de cuatro por cuatro, con la última nota de cada verso elidida. Las palabras eran versos, escritos o extemporáneos, en honor del difunto. Un coro de sólo cuatro hombres, que caminaba inmediatamente detrás del ataúd, ensayaba un nuevo pareado, y después de haberlo practicado media docena de veces, daban la señal, y la procesión empezaba a cantarla como un coro griego.

Los cantos no eran ni de alabanza a Dios ni de súplica a Dios. Eran meras expresiones de alabanza por el muerto y de dolor por su familia. Daúd me dijo que debían ceñirse a los hechos. En este caso, los únicos rasgos que podían alabarse eran la fuerza física del muerto, su valor en la guerra y su generosidad; parece que no había sido piadoso, ni próspero, ni especialmente inteligente.

El primer pareado que cantaron fue:

> ¿A quién se lleva hoy Alá?
> Tal vez sea Antar, ese gran guerrero.

Dado que Antar fue uno de los grandes guerreros y héroes árabes antes de la época de Mahoma, sugerir que el alma de Said Najar era el alma de Antar era un homenaje a su fuerza en la batalla.

Otros pareados iban en este sentido:

> Ha muerto un león,
> y el bosque está a oscuras.
> Cuando un león así muere,
> todas las lanzas deben ser bajadas.
> Hay muchas estrellas en el cielo...
> Sólo la luna se ha eclipsado.
> La paciencia es mejor;
> porque la muerte es la suerte de todos.

La procesión había llegado a una especie de plaza o patio frente a la casa de piedra del muerto. Los ancianos se sentaron en el suelo del patio, dejando libre el espacio central, y allí la procesión, todavía con el estandarte y el ataúd vacío en alto, marchó lentamente dando vueltas. De vez en cuando se componían nuevos pareados, se escribían en trozos de papel y se entregaban a los cantores.

Mientras tanto, el cuerpo había sido lavado y vestido y yacía sobre un colchón en una gran tienda en la ladera, justo debajo de la casa del muerto. La tienda se había levantado porque la casa era demasiado pequeña para contener a las mujeres que habían venido a llorar con la esposa y las hermanas. Todas ellas, vestidas de blanco y con velo, se apiñaban en la tienda, velando el cadáver, mientras los hombres salían en procesión. Las mujeres no cantaban, pero susurraban entre ellas y levantaban la voz de vez en cuando en gritos de lamento.

De pronto se oyeron cantos a lo lejos, y por una de las sinuosas calles, entre muros de piedra, bajó una delegación de una aldea vecina, encabezada por ancianos drusos, sacerdotes griegos e imanes mahometanos. Los cantantes locales se hicieron a un lado para permitir a los visitantes marchar detrás del ataúd y entonar sus cantos. Procesiones similares llegaron de otras aldeas, hasta que finalmente hubo unos seiscientos u ochocientos hombres marchando detrás del ataúd y cantando. Mientras tanto, se pasaba agua libremente en jarras de piedra, pero no se ofrecía comida ni ninguna otra bebida, ya que es un punto de honor que los invitados a un funeral no tomen ningún refrigerio en casa de los dolientes.

Hacia el mediodía cesaron las marchas y los cantos. Rápidamente y sin ceremonias, seis hombres entraron en la tienda con el ataúd, introdujeron en él el cuerpo sin ceremonias y, saliendo a toda prisa con él a hombros, volvieron a ocupar sus puestos en la procesión. La esposa con velo y las hijas se despidieron de forma un tanto patética.

La procesión descendió por un empinado camino de herradura, a través de jardines, entre árboles y viñedos de regadío, hasta una tumba en la ladera de la montaña. Era una sólida bóveda de unos tres metros cuadrados, construida en piedra, sin puerta, ventana ni entrada de ningún tipo en la superficie. Medio metro bajo tierra había una pequeña abertura, cerrada por una tosca piedra natural plana. Fue necesario cavar una zanja, descubrir la piedra y levantarla.

Mientras el ataúd yacía en la zanja, listo para ser empujado a través del agujero, un joven con una hermosa voz de tenor se levantó y cantó como un ángel. Duró unos diez minutos. Era una serie de variaciones sobre las dos palabras *Alá akbar*, que significan «Dios es grande». La multitud gritaba ahora: «¡Qué Alá acoja su alma en el Paraíso!». Hubo una pausa, durante la cual todos miraron hacia los ancianos; otra pausa y murmullos entre los ancianos; luego todos repitieron en voz baja: «¡Qué Alá reciba su alma!». Según explicó Daúd, los ancianos tienen derecho a retener su oración, y si la vida del difunto ha sido notoriamente mala, a veces la retienen, para gran infelicidad de la familia.

Lo que siguió fue un trabajo rápido y rudo. Cuatro o cinco de los hombres más fuertes sujetaron el ataúd para empujarlo a través del agujero hasta la cámara acorazada. La tapa era demasiado grande y el ataúd se atascó. A pesar de que la tapa estaba clavada, los hombres hicieron palanca y dejaron al descubierto el cuerpo. El ataúd seguía sin pasar. Los hombres se apresuraron a retirarlo y uno de ellos se metió en el agujero a gatas. Entonces, empujando y tirando, consiguieron meter el ataúd. Después pasaron la tapa al hombre que estaba dentro. En un momento salió arrastrándose, sudoroso y evidentemente contento de haber terminado con un mal trabajo.

Después del entierro, mientras se removía la tierra en la zanja, se leyó el testamento del difunto. Me di cuenta, mientras nos alejábamos, de que dos hombres se sentaban delante de la tumba como si fueran a quedarse indefinidamente.

Daúd dijo:

—Sí, la gente se turnará para vigilarlo durante cinco días y cinco noches.

—¿Cómo pueden temer a los chacales si la entrada a la tumba está enterrada bajo tierra? —pregunté.

—No temen a los chacales, sino a los demonios y a los genios.

Ahora que la ceremonia había llegado a su fin, los guerreros y campesinos aceptaron pan y carne, limonada y *halva*, una especie de turrón, ofrecido por los aldeanos en pequeños puestos. Los ancianos, sin embargo, se negaron a comer o beber. Muchos de ellos recorrieron kilómetros bajo un sol abrasador sin haber comido nada desde el desayuno. La ley para ellos es que no deben tocar ningún alimento dentro de los límites del pueblo donde se ha celebrado un funeral.

Esta división tajante entre los ancianos (*akils*) y los guerreros (*jahils*) atraviesa como un cuchillo las multitudes en las calles del pueblo, los grupos, las familias. Los *akils* se distinguen por sus palabras y sus gestos, aunque no vistan de la misma manera. Aunque en su mayoría son hombres ancianos, hay muchos menores de cuarenta años, y cualquier druso de más de veinticinco años puede convertirse en *akil* si lleva una vida honorable y está dispuesto a asumir las obligaciones y los votos.

Entre las familias que visitamos en Souieda, la de Suli Bey tenía un hijo, Ismael, que era *akil*, y dos hijos, Adham y Mustafá, que eran *jahils*. Durante la cena, Ismael comía despacio, con gravedad y moderación, pero sus dos hermanos, que habían cabalgado mucho esa mañana, devoraban la comida con apetito y placer. Mustafá y Adham fumaron sus propios cigarrillos y los míos, y Adham sacó una botellita de *arak*, destilado de hollejos de uva, un aguardiente tan claro y fuerte como el whisky de maíz, que bebió con nosotros. Ismael, al ser *akil*, no podía fumar ni beber.

En materia de sexo, Ismael también tuvo que seguir leyes mucho más estrictas que las establecidas para sus dos hermanos. Podía tener una esposa, y de hecho la tuvo, pero fuera de la relación matrimonial monógama estaba obligado a una castidad absoluta. Sus hermanos podían retozar con las bellas bailarinas gitanas beduinas que pasaban a menudo por el Yábal con sus panderetas y burros. El peor castigo que podrían sufrir los jóvenes guerreros sería el mismo tipo de charla indulgente que reciben los estudiantes universitarios cuando papá se entera de sus enredos con coristas. Pero para Ismael significaría una amarga vergüenza y un oprobio público.

Como anciano, Ismael se comprometía, a petición de cualquier druso, a dar consejo e incluso ayuda material en caso de necesidad. Además, según sus votos, nunca debía perder los estribos, o mostrar excitación, o correr, o elevar la voz, o expresar hambre o sed y nunca jactarse. No se le permitía luchar en incursiones, disputas tribales o enemistades personales, sino que sólo podía empuñar las armas en defensa de la nación.

Todos los drusos profesan la misma religión, conocen las escrituras drusas, el *Kitab al-Hikma*, o Libro de la Sabiduría, y se les permite participar en las ceremonias del templo. Pero sólo los ancianos componen el círculo interno de iniciados. A ellos se les ha revelado un conjunto de misterios nunca divulgados, que yo sepa, al conocimiento general o al resto de los propios drusos. Creo que estos misterios son rituales simbólicos con palabras secretas y letanías. Un sirio me contó que los iniciados drusos le decían a un hombre, para ponerlo a prueba: «¿Siembras cardamomo en tus campos?». Si el hombre no era un iniciado, respondía «sí» o «no», según el caso. Si era un iniciado contestaría: «Las semillas se plantan en nuestros corazones». No creo que ésta sea la verdadera «palabra». Si lo hiciera no la repetiría; pero sí creo que los drusos, como los masones y los rosacruces, tienen fórmulas y contraseñas secretas.

Cuando en una segunda visita manifesté a mi principal anfitrión, Alí Bey Obeyid, en Souieda, mi deseo de ver y aprender todo lo que pudiera revelarme de su religión, sugirió que visitáramos a un amigo suyo, el viejo jeque Faris Turkan, un erudito *akil* que había vivido en Damasco y que hablaba un excelente francés. La única lengua de Alí Bey era el árabe, y mi incompleto conocimiento de esa lengua apenas estaba a la altura de una complicada discusión teológica.

No estaba preparado para la cordialidad y franqueza —hasta cierto punto— del jeque Faris. Parecía feliz y contento de ayudarme. Me dijo:

—Sin duda habrás oído decir tanto a musulmanes como a cristianos que adoramos la cabeza de un becerro de oro y que celebramos ceremonias en las que mujeres desnudas bailan y se someten voluntariamente a extrañas torturas. Supongo que también habrás oído que practicamos la magia. En cualquier caso, te han dicho que en el núcleo de nuestra fe se esconden terribles secretos. Afortunadamente hoy es viernes. Ven conmigo esta noche a nuestro templo y comprueba por ti mismo cuáles son nuestras prácticas religiosas.

Aquella noche, a las nueve, fuimos al templo, una gran estructura cuadrada de piedra de un piso, con muros de un metro de grosor, parecido a una fortaleza o un polvorín, sin cúpula ni minarete. Estaba situado en una pequeña colina, a más de cien metros de cualquier otro edificio, en las afueras de Souieda. El interior era una sala desnuda, de unos quince metros cuadrados, con techo abovedado sostenido por pilares y arcos de mampostería. Del centro colgaba una pesada cortina negra. Imaginé que cerraba algunos de los misterios, pero me equivoqué. Era simplemente como el biombo de una mezquita mahometana, y detrás estaban las mujeres drusas. Un individuo que no era druso me dijo más tarde que debajo de este templo de Souieda, como debajo de todos los templos drusos, había una cripta donde se celebraban los misterios, pero sobre este punto no tengo conocimiento personal.

El único mobiliario de la gran sala eran alfombras extendidas por el suelo y media docena de cestos o taburetes de paja trenzada de colores, con forma de seta. Del techo colgaban candelabros con lámparas de parafina encendidas.

Unos treinta o cuarenta drusos, todos ancianos, estaban reunidos en pequeños grupos en el suelo, no con las piernas cruzadas como los turcos, sino en cuclillas sobre los talones. Todos se levantaron cuando entramos y se llevaron las manos a la frente. Los que había conocido antes vinieron y me estrecharon la mano.

Encima de las cestas había copias manuscritas del Libro de la Sabiduría, o más bien, creo, de las partes que todos los drusos podían escuchar. Me dijeron que estas escrituras fueron en parte dictadas por Dios a Hakim, fundador de la religión drusa en el siglo XI, y en parte escritas por Hamza ibn Ahmad, el místico persa que desarrolló la nueva fe. No había líder ni predicador, pero varios ancianos sentados junto a las cestas se turnaban para leer pasajes. Yo sólo entendía algunas palabras porque estaban en árabe clásico. Pero el jeque Faris me los tradujo de buen grado en un francés susurrado. Eran principalmente preceptos convencionales de moralidad y conducta, extraídos en algunos casos de la Biblia o el Corán. Uno era casi idéntico al versículo del Deuteronomio: «Cuando mates tu olivo, no volverás a pasar sobre sus ramas: será para el forastero, para el huérfano y para la viuda».

Después de tres cuartos de hora de lectura, los fieles repetían frases al unísono. Estas frases, decían, eran oraciones, pero a mí me parecían más bien afirmaciones o el recitado de un credo, excepto una, que era: «A ti, oh Dios, venimos, decididos a hacer lo que es justo ante tus ojos. Que nuestros ojos, oh Dios, duerman en tu obediencia». La afirmación que a veces se hace de que los drusos no rezan es absurda. Además de haber oído la oración que acabo de citar, vi rezar al sultán Pasha Atrash y a decenas de personas más en diversos momentos. Todos los orientales islámicos, incluidos los musulmanes ortodoxos, consideran que rogar por cosas concretas en la oración es una «interferencia impertinente con el Creador». Él es todo justo, y todo lo decide el destino, el *kis-*

met, que está en sus manos. Por eso es una tontería pedir lluvia o la vida de un niño enfermo. Toda oración musulmana y toda oración drusa —si es completamente ortodoxa— es pura alabanza a Dios, recitación de sus atributos y conformidad con su voluntad. Sin embargo, cuando los drusos están bajo tensión emocional, piden a Dios, como el sultán Pasha, por ejemplo, que les conceda la paz. Pero lo piden con circunloquios, no implorando directamente.

La ceremonia religiosa en el templo terminó con la misma despreocupación con que había empezado. Podía oír a las mujeres al otro lado de la cortina, cotilleando mientras se marchaban. Los ancianos volvieron a reunirse en pequeños grupos y empezaron a hablar afanosamente de cosechas, asuntos comerciales, política y su última disputa con los franceses. El viejo jeque Faris me llevó a un rincón para ilustrarme sobre los puntos de la doctrina drusa que no estaban asociados a los misterios prohibidos.

«Ya ves», dijo, «que somos unitarios puros. Tenemos una historia, que no está en nuestras escrituras, según la cual, después de que Dios hubiera creado el cielo y la tierra, los hombres pecaron. Dios empezó a enviar profetas para reconducirlos por el buen camino. Envió a Noé, pero sólo su propia familia lo siguió. Envió a Abraham, y le siguió su propia tribu. Envió a Moisés, y todas las tribus de Israel lo siguieron. Envió a Jesús, y le siguieron los gentiles. Envió a Mahoma, y todo el mundo le siguió, excepto los drusos. Entonces Dios envió al ángel Gabriel y habló a través de él a los drusos, diciendo: 'He enviado a muchos profetas verdaderos, y todo el mundo ha aceptado a uno u otro, pero vosotros no habéis seguido a ninguno'. Los drusos respondieron por medio del ángel Gabriel: 'Dios nos basta'. Por supuesto, este relato no es exacto ni como historia ni como teología, pero es interesante por su énfasis en la adhesión de los drusos a un Dios y sólo a Dios. De hecho, éramos musulmanes en el siglo XI, cuando Hakim, que era el sexto califa fatimí, se convenció de que tenía una nueva revelación directa de Dios, y nosotros fuimos los conversos a su nueva religión. Creemos que las enseñanzas de Jesús, Mahoma y los demás profetas son verdaderas, pero parciales e incompletas».

No podía discutir con el jeque Faris la cuestión de los misterios. No habría sido ni discreto ni cortés. Pero me arriesgué a mencionarle el hecho de que universalmente se dice que los drusos adoran un becerro de oro. Pero Dios está en todas las cosas: en el cielo, en la tierra, en el fuego, en el agua, en los hombres, en los animales y en los vegetales. En consecuencia, entre todos los pueblos se le ha adorado con muchos de sus símbolos.

Este punto de vista puede ser en parte responsable de la disposición de los drusos a observar formas externas del cristianismo y el islam. De hecho, a veces se persignan, mojan los dedos en agua bendita y repiten oraciones musulmanas. Un anciano druso me dijo, con toda seriedad, que hacer estas cosas era «educado e inofensivo».

Pero la persistente historia de la adoración secreta de un becerro de oro era lo que más me interesaba en relación con la fe de los drusos. Me vi impedido por evidentes dificultades en mis esfuerzos por llegar a la verdad al respecto, y no estoy seguro de haberlo conseguido nunca. El peor obstáculo era mi genuina admiración por los drusos, su extraordinaria amabilidad hacia mí y la falta de voluntad por mi parte, entonces y siempre, de traicionar su amistad.*

Entre los muchos drusos a los que me atreví a interrogar sobre el becerro de oro estaba Suleimán Bey Izzedin, el gran historiador druso. Aunque en aquel momento era un semiinválido, consintió en hablar conmigo debido a mi amistad con su hijo, Daúd. La casa de la familia Izzedin tenía un mobiliario europeizado, pero una sirvienta con velo, arrastrando los pies descalzos sobre zuecos de madera, me condujo a la alcoba de Suleimán Bey. Era una habitación alta, enlucida de blanco, elegante pero austera. El historiador, un hombre de sesenta años, con un espeso cabello gris y un bigote negro, estaba recostado sobre almohadas en una cama alta con postes y dosel. Llevaba un pesado camisón de lino blanco, abotonado a la altura del cuello y las muñecas. La cama estaba llena de libros en árabe, francés y alemán.

Suleimán Bey hablaba un inglés perfecto y discutió libremente asuntos sobre los que los drusos suelen mostrarse evasivos: la crueldad de los drusos de la montaña con las mujeres sospechosas de infidelidad o frivolidad, las masacres maronitas que constituyen la peor mancha en la historia drusa, la curiosa deificación del califa Hakim. Pero cuando, por fin, saqué a colación el becerro de oro de los drusos, se negó a admitir que existiera o hubiera existido alguna vez. «Es una calumnia absolutamente infundada —dijo —, inventada por musulmanes y cristianos. Es como la historia de que los judíos crucifican a los bebés cristianos en

---
* El contenido de este capítulo, publicado en Asia, fue traducido al árabe y difundido ampliamente en Siria con la benevolente aprobación de destacados *akils* drusos, que se abstuvieron, sin embargo, de confirmar o negar su exactitud.

Pascua. Nunca hemos adorado un becerro de oro. Nunca hemos adorado a ningún ídolo. Sólo adoramos al único Dios puro». Y no quiso volver sobre el tema.

Incluso Emín Arslán me falló aquí, aunque estoy en deuda con él por la información precisa e imparcial sobre todos los demás temas relacionados con Arabia. Dijo: «Los drusos son el único pueblo de la periferia del desierto que tiene vacas. Los beduinos sólo tienen cabras y ovejas. Dondequiera que los beduinos llegaban a las aldeas drusas, encontraban vacas, bien cuidadas y atendidas con esmero. De ese hecho surgió, tal vez, esta superstición». Era una teoría débil. Proveniente de un hombre de la gran inteligencia y sofisticación de Emín Arslán, era tanto menos convincente.

Por fin, sin embargo, conseguí algo más definitivo. He prometido que el hombre que me lo dio no será identificado. Era un druso, pero un druso que al parecer lo había leído todo en religión comparada, desde *La rama dorada* de Frazer hasta *Orfeo* de Reinach. Pasé una tarde a solas con él.

Le dije:

—Escucha detenidamente. Voy a escribir sobre este becerro de oro o cabeza de becerro cuando vuelva a América. Admiro y quiero a los drusos por su valor y hospitalidad. Estoy en deuda con ellos. Espero tenerlos como amigos para toda la vida y algún día volver a la montaña. Pero no voy a ignorar lo que, con razón o sin ella, parece haberse creído universalmente sobre ellos durante siglos. No quiero volver y escribir un montón de tonterías espectaculares basadas en historias que me contaron sacerdotes cristianos nativos, maronitas o misioneros bienintencionados pero crédulos. No le estoy invitando a romper ningún juramento que haya hecho ni a revelar ninguno de los «misterios internos», pero sí quiero cualquier ayuda que pueda darme sin sobrepasar esos límites.

Se acarició la barba pensativo y respondió:

—Supongamos que yo fuera un chino observador e inteligente, supongamos que entrara por primera vez en una de vuestras iglesias y estudiara sus pinturas, sus esculturas, sus símbolos visibles. ¿Estaría o no justificado en creer que ustedes adoran a Dios en forma de cordero? No hace falta que consideremos si no debería estar justificado también para pensar que en vuestra religión había un lugar para la tortura y que os comíais a vuestro Dios. Tampoco necesitamos considerar lo que podrías responder si te preguntara si estas cosas son ciertas. Podrías decir: «son ciertas». Podrías decir: «no son ciertas». Pero ninguna de las dos respuestas sería la verdad exacta. Atengámonos más bien al simbolismo animal. Si yo leyera vuestras escrituras y en cien lugares encontrara la palabra «cordero» como uno de los nombres de Dios, ¿no estaría seguro de que adoráis a un cordero? Si le preguntara a una monja devota: «¿Adoras al cordero?», me respondería: «Con toda mi alma adoro al cordero». Sin embargo, si yo escribiera «los cristianos son una extraña secta de idólatras que adoran a un cordero» sería una calumnia.

Pensé que por fin estaba llegando a alguna parte.

—¿Hay entonces, en vuestras escrituras, en vuestro *Kitab al-Hikma*, pasajes que hagan referencia al becerro? —pregunté.

Me contestó:

—No violo ningún secreto al responder a eso, porque cierto médico sirio cristiano, el jeque Nusralá ibn Gilda, robó una copia del *Kitab al-Hikma* de un *akil* en Bakhlin, el pueblo de los Jumblatts, y se la regaló al rey Luis XIV. Aún se conserva en la antigua Biblioteca Real y hay una copia en francés en el Vaticano. Por lo tanto, no voy a revelar nada que no se pueda obtener, con tiempo y dinero, de una de esas fuentes.

»No me está permitido mostrarle una copia del libro, pero puedo citarle ciertos pasajes:

»Hakim (el mesías druso) nos mostró una caja de plata, en la que había una cabeza de oro, que debía ser el símbolo y emblema de su encarnación física tras su desaparición, y nos postramos ante ella.

»Y más adelante relata: "Cuida de los misterios ocultos tras los muros. No está permitido sacar o copiar el libro, ni la caja en la que está la figura de la encarnación física de Hakim. No está permitido que la figura sea otra cosa que oro o plata. Si se encuentra este libro o esta figura en manos de un infiel, debe ser apresado y cortado en trozos pequeños".

»Mucho más tarde, uno de nuestros profetas escribió: "Habéis malinterpretado la divinidad. Lo habéis confundido con el becerro y con *Iblis* (Satanás)".

»De nuevo: "El becerro se ha convertido en el rival y adversario de aquel que puso en ejecución las leyes divinas".

Tras una larga pausa, que no interrumpí, el druso prosiguió: «Amigo mío, te digo tanto esto porque con una larga investigación podrías haberlo descubierto en otra parte. La respuesta definitiva y concreta a su pregunta no puedo dársela, pero le he proporcionado ciertos datos. Usted sacará sus conclusiones según su propia inclinación».

Se las presenté allí mismo, con la esperanza de que las negara o afirmara tácitamente. Son, por cierto, las opiniones que, con razón o sin ella, sigo manteniendo. Le dije:

—Me vais a permitir que me remonte mucho más atrás que Hakim. Un becerro de oro fue el primer símbolo de Dios que los israelitas erigieron y adoraron tras su huida de Egipto. Antes de eso, el toro, la vaca y el becerro, tanto aquí como en Asiria, Babilonia y Egipto, eran símbolos de la divinidad. Sugeriré que vuestro Hakim adoptó, incorporó a su nueva religión, este símbolo, ya, quizás, adorado por muchos de sus conversos. Sugeriré que los drusos primero lo consideraron un emblema; que más tarde lo adoraron de forma idólatra y fueron denunciados por sus profetas, y que lo han conservado secretamente hasta el día de hoy, no como un objeto de idolatría, sino como la imagen o símbolo originalmente previsto. Podría incluso arriesgarme a sugerir que entre los drusos, como entre todos los pueblos, puede haber grupos que confunden el emblema material con el espíritu que hay detrás de él.

Sonrió y respondió:

—Bueno, es una teoría ingeniosa —y eso fue todo.

Aunque no pretendo haber penetrado en los arcanos de la religión drusa, aprendí de otro druso algunos detalles de la ordalía preliminar a la que se dice que se somete un candidato antes de convertirse en *akil-electo*, con derecho a ser instruido en los misterios. Aunque la forma de iniciación es la misma para ricos y pobres, imagino que entre estos últimos a veces se lleva a cabo con detalles menos suntuosos.

En primer lugar, el candidato ayuna durante tres días y dos noches, y al comienzo de la tercera noche, todavía en ayunas, asiste a un elaborado banquete de los *akils*, donde se extienden ante él las carnes más delicadas y deliciosas de sabroso olor. Debe coger estas carnes y juguetear con ellas mientras los demás comen, pero no debe probar nada. Al final del festín, todos los demás se marchan, dejándole solo, con algunos de los mejores platos sin tocar. Permanece allí el resto de la noche, en ayunas. No hay nadie que le espíe. Pero si sucumbe al deseo y come, al día siguiente debe confesarlo por su propia voluntad, diciendo simplemente: «No soy apto para convertirme en *akil*». Puede hacerlo sin vergüenza ni pérdida de honor, y los *akils* responden: «No es poca cosa ser un león entre los guerreros».

Si ha superado la prueba, después de romper el ayuno y recuperar fuerzas, se produce la segunda fase de la iniciación. La tercera noche, con la garganta reseca, los labios agrietados y la lengua tan hinchada que apenas puede hablar, se sienta con los *akils* mientras ellos se refrescan con sorbetes fríos y agua perfumada con attar de rosas, sobre la que flotan pétalos de rosa. Toma una copa en la mano con los demás, pero no se la lleva a los labios. Permanece solo toda la noche, con el agua refrescante al alcance de la mano.

Si resiste también esta tentación, una semana después se le somete a una tercera. Esta vez, en la sala del banquete, se le agasaja con deliciosos vinos y carnes muy condimentadas. No debe emborracharse, pero tampoco debe rechazar la copa de vino. Tras el banquete, atraviesa una puerta que se cierra tras él.

En la habitación en la que se encuentra, entre cojines, ricas alfombras y colgaduras, con un taburete en el que hay frutas, dulces y más vino, yace en un diván una hermosa muchacha desnuda. Probablemente, se trata de una bailarina beduina o circasiana —en cualquier caso, no una drusa—, elegida por su belleza y su experta formación en el arte físico del amor, que los orientales respetan como algo similar a la poesía y la música, un arte cuyas sacerdotisas gozan a veces de gran honor público. Ha sido bien pagada y conoce su deber, y tiene licencia absoluta en materia de métodos. Puede bailar ante el novicio druso, huir de él, acariciarle o saltar sobre él como una tigresa, luchar con él, morderle, maldecirle, insultarle o retorcerse a sus pies. Incluso se le permite emborracharle con vino, si puede. Y él, por su parte, puede luchar con ella y arrojarla lejos de él y rechazarla o insultarla si quiere, pero tiene prohibido atarla, golpearla o hacerle daño corporal. Su deber es protegerse de sus artimañas y seducciones. Si no lo consigue, no será deshonrado y ella tendrá derecho a un regalo adicional. Por la mañana, cuando él dice: «No soy apto para convertirme en un *akil*», los *akils* responden con indulgencia: «No es poca cosa ser un león entre los guerreros».

Pero si ha resistido la tentación de la carne, así como la tentación del hambre y la tentación de la sed, se le convierte en un *akil*, y sólo entonces se le revelan los «misterios interiores».

De estos misterios interiores, como he dicho antes, no sé absolutamente nada.

La reticencia de los drusos sobre sus misterios no incluye, sin embargo, su curiosa doctrina de la reencarnación. Se enorgullecen de ella, la discuten libremente y citan un sinfín de casos que la corroboran. Esta creencia no es autóctona, pero no la comparte ninguna otra secta de Arabia. Los drusos la tomaron sin duda de la India, pero la han desarrollado en algo muy diferente de la doctrina india del progreso del alma a través de renacimientos hasta que finalmente es «reabsorbida en la deidad».

Según Emín Arslán, los drusos sostienen que un alma drusa vuela en el momento de la muerte al cuerpo de un bebé druso recién nacido, una morada que puede ser mejor o peor que la que acaba de dejar, aunque no en virtud de ninguna ley como el karma. El alma de un viejo héroe puede estar hoy en el cuerpo de un cobarde o de un ladrón. En este punto, los drusos tienen una teoría única de la justicia divina. Esperan un juicio de las almas cuando este mundo llegue a su fin. Cada alma será juzgada por las mismas reglas. Pero cada alma ha pasado previamente por muchas encarnaciones humanas. Nace a veces en la familia de un bandido, o en la familia de un borracho, o en la familia de un erudito, o en la familia de un héroe, a veces en la familia de un hombre santo, y otras veces en la familia de un ladrón. Al final, todas las almas habrán tenido las mismas oportunidades y podrán ser juzgadas justamente en el Día del Juicio por su «promedio» general. Entonces permanecerán en un cielo o irán a un infierno, y no podrán quejarse de que Dios les ha dado un trato injusto.

Un detalle curioso de la teoría de la reencarnación me lo contó Alí, el hermano del sultán Pasha Atrash, durante mi visita al castillo de Kurieh unas semanas antes de que el propio Alí muriera en la batalla contra los franceses. Cuando hay guerra, me dijo, y los drusos mueren más rápido de lo que nacen sus hijos, las almas sobrantes vuelan a una región montañosa del oeste de China. Allí se convierten en bebés drusos chinos y reclutan así a una raza que, aunque nadie ha visto aún a ningún miembro de ella, algún día vendrá a ayudar a los drusos a conquistar Arabia y el mundo. Ni Alí ni los ancianos a los que interrogué pudieron decirme el origen de esta creencia, que es universal entre los drusos de las montañas.

El más interesante de los casos de reencarnación que escuché fue la historia de un tal Mansur Atrash. Lo atestiguan docenas de personas del Yábal. Este Mansur Atrash se casó con una hermosa niña de doce años, de nombre Umm Ruman, «Madre de la Granada». Poco después fue asesinado en una redada. Esos hechos ocurrieron hace unos treinta años. A la hora exacta de su muerte —un hecho verificado más tarde— nació en una familia de drusos, a cientos de millas de distancia, en las montañas del Líbano, un niño al que llamaron Najib Abu Faray. Llegó a la edad de veinte años sin haber abandonado nunca sus montañas natales, y luego, por accidente, fue llevado al Monte Druso, el antiguo hogar de Mansur Atrash. Nada más llegar a la montaña dijo: «Debo de estar en un sueño. He visto todos estos lugares antes; me son más familiares que mis propias montañas». Cuando llegó a la aldea en la que había vivido Mansur Atrash, dijo: «Esta es mi aldea, y mi casa está en cierta calle y en cierta esquina». Caminó por las tortuosas calles, directo a la casa de Mansur Atrash, fue a un nicho tapiado, hizo derribar los ladrillos y descubrió una pequeña bolsa de dinero que recordaba haber puesto allí en su vida anterior. Más tarde le llevaron a unos viñedos de la familia Atrash, donde había lindes en disputa. Señaló los límites que, según él, había trazado cuando era Mansur Atrash, y un tribunal druso los aceptó. Había dado tantas pruebas de su identidad que los hijos de Mansur Atrash lo reconocieron como su padre reencarnado y recibió diez camellos cargados de grano como regalo de la familia Atrash.

He aquí una historia aún más extraña que me contaron.

Un hombre del Monte Druso fue asesinado. Cuando renació y creció de nuevo recordó el asesinato y declaró: «Voy a buscar venganza». Siguió al culpable hasta América y lo mató, diciendo: «Estoy matando al hombre que me asesinó».

Me dijeron, sin embargo, que la supervivencia de la memoria personal era rara, y que ni un druso entre diez mil recordaba nada de su estado anterior.

Obviamente, los drusos son una «sociedad cerrada». Según su doctrina, el número de almas drusas es fijo. Además, no hay conversos ni renegados. Durante los meses que estuve en esa parte de Arabia molesté a cristianos, musulmanes y drusos por igual, preguntando en cada oportunidad si, hasta donde ellos sabían, un druso había adoptado alguna vez un credo ajeno o una mujer drusa se había casado con un no druso. A excepción de un jeque druso en el Líbano, que se hizo musulmán por razones políticas bajo el dominio turco en 1865, no pude saber de ningún cambio de religión. Y en cada uno de los cuatro casos de los que se me informó, en los que una muchacha drusa se casó con alguien que no era de su raza, la muchacha fue asesinada por sus parientes. Los drusos son doscientos o trescientos mil, de modo que, aunque sus hombres sólo ocasionalmente toman esposas de familias musulmanas, la endogamia no les ha perjudicado. Me parece que son, como han sido desde la época de las Cruzadas —todavía sin conquistar—, la pequeña aristocracia feudal más orgullosa y hospitalaria y, al mismo tiempo, la más feroz y belicosa sobre la faz de la Tierra.

Capítulo 10

La Dama Velada de Mukhtara

LA mujer más maravillosa entre los drusos hoy en día —y probablemente en toda Arabia occidental— es la *sitt* Nazira el Jumblatt, la famosa Dama Velada de Mukhtara. Gobierna como una reina de la antigüedad en un salvaje distrito montañoso del Líbano, entre el Yábal y la costa. Es la actual cabeza de su rama de la familia Jumblatt, príncipes de Alepo en el siglo XVI y descendientes de Saladino.

Habíamos oído, incluso en sitios tan lejanos como Constantinopla, muchas historias de su belleza, su poder y el esplendor de su palacio en las montañas.

Cuando Daúd Izzedin, que era su primo lejano, nos dijo que después de que nuestro coche atravesara el siguiente desfiladero y doblara la esquina del acantilado veríamos Mukhtara, estaba preparado para la desilusión. Pero allí se alzaba contra el cielo, cientos de metros por encima de nosotros, como en un sueño. A medida que nos acercábamos, vimos que la parte inferior era una gran mole de arquitectura feudal que abarcaba más de una hectárea. Estaba coronada por dos superestructuras que se enfrentaban a través de un patio abierto. Una era de tipo árabe puro, con columnas esbeltas y retorcidas, ventanas altas de arco trilobulado y balcones de encaje; la otra era de estilo renacentista romano, con una escalinata de mármol curva y sinuosa que conducía a un pórtico semicircular abovedado con columnas corintias. A sus pies se alzaban el centenar o más de casas de piedra de la aldea de Bakhlin, y detrás se extendían jardines amurallados con fuentes, árboles y una tumba con cúpula.

Cuando llegamos, hacia el mediodía, el lugar bullía de grupos de drusos, maronitas y musulmanes de los pueblos de los alrededores, que esperaban en el patio a una audiencia posterior. Nuestra aparición no despertó ningún interés. Sólo cuando Daúd salió, se acercó a uno de los grupos y dio a conocer su identidad como pariente de la familia, pidieron a gritos un criado. Un anciano de barba desaliñada se acercó trotando, se arrodilló, besó la mano de Daúd, se inclinó, le tocó la frente y nos condujo a través de un oscuro pasillo de piedra, subiendo una vieja escalinata, hasta la parte más moderna del palacio.

En una especie de antecámara, grande y desnuda, Bakhir Bey, un hermano de la *sitt* Nazira, estaba sentado en una silla, siendo afeitado por el barbero de la familia. Bakhir Bey vestía ropa europea y estaba en mangas de camisa. Sus zapatos, que había que pulir, eran de charol con la parte superior de cabritilla amarilla y botones de cristal de colores. Cerca de él había varios hombres que intentaban hablar a la vez. Estaba de espaldas a nosotros, y Daúd consideró que no era momento de presentaciones. Pasamos a un maravilloso patio interior con columnas, muchas flores en grandes cajas de madera verde y algunos juguetes infantiles, entre ellos un pequeño carro y un velocípedo. Un lado del patio estaba muy abierto y daba al valle. De una puerta a la derecha salió apresuradamente un caballero de mediana edad —alto, delgado y dispéptico, pero amable— vestido con un traje de lunares y un fez. Resultó ser Said Bey, primo hermano de la *sitt* Nazira, y nos recibió con elaborada cortesía y disculpas. Parecía que la señora estaba tan terriblemente ocupada que aún no se habían atrevido a informarle de nuestra llegada.

Nos hizo pasar a un salón enorme, de hermosa arquitectura damascena, con suelo de baldosas, preciosas alfombras y una fuente de mármol en el centro. También había varios muebles victorianos, cómodos y caros, pero horribles; un gran fonógrafo alemán con una bocina verde, un barómetro francés en una vitrina, y en la pared varios retratos de familia. Algunos de ellos eran buenos óleos de artistas árabes, y uno era un extraordinario retrato de tamaño natural del difunto marido de la señora, hecho a partir de una fotografía, según me dijeron más tarde, por una casa de ventas por correo de Chicago. Durante la media hora siguiente se sucedieron los criados que traían bebidas refrescantes a base de zumo de lima, azahar y attar de rosas; cigarrillos con puntas de oro, estampados con el escudo de los Jumblatt, dulces y caramelos; por último, pequeñas tazas de café.

Daúd, privilegiado como pariente de la familia, aunque lejano, había salido para dar un paseo por el palacio. Volvió sonriente, y al poco nos susurró que la señora estaba recibiendo a una delegación de importantes personajes políticos, acostada hasta tarde en la cama, como una reina, pero con una pesada cortina tendida entre ellos y ella. Más tarde, al parecer, fue vestida por sus doncellas, detrás de la cortina, sin que se interrumpiera la conferencia.

Por fin, al cabo de una hora, la Dama Velada de Mukhtara, precedida por dos criados que la anunciaron solemnemente, entró en el salón. Era una mujer corpulenta, de porte regio, figura voluptuosa y magnífica, aunque un poco pesada para los actuales cánones occidentales de belleza femenina. Llevaba un velo negro que no dejaba ver parte alguna de sus facciones, pero por la forma de su vestido negro y sus pliegues, diría que había sido cortado por una modista que sabía algo de moda irlandesa.

Ahora nos tocaba a nosotros besarnos las manos. Se sentó en una mecedora y nos invitó a hacer lo mismo. Habló durante unos diez minutos, con una voz contralto y musical. Le interesaba mucho saber quiénes éramos y fue vergonzosamente directa en sus preguntas a Daúd. Cuando supo que éramos sus amigos íntimos y que habíamos estado con él en el Yábal, se volvió más íntima y amistosa. Preguntó a la señora Seabrook sobre la vida de las mujeres en Estados Unidos, sobre el feminismo y el voto femenino, y luego preguntó a bocajarro: «¿Cuántos hijos tiene, señora?». Y cuando mi mujer respondió: «Ninguno», se inclinó hacia delante, le cogió la mano, se la palmeó y le dijo: «¡Oh, lo siento muchísimo! Rezaré por usted».

Al cabo de un momento gritó con su profundo contralto a uno de los criados. Se necesitan generaciones de crianza aristocrática para producir un grito tan imperioso. No se enseña en los libros de etiqueta, ni orientales ni americanos. El criado vino corriendo tan rápido como le permitían sus piernas. Susurró instrucciones, y diez minutos más tarde regresó con su hijito de siete años, Fouad, un niño pálido y delicado, de pelo negro y profundos ojos de color azabache, con un traje de terciopelo a lo Little Lord Fauntleroy. Algún día será el cabeza de familia, el Jumblatt, una especie de rey sin corona. Fue curioso ver a mi amigo Daúd, con quien he paseado por la Quinta Avenida y almorzado en el Harvard Club de Nueva York, inclinarse y besar la mano de este niño. Daúd me dijo después que el general Weygand, antiguo Alto Comisario francés de Siria, se había arrodillado ante este niño. Parecía difícil de creer. Sin embargo, resultó ser cierto. Después de que asesinaran al padre del niño en 1922, el general Weygand prendió en el pecho del pequeño Fouad la Cruz de la Legión de Honor. En efecto, se había arrodillado —vi una instantánea de la ceremonia—, pero creo que sólo se inclinó de forma natural hasta el nivel del pecho del niño, sin la intención de rendirle un homenaje formal.

La *sitt* Nazira estaba orgullosa de que el pequeño Fouad tuviera un profesor de francés y, a petición suya, el niño recitó para nosotros un poema de Lamartine.

Daúd me había dicho —y sigue manteniendo esa afirmación— que ningún hombre en Siria, fuera del círculo de sus parientes inmediatos, había visto jamás el rostro de Nazira. Sea como fuere, al animarse durante la conversación con nosotros, se desabrochó el velo y lo dejó caer parcialmente, sujeto con la mano izquierda, de modo que se le veían los ojos y la parte superior de la nariz. Glamour y misterio aparte, me pareció que era auténticamente hermosa. Sus ojos eran enormes, de un negro líquido y muy hundidos bajo una frente noble, suavizada por el cabello ondulado que asomaba parcialmente bajo la parte superior del velo. En una ocasión, cuando, por su interés, el velo se descorrió aún más por un momento, pude verle toda la cara. Su nariz era aguileña, finamente cincelada, su boca grande, perfectamente formada, con los labios rojos y los dientes brillantes. Si había algún defecto, era la barbilla pesada y dominante, la barbilla de una raza de gobernantes; pero aunque restaba un poco de la belleza femenina del rostro, aumentaba su fuerza.

Cuando se anunció el almuerzo, la señora se excusó. Comió sola en su dormitorio, detrás de una cortina, mientras participaba en otra conferencia. Daúd, mi esposa, y yo almorzamos con Said Bey en un comedor de techos altos, en una larga mesa para treinta comensales. Había dos criados atendiéndonos a cada uno, seis en total, y una sucesión interminable de platos, tanto europeos como árabes.

Había oído distintas versiones sobre cierta espeluznante historia de cómo Fouad Jumblatt, marido de la *sitt* Nazira, había sido asesinado en «una trampa cebada con un ser humano». Durante el almuerzo, Daúd convenció a Said Bey para que me contara los hechos reales, y este comenzó:

—*Sitt* Nazira es una Jumblatt tanto por nacimiento como por matrimonio. Fouad Bey, su marido, era de hecho su primo sexto. Cuando los franceses entraron en Siria bajo el mandato de la Sociedad de Naciones, nombraron a Fouad Bey (que ya era el gobernador real de los drusos del Líbano) su representante y le dieron oficialmente el título. A muchos drusos les molestó que aceptara el cargo. Querían la independencia absoluta en las montañas. Creían que se había vendido a sí mismo a los franceses para que les impusieran la tiranía imperialista a través del poder de los Jumblatt. Ciertas bandas de guerrilleros drusos —esto fue ya en 1921— empezaron a hacer incursiones, a luchar, a matar a las tropas francesas que entraban en las montañas e incluso a disparar a los agentes drusos de Fouad Jumblatt. Finalmente, volaron un par de puentes con dinamita.

»La culpa fue atribuida a cierta aldea. Fouad Bey envió allí un gran cuerpo de tropas mixtas y, fruto de su temperamento, hizo una locura que ningún druso en su sano juicio haría jamás. Detuvo a las mujeres drusas junto con los hombres y los metió a todos en una cárcel común. Entre las mujeres estaba la esposa de un famoso guerrillero llamado Shakib Wahab. Cuando Shakib Wahab se enteró de que su mujer había sido arrastrada a la cárcel con un montón de hombres, juró vengarse y organizó un plan para asesinar a Fouad Jumblatt.

»Durante semanas, Fouad sólo se aventuró a salir de este palacio rodeado de tropas en tal número que Shakib y sus hombres no pudieron atacarlo. Finalmente, lo atraparon con una artimaña. Fouad tenía un criado favorito que también era odiado porque era una especie de chacal y espía. Una noche, cuando este criado emprendía el camino de la aldea, el mismo por el que se subía, justo debajo de los muros del palacio, le dispararon con precisión a través de las entrañas, de modo que no murió en el acto, sino que quedó tendido gritando horriblemente. Fouad, que no era ningún cobarde, salió corriendo, seguido por algunos de sus hombres. Cuando se acercó a levantar a su criado herido, fue atravesado por más de cincuenta balas de los fusiles de los hombres que estaban emboscados detrás de las rocas y los árboles.

»Los franceses ofrecieron mil libras de oro por la captura de Shakib Wahab, pero él huyó esa noche de vuelta a través de las montañas y recibió la protección de la familia Atrash. Más tarde ofrecieron a los Atrash incluso más dinero, no para que lo entregaran, sino simplemente para que retiraran su protección. Se negaron. Pero el propio Shakib, en lugar de forzar una guerra contra el sultán Pasha Atrash, huyó al sur, a La Meca, y se convirtió en líder de las fuerzas del rey Alí contra las tribus wahabíes. De carácter violento, pronto se peleó con el rey y se marchó. El rey envió mensajeros y lo persuadió para que regresara. Volvió, dirigió una incursión contra los wahabíes, mató a siete de ellos en combate personal, entre ellos a Faisal Duwish, un jefe wahabí, y trajo como regalo al rey Alí la cimitarra enjoyada de Faisal y la cabeza de éste en una bolsa de cuero. Alí se quedó con la cabeza, pero entregó la espada a Shakib.

»*Sitt* Nazira ha sido más sabia que su marido. Tiene la plena confianza de los drusos y, aunque nunca ha aceptado favores de los franceses, la miran con respeto y buscan su consejo en asuntos de política local.

Después del almuerzo, Said Bey, acompañado de un criado que portaba un gran anillo de hierro en el que estaban ensartadas doscientas pesadas llaves, nos mostró otras partes del palacio: salones y dormitorios equipados con mobiliario europeo; establos en la antigua subestructura, con columnas y arcos de piedra como la cripta de una catedral gótica. Había establos y pesebres para trescientos cincuenta caballos; mazmorras y calabozos, con cadenas y grilletes de hierro aún clavados en las paredes. Una especie de calabozo, protegido por una reja de hierro, dejaba entrever el pequeño río subterráneo que rugía bajo el palacio, brotando en fuentes en las diversas salas y saliendo a través de un muro inferior por la ladera de la montaña.

A la mañana siguiente, después de despedirnos, nos desviamos para ver el palacio de Beiteddine en otra altura al otro lado del valle. Sus grandes cuadriláteros, sus patios y fuentes de mármol, sus lujosos baños abovedados y sus ricos mosaicos, me parecieron un decorado millonario para el cine. Había, sin embargo, un impresionante retrato del difunto Amir Beshir Shihab, un viejo aguilucho feroz con una enorme barba y una quipa negra en lugar de turbante. Había sido un gran mago en su época y se creía que mantenía relaciones directas con Satán. Cuando murió la esposa del emir Beshir, el anciano envió a buscar tres muchachas circasianas en Constantinopla y, cuando llegaron, eligió a la más bonita para que fuera su esposa. Era cristiana y se negó a cambiar de religión. Dijo: «Podéis torturarme o matarme, pero no renunciaré a mi fe». El anciano sonrió y afirmó: «Sin problema. Encontraré a otra esposa. Puedes ir a la cocina y trabajar». Una semana de fregar ollas y sartenes logró lo que las más duras torturas no habrían conseguido. Ella prefería ser musulmana en el salón que cristiana en la cocina, y se convirtió en una buena esposa.

Mientras bajábamos la montaña, le dije que la muchacha circasiana había demostrado una sensatez poco común. Daúd respondió: «Puede que sí, para un cristiano, pero una chica drusa no podría hacerlo. Ninguna drusa se ha casado nunca con nadie que no sea druso. Su padre o sus hermanos la buscarían y le cortarían la molleja, aunque estuviera dormida en brazos del sultán».

Aunque las mujeres drusas a menudo ejercen una poderosa influencia en los asuntos familiares y políticos, dudo que exista otro país, en Oriente o en el resto del mundo, donde la mujer sea tan absolutamente esclava en todos los asuntos que implican matrimonio, sexo y «el honor del hogar». Padre, hermano, hijos, cuando son adultos, ejercen, despiadadamente si es necesario, derechos absolutos de vida y muerte sobre todas las mujeres del hogar. Y esta es la ley entre ricos y pobres en el Monte Druso.

Al casarse, toda novia drusa entrega a su marido un puñal sobre el que ha tejido, con sus propias manos, una funda de lana roja que lo envuelve completamente como un monedero cosido. Este puñal es el símbolo de la pena de muerte que pagará si le es infiel. La funda tejida y cosida es el símbolo de la ley por la que el propio marido no puede desenvainar el puñal a menos que todos sus parientes varones estén muertos, sino que debe devolver el puñal y la muchacha a su padre o a sus hermanos, que pronuncian y ejecutan la sentencia.

«No es por venganza personal», me dijo el joven jeque Fouad Obeyid en Souieda. «No es por nada personal. Es por la pureza de nuestra raza. Es por el bien de los drusos aún no nacidos. La mujer es la copa sagrada en la que nuestra fuerza, nuestra vida y nuestro honor se transmiten de generación en generación. Si la copa se contamina, debe romperse y desecharse».

Son igualmente implacables a la hora de hacer cumplir la ley según la cual ninguna mujer drusa puede contraer matrimonio fuera de su propia raza.

He aquí, brevemente, una tragedia reciente que he autentificado a partir de diversas fuentes. No la cuento para criticar a los drusos, sino para ilustrar los extremos a los que llegan para proteger su pureza racial en un país donde el mestizaje es la regla. La guapa hija de una familia drusa relativamente pobre de la montaña obtuvo el permiso de su padre para ir a trabajar como sirvienta en una casa drusa de Beirut. Unos meses más tarde se enteró de que la muchacha, deslumbrada tal vez por la vida de Beirut, que es como un pequeño París, había dejado a sus empleadores drusos, se había ido a trabajar de niñera con una familia judía, se había quitado el velo y vestía a la europea: faldas cortas, zapatos de tacón alto y medias de seda. Uno de sus hermanos era miembro de la policía rural. Una noche fue de uniforme a la casa judía, detuvo a su propia hermana sin orden judicial y se la llevó a la montaña. La encerraron en el oscuro sótano de la casa paterna durante una semana, y todos los días la «persuadían» para que se arrepintiera. Finalmente, cuando aceptó y juró conservar su velo y trabajar sólo para una familia drusa, la dejaron volver a Beirut. Seis meses después se supo que había conocido a un sargento francés con el que planeaba casarse e irse con él a Marsella. No hubo matrimonio, ni seducción, sólo compromiso. El hermano fue de nuevo y «arrestó» a su hermana. La llevaron a su casa en la montaña, donde se celebró una conferencia familiar y fue condenada a muerte. La noche siguiente la llevaron a lomos de una mula hasta un desfiladero, la estrangularon y enterraron el cuerpo entre las rocas.

En Choueifat, en el verano de 1923, ocurrió un episodio similar. Allí un druso se casó con una drusa que había vivido en Damasco. Más tarde descubrió que un año antes ella había tenido una aventura con un comerciante damasceno, musulmán. No le hizo ningún reproche, pero la llevó a casa de sus padres. Cuando llegó allí al amanecer, la propia madre de la muchacha la obligó a confesar, y su padre la llevó al sótano y la degolló, «sin esperar al desayuno».

Otra muchacha drusa —son casos realmente raros, creo que menos de media docena entre todos los drusos de esta generación— se casó con su primo hermano. Ella le fue infiel, y él se lo contó a sus hermanos, que, por supuesto, también eran sus primos hermanos. Debido a su interrelación, fue una doble desgracia familiar. En lugar de enfrentarse a las habladurías que seguirían si la chica fuera ejecutada de la forma habitual, la obligaron a saltar desde un acantilado en circunstancias que podrían parecer accidentales.

Quiero repetir y poner todo el énfasis que pueda en el hecho de que tales sucesos son extremadamente raros. Debo añadir, en justicia, que me pareció que las mujeres drusas en general eran libres y felices, dentro de la ley.

Y, además, no faltan los romances de amor verdadero en el Monte Druso. Un reciente noviazgo y matrimonio, del que tuve conocimiento directo, fue tan lírico como el Libro de Ruth. Una muchacha llamada Mara, hija del rico jeque Shibli, se enamoró de un joven jornalero pobre de una de las granjas de su padre. Era de clase campesina, pero guapo y valiente en la batalla. La muchacha fue a ver a su padre y le dijo:

—Amo a este hombre.

—¿Se lo has dicho?

—Nunca, padre.

—¿Él lo sabe?

—No se atrevería a saberlo.

—¿Te ha mirado a la cara?

—Una vez, en el pozo, por un instante, vio mis ojos por encima del velo, pero nunca me ha mirado a la cara.

El viejo Shibli replicó:

—¿No sabes que se trata de un hombre común, y que si el padre de tus hijos no es un gran hombre, tus hijos no serán grandes?

Ella respondió:

—Él es valiente, y si mis hijos son valientes, yo estaré contenta.

Un mes más tarde, el viejo Shibli regaló al jornalero extensas tierras, a lo que siguió un feliz matrimonio.

El matrimonio entre los drusos, como entre los musulmanes, es un contrato civil. No va acompañado de ceremonias religiosas. La procesión en la que se lleva a la novia desde la casa paterna hasta la del novio es ruidosa y llena de colorido. Una tarde —creo que era cuando regresábamos de Anz a Souieda— nos encontramos por casualidad con una boda en un pueblo. Primero oímos disparos de fusiles y pistolas, acompañados de un canto rítmico y profundo. Dejamos el coche y entramos en el pueblo a pie.

A la cabeza de la procesión marchaba el novio, un joven delgado, de rostro delgado y pelo trenzado. Llevaba una larga túnica bordada y un abrigo corto azul brillante, de mangas anchas y muy trenzado. En la cabeza llevaba la kefia blanca. A continuación venía la novia a caballo, de lado, vestida de blanco de la cabeza a los pies. Detrás de ella marchaban los guerreros, treinta o más, disparando pistolas y revólveres al aire, blandiendo espadas curvas y dagas, todos cantando o más bien gritando su cántico de garganta profunda, repitiendo sin cesar las cuatro sílabas, acentuadas y de igual longitud, como golpes de tambor:

—¡Beni Maruf! ¡Beni Maruf! ¡Beni Maruf!

Cada línea era «bum, bum, bum, bum» al compás perfecto de la marcha. Significa «somos los hijos de Maruf», un legendario héroe druso del siglo XIII. Detrás marchaban los ancianos del pueblo, serios y silenciosos. Un grupo de mujeres y niños formaban la retaguardia. Algunos hombres nos invitaron a la casa del novio. Por desgracia, teníamos que seguir hasta Souieda.

De las mujeres que conocí en el Monte Druso, la que siempre recordaré más vívidamente es la *sitt* Zainab Umm Yahyah el Atrash, o «bisabuela de los guerreros». Se sentaba encorvada en sus negros ropajes, como una vieja águila enjuta, con nariz de halcón y ojos azul pálido, sobre las esteras de hierba de un elevado diván de piedra en la sala de banquetes del castillo de Orah. Vi generaciones de combatientes que habían brotado de su vientre: jeques Atrash canosos con sus hijos y nietos, cargados con cartucheras, pistolas, puñales y espadas enjoyadas, que se arrodillaban en el suelo de tierra ennegrecido por la grasa y besaban sus manos marchitas.

Entre ellos estaba el sultán Pasha Atrash —esto fue a finales del verano de 1925, sólo unos días antes de que empezara la guerra—, que había venido a pedir consejo solemne a su tía abuela, una mujer de casi noventa años. No sé lo que le dijo, porque hablaban en susurros. Pero lo que sí sé es que al cabo de una semana la canción de guerra drusa resonaba desde las llanuras del Haurán hasta los riscos del Layat.

Sultán Pasha al-Atrash

ENTRE LOS DERVICHES

Capítulo 11

En el palacio de los Mevleví

CUANDO lleguéis a la puerta del palacio —dijo Ahmed—, encontraréis una gran cadena de hierro tendida a lo ancho. Haz el favor de inclinarte ante ella y pasar por debajo, pues es un *deber* que se exige a todos.

«Al entrar en presencia del jeque al-Mevleví, te rogamos que vuelvas a inclinarte, más bajo, tocando con la mano la frente, pues es un hombre santísimo».

Ahmed era un árabe pomposo, de cara regordeta, vestido con ropa de tienda y zapatos de charol, con una estilográfica en el bolsillo del chaleco, una especie de intérprete y criado superior, que había sido enviado a recibirnos en la plaza del mercado de Trípoli, en Siria, y a guiarnos a pie hasta el palacio-monasterio de los derviches, en las colinas detrás de la ciudad.

Mientras zigzagueábamos por un laberinto de callejuelas, Ahmed se adelantó y mi amigo, el doctor Arthur Dray, susurró: «Es cierto lo de la cadena, pero en cuanto al resto, conozco a los Mevleví desde hace años y me inclino a pensar que nuestra bienvenida será menos formal».

Salimos de la ciudad por una escalinata de piedra que conducía a un sendero sobre el desfiladero de un pequeño río. A nuestra derecha se alzaba el castillo de los cruzados que, según la leyenda, perteneció a la reina Melisenda. Otra curva nos permitió ver el palacio de Mevleví, con su cúpula blanca medio oculta por los árboles, sus muros y terrazas que se alzaban desde un acantilado sobre el río, y un molino de agua, un granero y almacenes en el desfiladero.

Llegamos a la puerta, un arco abierto, atrancado sólo por la cadena que Ahmed había descrito, y que conducía a un túnel en la base de un alto muro. El lugar estaba silencioso y parecía desierto. Nos inclinamos forzosamente para pasar por debajo de la cadena, y nos pusimos al abrigo del sol mientras Ahmed entraba para anunciar nuestra llegada.

Unos instantes después, el silencio monacal del interior del palacio se vio roto por una serie de prolongados y poderosos rugidos. Procedían de una garganta humana, pues se distinguían las palabras.

El doctor Dray sonrió alegremente. «Me parece reconocer la voz», dijo. «Será el santón en persona. Está llamando a los sirvientes».

El rugido cesó tan súbitamente como había comenzado, y por el pasadizo bajó apresuradamente el dueño de aquel poderoso alcázar, el reverendísimo y santo jeque Shefieh al-Mevleví, gobernador general hereditario de la Sede Tripolitana de los derviches giradores, y descendiente directo del bendito Profeta...

Llevaba la cabeza descubierta, pantalones blancos anchos, una blusa blanca corta de fina textura que se abotonaba por delante como un chaleco, zapatillas sueltas de cuero rojo de Damasco en sus pies, por lo demás descalzos.

Gritó «bienvenido» en francés y árabe al llegar, abrazó al doctor Dray como un oso pardo, me estrechó la mano, deploró el calor y nos condujo a una terraza donde esperaba que hiciera un poco de brisa.

El jeque al-Mevleví tenía más de sesenta años, pero era sólido como un roble sano. No era un santo vago y anémico, sino un león del islam. Tenía el pelo entrecano y la barba blanca, corta y espesa; la piel sana y rubicunda; la complexión compacta, pesada y musculosa. Irradiaba fuerza física, y sus ojos marrones, que ahora centelleaban de placer, bajo una frente ancha y alta, sugerían una inteligencia igualmente activa y poderosa.

La entusiasta bienvenida, supe más tarde, se debía a que él y el doctor Dray —durante largos años residentes en Arabia— habían pasado literalmente juntos por el fuego y la sangre, trabajando para frenar la crueldad de Cemal Bajá cuando ese archidiablo había estado al mando en Siria durante la Guerra Mundial, y habían formado un duradero vínculo de amistad, aunque no se habían visto desde hacía un par de años.

La terraza por la que habíamos emergido estaba parapetada a la izquierda y dominaba el desfiladero y el pequeño río, que caía en cascada entre las rocas, quince metros más abajo. Una escalera de piedra descendía desde una grieta del parapeto hasta el tejado del molino, y de allí a un jardín inferior.

A nuestra derecha colgaba la alta cúpula, y bajo ella, como el escenario de un teatro, se abría hacia nosotros el *tekke* o lugar de encuentro, una plataforma elevada de madera de unos cuatro metros cuadrados, con una ligera barandilla de madera. Tres metros por encima de la pista, en las tres paredes que sostenían la cúpula y formaban la parte trasera y los lados de la estructura, había balcones estrechos y salientes.

El del centro estaba destinado a los músicos; el del sur, a los invitados especiales; el del norte, protegido por una celosía, era para las damas del harén, que podían contemplar los bailes, permaneciendo ellas mismas más o menos invisibles.

En el extremo inferior de la terraza estaba el ala bajo la cual habíamos entrado por el túnel. En el otro extremo, una corta escalera conducía a la puerta principal del palacio propiamente dicho, con un gran salón de recepciones amueblado al estilo europeo, donde al-Mevleví me permitió más tarde tomar algunas fotografías, y un pasillo que llevaba al harén y a los apartamentos privados del palacio, en los que, por supuesto, nunca entramos. Las dependencias del monasterio, con celdas para los dieciocho derviches residentes, se encontraban en la ladera de la colina, detrás de la cúpula.

En la terraza había almendros, macetas con plantas y flores, y una fuente circular con peces de vivos colores y un chorro de agua que brotaba de su centro; un arroyo de la ladera había sido conducido bajo los muros del palacio, emergiendo para fluir a través de un canal de piedra musgosa y desaparecer retumbando de nuevo en la oscuridad de abajo. De una hilera de tubos colocados en el muro brotaban catorce chorros de agua hacia este pequeño curso de agua.

Cuando venían los criados con jabón y toallas, nos lavábamos las manos y la cara en estos surtidores. Mientras tanto, trajeron sillas europeas y prepararon una mesa al estilo occidental, bajo un árbol, para el almuerzo, con un mantel de damasco blanco y una profusión de vajilla de plata.

Evidentemente, el ascetismo no tenía nada que ver con la hospitalidad derviche, pues al poco rato nos encontramos fumando unos exquisitos cigarrillos de El Cairo con puntas doradas y bebiendo, a sorbos, un delicioso líquido verde pálido, mezclado de uvas blancas recién machacadas y zumo de lima. El jeque al-Mevleví fumaba y bebía con nosotros, charlaba con el doctor Dray y de vez en cuando daba órdenes a los criados para que almorzaran.

El aterrorizado graznido de unas gallinas que se estaban matando junto al río indicaba que la espera podría ser larga, y pasó más de una hora, casi a media tarde, cuando por fin se anunció el almuerzo.

Un cuarto comensal era el hermano del jeque, un hombre de cincuenta años, alto, canoso y bien afeitado, encantador, pero tranquilo y comedido.

El almuerzo fue un festín de *Las mil y una noches*, con más de veinte platos, y duró dos horas. Pollos enteros asados y pollo con arroz, almendras y pasas; cordero en brochetas; cordero envuelto en hojas de parra y cocido en aceite de oliva; cordero estofado con berenjenas; cordero cocido con granos de pimienta; deliciosas ensaladas; pepinos pelados en la mesa y comidos como se come la fruta; no menos de seis postres, empezando por una gran sartén de natillas, pasando por toda la gama de pasteles con frutos secos molidos y miel, para terminar finalmente con sandías enfriadas en la fuente.

El santísimo jeque tenía un apetito que habría sido la envidia de cualquier pecador, pero a pesar de toda la exuberancia de su bienvenida, del elaborado lujo material de nuestro entretenimiento y de su evidente disfrute de todo corazón de la deliciosa comida, percibí continuamente que había otro lado en este hombre, y sentí que su abundante vitalidad física no era incompatible, tal vez, con poderes que podrían ser igualmente inusuales en otras direcciones. Me habían dicho que era un gran místico, y no estaba dispuesto a dudar de ello aun basándome en pruebas superficiales.

Sin embargo, mi mente seguía tambaleándose con su propia noción preconcebida de la santidad derviche. Francamente, esperaba encontrarme con un pálido asceta, no tendido en harapos sobre un lecho de púas, pero al menos tan absorto en su visión interior que fuera totalmente indiferente a las cosas mundanas y materiales. Me resultaba difícil conciliar esta imagen mental con la realidad que tenía ante mí, mientras observaba al jeque Shefieh inhalando exuberantemente el humo de un cigarrillo con punta de oro y saboreando su café como un gourmet.

De hecho, me molestaba tanto que me atreví a contarle lo que me pasaba por la cabeza, casi tan claramente como lo he expuesto aquí. No le hizo gracia ni se ofendió. Y estaba dispuesto a discutir el asunto.

«¿Sabes algo de misticismo?», me preguntó, y le contesté: «Un poco; pero soy un triste ignorante, como ves, sobre los derviches».

«Hay muchos derviches de otras sectas», respondió, «que encajarían perfectamente con el tipo de asceta que tenías en mente, y, ¿quién puede decir si son más o menos santos?... pero los ascetas no se encuentran generalmente entre los Mevleví».

«El término *derviche* se aplica a más de treinta sectas diferentes del islam, cuyos monasterios están repartidos por todo el mundo musulmán, desde el Bósforo hasta China».

«Estas sectas se parecen en que todas son místicas, y se parecen en el sentido de que todas son fraternidades religiosas, que han surgido de la filosofía sufí. Pero aquí cesa la similitud. Todos se llaman derviches, como todos los miembros de las cofradías religiosas cristianas se llaman monjes. Pero difieren —incluso más que las sociedades monásticas cristianas— en las reglas de vida, la vestimenta, la teología y los rituales».

«El objeto de todo misticismo es la aprehensión, a través de la contemplación y el éxtasis, de verdades más profundas que cualquiera a la que pueda llegarse por la lógica o la fría razón. La meta última del místico es la unidad con Dios, pero los caminos hacia esta meta son divergentes. Una escuela busca alcanzar este estado superior mediante el dolor y el ayuno, mediante la destrucción de todos los placeres y deseos sensuales. A esta escuela pertenecen todos los ascetas de cualquier credo que practican la castidad, la pobreza, la penitencia y la auto-tortura. A ella pertenecen, entre las sectas derviches, los *bektashi*, mendigos que hacen voto de pobreza; los *rufai*, o derviches aulladores, que se cortan el cuerpo con cuchillos y se queman con hierros candentes; los *sadi*, o devoradores de fuego, que practican una magia propia, capaces de devorar ascuas y morder las cabezas de serpientes venenosas».

«Pero otros, como nosotros los Mevleví, creemos que el alma y el cuerpo son igualmente divinos, que el alma crece, como una flor, en el tallo del cuerpo. Aceptamos toda belleza material y sensual como el verdadero espejo de la belleza divina. Y buscamos esta belleza divina, esta armonía inefable en la que todas las cosas se convierten en una, a través de la más perfecta y espiritual de las formas de belleza material: el ritmo de la música y la danza».

«Una de nuestras leyendas es que el Profeta, tras experimentar una iluminación trascendental, impartió a Alí ciertos misterios interiores, ordenándole que los mantuviera en secreto, ya que no eran para la mente común. El secreto se hinchó en el pecho de Alí y huyó al desierto por temor a que estallara. Llegó a un pequeño oasis y, al querer beber en un manantial, abrió la boca y el secreto se derramó en el agua. Meses más tarde, un pastor errante encontró una caña que crecía al borde del manantial, la cortó y le dio forma de flauta. Cuando la tocaba, nacían melodías de una belleza tan arrebatadora que sus rebaños se olvidaban de pastar, y cuando otros nómadas le oían tocar, sus corazones se emocionaban y lloraban de alegría. Hasta que al fin, Mahoma oyó el tañido del pastor, se desmayó y dijo: Alí ha revelado el secreto, porque esta flauta canta el misterio sagrado».

Mientras al-Mevleví hacía una pausa, pensé en cómo esta visión había llegado de forma similar a muchos hombres en otras tierras y otros tiempos. Pensé en el poema *La flauta de Pan*, que cantaba a «las estrellas danzantes, a la tierra y al cielo, al amor, a la muerte y al nacimiento», en William Blake, Thompson y otros místicos cristianos que habían encontrado a Dios a través de la belleza, y en la oda eufórica de Keats.

Intenté citar sus últimas líneas y traducirlas lo mejor que pude al árabe. El venerable jeque se mostró muy interesado.

«Nuestro propio *pir*», dijo, «fue uno de esos poetas, uno de los más grandes de todo el islam, y también escribió sobre la identidad última de la belleza, la verdad y Dios. Su nombre, que tal vez conozcas, era Yalal ad-Din, un sufí persa que llegó a Konya en el siglo VI (siglo XIII, según los cálculos cristianos), cuando se estableció allí el sultanato turco. Enseñó filosofía en el colegio real y fundó la Orden Mevleví. Konya sigue siendo nuestro centro, y allí, en su gran palacio, habita nuestro gran jeque, Mohamed Bakhir Chelebi, uno de los señores más sagrados, y también uno de los más ricos, del mundo islámico».

Pregunté a nuestro anfitrión por la extensión y el poder actuales de la orden. Nos dijo que contaba con más de mil monasterios, algunos ricos y otros pobres, distribuidos principalmente por Turquía, Arabia, el norte de África y parte de Persia. Los más importantes, dijo, estaban en Konya, Constantinopla, Alepo, aquí en Trípoli (Siria), Damasco, Jerusalén y El Cairo.

En su opinión, los monjes Mevleví que residían permanentemente en los monasterios serían menos de treinta mil, pero los miembros laicos de la orden aumentarían el total a ciento cincuenta mil, tal vez incluso más. Entre los miembros laicos, nos dijo, había varios sultanes gobernantes, y ahora había muchos príncipes nativos y hombres de importancia política. Sólo en Trípoli, dijo, entre los miembros laicos había un exalcalde de la ciudad, un antiguo jefe de policía y un famoso profesor de literatura. Todos ellos se dedicaban a sus ocupaciones habituales, pero acudían al *tekke* a determinadas horas para participar en los rituales y las danzas.

El sol aún estaba alto y el aire bochornoso cuando terminamos nuestra charla. El jeque y el doctor Dray se retiraron a dormir la siesta. Yo bajé por la escalera de caracol hasta el jardín, me tendí en la hierba bajo un árbol junto al pequeño río y me quedé dormido.

Me despertó al atardecer, justo antes del crepúsculo, una voz que exclamaba: «¡Oh, señor inglés!». Era un criado, enviado a buscarme. Le seguía una chica guapa, descalza y sin velo, que traía un cuenco de *labne* (cuajada de leche) y que, arrodillada, me ofreció mientras yo yacía en la hierba. Su falda corta estaba un poco raída, pero llevaba una chaquetita bolero elegantemente bordada en plata deslustrada. Una melena despeinada de pelo castaño rojizo la convertía casi en una belleza.

«Que tus manos sean bendecidas», le dije —una educada frase común de agradecimiento—, y luego, como era muy bonita —y obviamente no musulmana—, pensé que no haría ningún daño en decírselo. Se sonrojó, se rio y sacudió la cabeza. Deduje que era una cristiana circasiana y una especie de lechera. También era muy feliz. Entonces la conversación languideció. Mientras yo tomaba el *labne*, ella se sentó sobre sus talones y me observó con sus grandes ojos verdes de gata, salpicados de marrón dorado. Un ruiseñor cantaba y el pequeño río murmuraba sobre las rocas.

Reflexioné sobre la descripción que hizo Mahoma del Paraíso: «Habrá palmeras y granadas, fuentes y jardines agradables bajo los cuales correrán ríos, y bellas doncellas de ojos grandes».

Y también reflexioné sabiamente que ya era hora de irme a otra parte.

El doctor Dray estaba solo en la terraza superior, bostezando, y pronto se dispuso a acostarse. Aquella noche no volvimos a ver al jeque al-Mevleví. Los bailes ceremoniales estaban fijados para la noche siguiente, el segundo viernes del mes. Nos fumamos un último cigarrillo y nos retiramos. En la alta cámara de invitados que ambos ocupábamos había dos somieres de latón y otras comodidades europeas. Un ruiseñor seguía cantando en el jardín bajo nuestra ventana, y yo tardé mucho en dormirme.

Al día siguiente, antes de presenciar la danza, quise que el jeque al-Mevleví me explicara su propósito y significado.

El doctor Dray se mostró dubitativo, pero yo insistí en mi sincero interés y accedió a transmitir mi petición.

Creo que al-Mevleví intuyó que mi deseo se basaba en algo más que una simple curiosidad académica. En cualquier caso, me pidió que fuera a verle a solas, y le encontré sentado sobre un pequeño diván dentro de una especie de capilla de paredes desnudas. Era el mismo hombre que había hecho retumbar el palacio con sus gritos a nuestra llegada, y, sin embargo, no era el mismo. Ahora llevaba el alto sombrero derviche, enrollado en la base con el pañuelo de seda verde de su cargo, y vestía un manto gris. Pero el cambio iba más allá de la mera forma exterior. Tenía los brazos cruzados sobre el pecho. Su rostro era grave y su voz suave cuando me invitó a sentarme. Me llevé los dedos a la frente y me senté a sus pies en una alfombra de hierba.

Permaneció en silencio durante lo que pareció un largo periodo de tiempo, y luego habló:

—Tenía intención, al llegar al rosal, de llenar de rosas los faldones de mi túnica para ofrecérselas a los hermanos a mi regreso. Pero cuando llegué al rosal, su olor embriagó de tal modo mi alma que el borde de mi manto se escapó.

»No hay palabras, hijo mío, que puedan impartir de un hombre a otro el secreto final. Porque Dios es la armonía divina en todas las cosas: en el girar de la Tierra y las estrellas, en los latidos medidos del cuerpo humano, en el acto rítmico de la procreación; en el fuego y el agua, en los truenos y los vientos; en el vuelo y los cantos de los pájaros o los insectos más pequeños; en el aliento de la vida misma cuando el aire entra en los pulmones y sale por las fosas nasales.

»Todos los caminos pueden llevar a Dios, y cada uno debe elegir el que le parezca mejor. Pero tú quieres que hable del camino que hemos elegido los Mevleví: cómo, a través del ritmo, buscamos fundirnos con la armonía divina.

»Hemos descubierto que conduce a tres etapas o condiciones.

»La primera es simple dicha. El alma está exaltada, pero en paz. Parece perder la identidad, convertirse en nada en sí misma y, sin embargo, abarcar toda la creación. Lo llamamos unidad negativa.

»El segundo es el poder, y no todos los hombres pueden alcanzarlo, pues requiere un uso deliberado de la conciencia y la voluntad en un momento en que el alma ha perdido todos los deseos ordinarios. En este estado se realizan los llamados milagros. Incluyen el poder de comprender los pensamientos de los demás, la intuición de acontecimientos lejanos, pero nunca de acontecimientos futuros; a veces el poder de influir en un acontecimiento material. Estos poderes son misteriosos, pero no más que la radio o el teléfono occidentales, que al sintonizarse con cierta vibración pueden hacernos materialmente conscientes de un acontecimiento lejano; ni como la cuerda de una gran arpa, que, entonada y puesta a vibrar a cierto ritmo, puede romper un vaso de cristal a distancia.

»El tercer estado es la unidad positiva, en la que el alma se inunda no sólo de un sentimiento de beatitud emocional, sino que crea visiones conscientes de belleza y gloria, y es consciente de su propio estado elevado. En este estado y más allá se encuentra el misterio final, que es inefable, y también peligroso para ciertas mentes, ya que libera fuerzas poderosas, potentes tanto en el bien como en el mal.

»Estas cosas que te he contado son huecas y vacías, salvo que tú mismo puedas darles un significado; sin embargo, quizá te ayuden esta noche a comprender parcialmente nuestro ritual.

Eran las nueve de la noche cuando el doctor Dray y yo subimos al balcón sur, bajo la cúpula. El pabellón estaba brillantemente iluminado desde arriba por lámparas de aceite. La pista de baile estaba vacía, salvo por una piel de oveja teñida de rojo brillante, que estaba colocada delante del *mihrab* (nicho) en la pared sur, debajo de nosotros, indicando la dirección de La Meca. La orquesta ya estaba sentada, al mismo nivel que nosotros, en el balcón a nuestra derecha: flauta de caña, cítara, tambor y un cantante, con sus altos sombreros marrones y túnicas del mismo color.

Justo enfrente, en el balcón norte, pero detrás de una celosía, había cinco mujeres vestidas de blanco y con velo. Salvo por los brevísimos destellos de sus ojos, cuando de vez en cuando apartaban la esquina de un velo para mirarnos, no podíamos ver nada de sus rasgos, pero me dio la impresión de que una era anciana y que tres de ellas, al menos, eran jóvenes y posiblemente hermosas. Eran las esposas y una hermana de al-Mevleví y su hermano.

En completo silencio, doce derviches entraron en solemne procesión, en fila india, con sus altos sombreros marrones y sus largos mantos negros, descalzos, con la cabeza inclinada hacia delante, los brazos cruzados sobre el pecho y cada mano agarrada al hombro opuesto. Se dispusieron en dos filas, sentados sobre sus talones, a derecha e izquierda, uno frente al otro, con las cabezas aún inclinadas.

Entró un decimotercer derviche y se sentó en medio de la pista de baile, mirando hacia el sur, hacia la piel de oveja roja y el nicho que había debajo de nosotros. Era el Sema Zan, o anciano, que actuaría como maestro de ceremonias. Su capa era marrón, como las de los músicos. El negro sólo lo visten los bailarines.

Algunos llevaban barba corta, otros estaban afeitados. Su edad oscilaba entre los más de cincuenta años y uno o dos jóvenes que parecían tener menos de veinte. Mantenían la cabeza inclinada y los ojos casi cerrados.

Cuando el jeque al-Mevleví entró y se sentó sobre la piel de oveja, no hicieron ningún saludo, sino que permanecieron en silencio, inmóviles. Su túnica era gris pálido, de textura fina y brillante. Su sombrero era más alto que los demás y llevaba en la base un gran turbante verde ceremonial.

El ritual comenzaba con un himno místico, seguido de la fátiha ortodoxa en alabanza a Alá y con oraciones especiales que nombraban a Chelebi, Yalal ad-Din y Mahoma.

Los músicos iniciaron entonces una marcha lenta, en tempo de cuatro por cuatro retardado. El jeque, que se había levantado, se giró e hizo dos profundas reverencias, una desde la derecha y otra desde la izquierda, hacia el lugar que había abandonado. Esto era para invitar a la presencia espiritual de Yalal ad-Din, fundador de la orden.

Luego volvió a colocarse sobre la piel de oveja, mientras los derviches se levantaban de uno en uno y, con un espacio de metro y medio entre ellos, iniciaban una lenta marcha circular alrededor de la pista de baile. Al pasar ante el jeque, cada derviche se inclinaba ante él, y luego se volvía para inclinarse ante el derviche que le seguía en la procesión. Dieron tres vueltas a la pista.

El tempo de la música cambió a un ritmo extraño que no pude seguir, mientras la flauta de caña empezaba una melodía aguda. La marcha cesó. El Sema Zan despojó a los derviches, uno a uno, de sus largas capas negras, dejando al descubierto las voluminosas faldas que caían hasta sus tobillos desnudos. Estas faldas se ceñían a la cintura y se ceñían aún más con fajas, por encima de las cuales llevaban chaquetas de cintura corta de diversos colores oscuros, con mangas largas y apretadas.

El derviche, cuya túnica había sido desechada en primer lugar, se presentó ante el jeque, con el dedo gordo del pie derecho cruzado sobre el izquierdo y los brazos cruzados. Hizo una profunda reverencia y besó la mano del jeque. A continuación, el jeque acercó sus labios al sombrero del derviche. La música había vuelto a cambiar. La flauta aún sostenía una melodía cantarina, acompañada por las amplias armonías de la cítara de muchas cuerdas; pero el tambor comenzó un ritmo sin acento, en un tempo de uno a uno.

Entonces este derviche comenzaba lentamente el *zikr*, o giro. Dejaba caer la cabeza sobre el hombro izquierdo, cerraba los ojos y, apoyándose en el talón izquierdo como eje, comunicaba el movimiento giratorio con el pie derecho, manteniendo ambos pies juntos. Al principio el giro era muy lento, pero fue aumentando gradualmente de velocidad, mientras sus brazos parecían desplegarse y estirarse automáticamente, hasta que el derecho estaba horizontal desde el hombro hasta el codo, doblado verticalmente hacia arriba en el codo, la mano doblada hacia atrás, con la palma hacia arriba; mientras que el brazo izquierdo se extendía recto horizontalmente, con la palma hacia abajo. A medida que aumentaba la velocidad, la falda se desplegaba, hinchándose hacia arriba y hacia fuera, hasta girar en un gran círculo casi a la altura de la cintura por encima de los holgados calzoncillos blancos.

Uno tras otro, los doce hombres pasaron por este ritual hasta que todos se arremolinaron, salvo el propio jeque y el Sema Zan.

Incluso cuando habían alcanzado su impulso máximo, no giraban a la misma velocidad. Las revoluciones variaban de sesenta y cuatro por minuto a unas treinta. La media era de unas cincuenta, casi una vuelta completa por segundo. Sus cuerpos eran rígidos. Giraban como trompos. Sus rostros estaban tranquilos, inexpresivos. No cabía duda de que habían entrado en trance, en estado de *hal*, como lo llaman ellos.

Al cabo de once minutos, el Sema Zan se levantó y golpeó enérgicamente el suelo, en señal evidente de que se detuviera. Pero sólo dos de los bailarines lo oyeron, y tuvo que dar una palmada y volver a dar un fuerte pisotón, como para despertar a la gente de un profundo sueño, antes de que todos le hicieran caso y se quedaran inmóviles. No se tambaleaban como lo harían los hombres mareados, sino que permanecían inmóviles como estatuas, con la cabeza inclinada hacia delante y los brazos cruzados de nuevo sobre el pecho.

Despacio, dieron tres vueltas alrededor del suelo del *tekke*, y cuando cada uno de ellos pasó por delante del jeque por tercera vez, éste comenzó de nuevo a girar. En esta segunda ocasión giraron durante diecinueve minutos. Cuando llegó la tercera y última señal para detenerse, se hundieron en el suelo y permanecieron sentados mientras el Sema Zan iba de uno a otro, recolocándoles los mantos negros sobre los hombros. Seguían como en un sueño.

La música cesó y en el silencio se oyó la profunda voz del jeque al-Mevleví:

El hombre de Dios se enaltece sin vino.
El hombre de Dios está más allá del bien y más allá del mal.
El hombre de Dios está más allá de la religión y más allá de la infidelidad.
El hombre de Dios ha cabalgado al lugar donde todo es uno.

Y me di cuenta de que aquí, incluso más que en las palabras que me había dicho aquella tarde, estaba la clave del profundo secreto interior de la fe derviche. Era panteísmo puro, en su forma más atrevida y avanzada. Para estas almas exaltadas, Dios no era ni padre, ni maestro, ni juez. Dios era la vida misma. Y para cada uno de ellos, cuando se hacía uno con toda la vida a través de la visión eufórica, el centésimo nombre secreto de Dios era «Yo».

Me fui a dormir pensando en esto, y al día siguiente, cuando al-Mevleví me preguntó si me había impresionado la ceremonia, le conté lo que pensaba sin reservas.

Su rostro era más severo y serio de lo que jamás le había visto. Levantó una mano solemne, de advertencia.

«Cuidado, hijo mío. Aquí hay un gran peligro y destrucción para las mentes débiles. El necio, cuando es cegado por una iluminación demasiado grande para su entendimiento, grita: "¡Yo soy Dios!", y es destruido por su blasfemia. Sin embargo, el hombre puede decir sin temor: Dios soy yo». Entonces citó a Yalal ad-Din, que dejó escrito:

Cuando los hombres imaginan que adoran a Alá, es Alá quien se adora a sí mismo.

Luego, suavizando su expresión, me habló de una visión mística que había experimentado personalmente y que, según él, contenía tanto la verdad como un peligro mortal. Le había parecido estar subiendo la cima de una montaña en busca de Dios, y había llegado por fin a un gran trono blanco, pero no se atrevía a mirar el rostro de *Aquel que estaba sentado allí*. «Atrévete a levantar los ojos», gritó una voz. Levantó los ojos, y el rostro que contempló era el suyo.

Empecé a sentir que las cosas que había oído decir del jeque al-Mevleví a los árabes nativos que lo consideraban un hombre santo eran ciertas en un sentido muy profundo. Y volví a reflexionar que, por orgullosa y peligrosa que pareciera la doctrina al-Mevleví, no estaba tan alejada de la del místico cristiano que proclama que ningún hombre puede encontrar a Dios excepto en su propio corazón.

Capítulo 12

El salto de Daidan Helmy

UNA noche de luna me quedé solo bajo los almendros, en la terraza del palacio de los derviches giradores, en las colinas detrás de Trípoli, y me incliné sobre un parapeto para mirar el pequeño río entre las rocas de abajo.

Enseguida oí el suave y lento caminar de unos pies resbaladizos sobre las losas. Era mi amigo y anfitrión, el venerable jeque al-Mevleví. Me cogió la mano, pero no habló. Ambos estábamos atrapados en el hechizo de la noche oriental. La melodía apenas audible de una flauta de caña flotaba desde una ventana en penumbra, más allá de la cúpula blanca del *tekke*.

Permanecimos largo rato en silencio junto al parapeto, y entonces el jeque dijo lentamente, como quien comulga con sus propios recuerdos: «Fue desde aquí desde donde saltó Daidan Helmy, en la hora más oscura de su vida y de la mía».

Me pregunté qué tragedia se escondía tras sus palabras, y estaba ansioso por oír más, pero sólo si era su deseo hablar. Así que no respondí hasta que añadió:

—¿Has oído hablar de Daidan Helmy?

—No —respondí—. ¿Era tu amigo, alguien a quien querías?

—Apenas eso, pero seguramente no un enemigo, aunque trajo tristeza y muerte a mi casa. Supuse que su nombre ya te sería conocido porque Daidan Helmy era (y sigue siendo) el más grande de todos los músicos derviches Mevleví y, por lo tanto, el más destacado de todo el islam. Cuando cantaba era como la voz del arcángel Israfil. Pero sentémonos junto a la fuente y te contaré su historia. A medida que se desarrolle, verás que el mal involuntario que causó aquí no fue más que un oscuro hilo tejido en un tapiz de muchos colores que, al final formó un diseño de armoniosa belleza.

»Quiero que lo veas como yo lo conocí, en nuestra sala capitular de Damasco. Él dirigía la orquesta y tocaba con talento los tres principales instrumentos derviches: la flauta de caña, la cítara y el laúd. Pero lo más maravilloso de todo era su voz, una voz melodiosa y dulce. En su infancia había hecho el voto de cantar sólo canciones de alabanza a Alá y a los misterios divinos.

»Las noches en que los derviches bailaban en Damasco, las damas musulmanas de alta alcurnia, y a menudo también los *farengi*, acudían en masa al *tekke* y abarrotaban las galerías para sentarse embelesadas mientras él cantaba.

»Era un hombre joven, apuesto, de ojos profundos y brillantes, de piel suave y cabello negro suelto, totalmente absorto en la belleza de la música y en la santa contemplación, indiferente a la admiración y a la fama mundana.

»Sin embargo, su fama creció hasta llegar a oídos del gran maestre de nuestra orden, Mohamed Bakhir Chelebi, sobre quien sea la paz, y fue invitado a la corte del gran palacio derviche de Konya, en Turquía, donde cantó como nunca antes lo había hecho. Los hermanos reunidos estaban exaltados, y las damas del palacio, veladas y ocultas tras ventanas enrejadas, escuchaban embelesadas, como lo habían hecho sus hermanas de Damasco.

»Los lamentables sucesos que entonces ocurrieron en secreto en Konya son ahora conocidos por todos los Mevleví. Entre las damas de la corte había una hermosa joven, de nombre Firdús, hija del jeque derviche Adham y sobrina del propio Chelebi. Mientras estaba sentada, con velo y escuchando embelesada, en compañía del resto, apartó la esquina de su velo, como haría cualquier jovencita, miró a través de la pantalla, contempló al cantante y el dardo del amor atravesó su corazón.

»El camino de una doncella enamorada es siempre el mismo en todas las tierras. Una tarde, mientras Daidan Helmy paseaba solo por el jardín del palacio, ella apareció en una ventana por encima de su cabeza y se las ingenió para dejar caer su velo, y que él contemplara su rostro. Su corazón, a su vez, fue golpeado por su mirada, y olvidó el voto solemne por el que había consagrado su voz de oro sólo a Dios. Alzó la voz y cantó:

> Tu cara es como la luna;
> tus ojos son como estanques profundos,
> en los que me ahogo.
> Tu boca es una granada,
> del Árbol de la Vida.

Y ella le respondió con otra canción:

> Tus ojos son fuego,
> eso me quema el alma.
> Tu voz es miel,
> goteando de las estrellas.

»Si hubieran reflexionado razonablemente, hubieran confesado de inmediato su caso y hubieran pedido consejo a la familia de la doncella, no se habría producido una tragedia tan grave, pues el matrimonio está permitido, como sabéis, entre los Mevleví, y todo podría haberse arreglado felizmente. Pero se dejaron llevar por la primera dulce locura de su amor. Se citaban en secreto, paseaban y conversaban en un ciprés cercano al palacio. Una sirvienta reveló sus encuentros al jeque Adham, padre de Firdús, que en su furia ardiente fue directamente a Chelebi.

»Firdús fue castigada y encerrada en el harén durante un año y un día. Daidan Helmy fue desterrado de la corte y de Turquía, enviado de vuelta a hacer penitencia en su propio *tekke* en Damasco.

»Se marchó sumido en la tristeza, y mientras el tren lo llevaba por los montes Tauro, cada vez más lejos de la damisela, enloqueció de dolor. Quiero decir que una verdadera locura se apoderó de él mientras estaba sentado en el compartimento del tren. Sacó el laúd y la cítara de sus estuches, los estrelló contra las paredes y empezó a arrancarse las vestiduras y a arrojarlas por la ventanilla del vagón.

»Afortunadamente, entre sus compañeros de viaje había algunos damascenos que lo reconocieron y dijeron: "Seguramente este santo no es un loco común". Lo contuvieron con toda la delicadeza posible, trataron de calmarlo e hicieron que llegase sano y salvo a la sala capitular de Damasco.

»Durante muchos días estuvo postrado, y luego pareció recuperarse parcialmente. No dio más señales de locura, sino que se sumió en la infelicidad, silencioso y sumido en la miseria, día tras día, incapaz de tocar, cantar o rezar.

»El jeque de Damasco, que es mi amigo y un alma muy gentil, estaba lleno de simpatía, al igual que todos los hermanos. Y al cabo de unas semanas, cuando Daidan Helmy pidió un largo permiso para viajar, con la esperanza de que eso le hiciera olvidar su pena, se le concedió libremente el permiso, y partió, seguido por sus oraciones.

»Nadie conoce la historia de su lejano peregrinaje, y menos que nadie él mismo, salvo que cruzó fatigosos desiertos y montañas, buscando siempre el olvido. Una vez, más tarde, cuando por casualidad vio un cuadro de la gran mezquita de Isfahán, se cuenta de él que dijo: "Fui golpeado y echado de esta puerta por los mendigos" y también se cuenta que después de su regreso un *hajji* le cogió de la manga, le miró inquisitivamente a la cara y dijo: "¿No eres tú uno de esos que viajaron por el camino de Samarcanda?"

»Las estaciones cambiaron, pasó un año entero, y una noche de primavera, cuando empezaban a florecer los primeros arbustos, Daidan Helmy se plantó ante la puerta —aunque no le conocíamos— y gritó: Soy un hermano que pide asilo.

»Mis guardianes pensaron que era un *bektashi* errante (secta separada de derviches mendigos que hacen voto de pobreza), pues tenía el pelo largo y enmarañado, el rostro demacrado y cubierto por una barba negra y áspera, y su atuendo no era el de los Mevleví. Un viejo turbante andrajoso le rodeaba la frente; su capa estaba cubierta de barro y colgaba hecha jirones. Sus piernas estaban sucias y llenas de zarzas.

»Así apareció cuando lo trajeron ante mí, y también pensé que era un *bektashi*. Pero se arrodilló y me besó la mano como no lo habría hecho ningún *bektashi* y, en lugar de saludarme con el "*salam aleikum*" de los musulmanes ajenos a nuestra secta, pronunció el saludo ritual Mevleví, que es uno de los nombres secretos de Alá.

»Respondí con otro nombre secreto del Altísimo, y pregunté: "Pero, ¿quién eres tú, oh hermano, y cómo ha caído un Mevleví en este triste caso?".

»Y él contestó: "Yo soy ese Daidan Helmy que tus propios ojos han visto en el *tekke* de Damasco. He sufrido, y mi corazón está muerto, pero purificado, y ahora quisiera volver, como es mi deber, a mi propia sala capitular para morar una vez más entre mis hermanos".

»Reconocí que era él. Lo abracé y besé su frente, y llamé a unos sirvientes que lo llevaron a los baños, lo bañaron y lo frotaron con aceite, lo afeitaron y trataron de peinarlo; pero estaba enmarañado y se vieron obligados a cortárselo cerca de la cabeza. Y le prepararon nuevos vestidos apropiados, con la túnica marrón y el *kulah* (sombrero alto), de modo que volvió a ser un Mevleví entre nosotros.

»Le dije: "¿Permanecerás aquí con nosotros y recuperarás tus fuerzas, o mandaré que te traigan un coche desde Trípoli para mañana, para que puedas irte a tu *tekke*, al otro lado de las montañas?".

»Respondió: "Por tu gracia y la de Alá, me quedaré aquí unos días, me darás un poco de dinero y cogeré el barco de Trípoli a Beirut para ir en tren a Damasco".

»"Descansa a tus anchas, pocos o muchos días, en la paz de Alá, y cuando estés listo para partir será como desees", le respondí. Y mandé que le prepararan una habitación en el *tekke*, y ordené que le cocinaran alimentos fuertes por la mañana y por la noche. Y se me ocurrió poner una flauta junto al *Mesned* (el libro poético sagrado de los misterios derviches) en el taburete de su habitación, para que si su alma sentía la necesidad pudiera consolarse con la música.

»El primer día permaneció meditando en silencio; al atardecer del segundo día sopló en la flauta, pero las melodías eran tristes y entrecortadas. Al tercer atardecer —o tal vez fue el cuarto— volvió a tocar, y la melodía se elevó como un pájaro prisionero que vuelve a subir al cielo, y los hermanos se reunieron en el *tekke* para escuchar, mientras los sirvientes se detenían en los campos de abajo. Uno dijo: "Es un ángel que canta en el Paraíso".

»Y otro dijo: "No, es aquel cuyo corazón Alá ha curado de su profunda herida".

»"¡*Inshallah!*", respondieron los otros, y en ese instante, mientras exclamaban, la melodía vaciló en su vuelo, y gimió, y terminó.

»Pero al día siguiente volvió a tocar, y sentimos realmente que su herida estaba curada. Así que cuando llegó el segundo viernes, e hicimos los preparativos para la danza ritual, invité a Daidan Helmy a dirigir la música, al frente de nuestra propia orquesta, la misma que habéis oído.

»Todo fue bien aquella noche, hasta que los hermanos se arremolinaron en su *hal* extático, mientras la música, dirigida por las notas de su flauta de caña, palpitaba con ritmos y melodías de celestial belleza.

»Ya conoces nuestro ritual y has visto cómo los músicos se disponen en un balcón sobre nuestra pista de baile, y has visto cómo el ceremonial requiere que en ciertos momentos me levante de mi asiento y me ponga de pie mientras los bailarines pasan ante mí. También habréis observado que para este ceremonial me visto, como todos los gobernadores de *tekke*, con una túnica diferente a las demás, con un sombrero más alto y un turbante de seda verde.

»Al levantarme aquella noche, mis ojos se vieron obligados a mirar hacia arriba, hacia los músicos, y cuando levanté la cara, Daidan Helmy gritó. Mientras los demás dejaban de tocar asombrados, él lanzó su flauta hacia abajo, de modo que golpeó mi pecho, y todo fue confusión. Mientras los músicos le sujetaban con las manos, volvió a gritar y se arrancó un brazo.

»Estirándose hacia mí, gritó: "¡Horror y profanación! ¡Hay un impostor entre vosotros! ¡Ese hombre no es nuestro jeque! ¡No! Es el demonio de barba blanca".

»Amigo mío, puedes adivinar fácilmente ahora, como yo comprendí rápidamente entonces, el significado de aquella espantosa escena. Esta alma afligida e infeliz, arrastrada por la belleza familiar del ritual, embelesada por la música familiar, se imaginó de nuevo en su propio *tekke* de Damasco, de modo que cuando me levanté sus ojos esperaban inconscientemente contemplar la forma y los rasgos de su propio jeque, un hombre de menor estatura, barba más oscura y porte diferente al mío. En medio del asombro, olvidó todo lo que había pasado y se apoderó de él su antigua locura.

»Ni yo ni ninguno de los hermanos pudimos, por tanto, considerarle culpable. Más bien nos apenábamos por su nueva aflicción y tratábamos por todos los medios de calmarlo. Pero la locura persistía y no se dejaba dominar. Así que le despojamos de su sombrero y sus vestiduras y le pusimos ropa común, no por deshonra o vergüenza, sino porque sería indecoroso para alguien cuya mente estaba nublada llevar las vestiduras consagradas de la orden. Como estaba agotado de luchar contra nosotros, le dimos un somnífero y lo encerramos durante la noche en su habitación. Su sombrero y sus vestiduras fueron sellados en un paquete marcado con su nombre y guardados, para devolvérselos con todos los honores cuando la nube se hubiera disipado.

»Estas cosas ocurrieron en el mes de Ramadán, de modo que, contrariamente a nuestra costumbre en otras estaciones, volvimos a bailar la noche siguiente. El demente había permanecido todo el día exhausto, pero tranquilo, y había sufrido de buena gana las ministraciones de nuestro médico.

»Pero la locura volvió a apoderarse de él aquella noche, y se arrancó las vestiduras, de modo que quedó desnudo, y huyó de su cámara por un corredor que daba al balcón, y saltó como una cabra en su desnudez, estrellándose contra la barandilla de madera, cayendo al suelo entre nosotros, gritando: "¡Pobre del falso jeque!".

»Lo agarramos y le pusimos pesadas cadenas en los brazos, y lo llevamos forcejeando a una cámara, donde yació sobre un jergón como un muerto. Pero, aun así, por si se volvía violento, le pusimos otra cadena alrededor de la cintura y la atamos a una argolla de hierro, para que no escapara y se hiciera daño a sí mismo o a otros. Y planeamos que al día siguiente enviaríamos un mensajero a Damasco, pidiendo que fuera trasladado allí.

»Pero, por desgracia, el día siguiente fue demasiado tarde. Esa misma noche ocurrió la tragedia. Tú eres mi amigo, y puedo hablar de ello. Yo tenía una hija muy querida, Yamile, que aún era más niña que mujer, pero que estaba en la edad en que termina la niñez y comienza la feminidad. Vivía querida y protegida, acorde con las costumbres musulmanas. Pero ella no estaba en mis pensamientos en aquella malhadada noche de noches. Estaba angustiado y despierto. Me paseé por la terraza y finalmente descendí a la terraza de abajo, en el tejado del molino junto al río.

»Una cosa debes entender antes de que continúe, de lo contrario no podría hablar en absoluto. El horror que siguió fue del alma. El daño que sufrió mi Yamile fue infligido sólo al espíritu.

»Yamile, por supuesto, yacía durmiendo aquí arriba, allá en el harén. Yo estaba allí abajo, a altas horas de la noche, cuando oí su grito repentino. Y luego un silencio espantoso.

»Se detuvieron los latidos de mi corazón. Entonces grité, y las fuerzas volvieron a mí mientras subía hacia arriba. Otros ya se habían precipitado a la terraza. Juntos corrimos hasta el pasillo del harén, y yo descorrí la cortina, mientras ellos se detenían detrás de mí.

»No estaba oscuro. Las lamparillas de noche estaban encendidas. Mi hija yacía como sin vida entre los cojines de su diván, y arrodillado sobre ella, con las manos encadenadas entrelazadas, estaba el demente Daidan Helmy. Pero su rostro no mostraba signos de locura ni era malvado. Estaba tranquilo, como iluminado. No me vio ni levantó los ojos, pero había oído el ruido de nuestros pies en el corredor, porque dijo en un suave susurro: "¡Silencio! Quédate quieto. Camina suavemente de puntillas, que mi señora duerme".

»Pero entonces levantó los ojos y me vio, y le sobrevino la cólera, se puso en pie de un salto y trató de matarme con sus pesadas cadenas. Me abalancé sobre él y lo sujeté, y llamé a los hermanos en mi ayuda, y lo vencimos. Después de romper la cadena que lo sujetaba, había vagado por casualidad por los corredores y, al encontrarse con la muchacha dormida, en la penumbra debió de imaginar que era su propia Firdús, perdida en Konya. No había querido hacerle daño, pero la conmoción que había sufrido era demasiado grande. Día tras día caía en una profunda depresión que ningún médico podía curar, y murió al final del Ramadán, cuando las primeras flores caían de los árboles.

»Esa misma noche, cuando se llevaban a Daidan Helmy, éste se soltó de sus garras en la puerta exterior del corredor, saltó desde el parapeto y se rompió las dos piernas contra las rocas. Creímos que se había suicidado, pero el destino quiso un final distinto. Fue trasladado a un hospital de Trípoli. Al cabo de seis meses se recuperó de sus heridas y recobró la razón.

»No hay más tristeza, sino sólo una bendita conclusión a la historia de su extraña vida. Vino a nosotros cuando se recuperó y se postró ante mí para pedirme perdón por el dolor que había causado. Pero no había nada que perdonar, pues los actos de alguien cuya mente está nublada no son suyos, sino que están totalmente en manos de Alá. Entonces puse sobre su frente el beso de la fraternidad y la paz, y le devolvimos sus vestiduras y alabamos su recuperación. "Quisiera empezar mi vida de nuevo y en lugar de volver a Damasco, pediría permiso para refugiarme en algún *tekke* pobre y lejano", dijo. Así que fue trasladado lejos, a un *tekke* bajo Jerusalén, y ya no era el cantor cuya voz había sido una gloria, sólo uno entre los más humildes de los hermanos, y pasaba sus días en oración y contemplación de los misterios.

»Pero cuando todos estos asuntos llegaron a conocimiento de Chelebi, nuestro gran maestre en Konya, los meditó profundamente, y mandó llamar a Firdús, la hija del jeque Adham, y ella vino y se arrodilló ante él.

»Habían pasado casi dos años y la muchacha tenía ahora dieciocho, una edad avanzada para que una hija musulmana de buena familia esté sin marido. La habían buscado para casarse, pero había rechazado a todos los pretendientes, incluso cuando su padre la instó a elegir entre ellos, y no es costumbre entre los Mevleví obligar a una muchacha a casarse contra su voluntad.

»Chelebi le dijo mientras ella se arrodillaba ante él: "¡Oh hija!, respóndeme a esta pregunta. ¿Quién gobernará aquí en mi lugar cuando yo descanse?"

»Ella respondió: "Pues gobernará tu hijo, sobre el que recaiga la paz: el que ahora es gobernador y jeque del gran palacio-monasterio de Alepo".

»Responde con verdad, hija mía, y el que un día será Chelebi ha enviado a pedir tu mano en matrimonio. Su barba es negra como la seda. Está en la gloria de la juventud. Cuando yo fallezca, tu esposo reinará aquí, y cuando tú y él fallezcáis, tu primogénito se sentará en el trono de piel de oveja.

»Esto lo dijo para buscar lo que pudiera haber oculto en su corazón. Ella escuchó asombrada, y contestó llorando: "Mi señor, el honor es mayor que cualquiera que haya soñado, pero estoy desolada, pues mi corazón murió cuando el que cantaba fue desterrado y enviado lejos".

»Chelebi la levantó de sus rodillas, la besó en la frente y le dijo que se fuera en paz. Inmediatamente, llamó a su chambelán y le ordenó que telegrafiara a la sala capitular de Jerusalén para que enviara un mensajero rápido al pequeño *tekke* donde Daidan Helmy se sentaba en el exilio, y lo convocara a Konya.

»Cuando llegó Daidan Helmy, Chelebi proclamó una fetua (una especie de pronunciamiento religioso en el islam), y cuando los hermanos estuvieron reunidos dijo: "Está escrito que los caminos de Alá son inescrutables, y está escrito que ningún hombre puede luchar contra su destino. Si uno enloquece por el amor de una doncella y luego recobra la razón, pero con el corazón aún desolado, ¿no se le dará su mano en matrimonio, no sea que la locura se apodere de él una vez más, y las consecuencias sean pesadas para quienes han tratado de separarlos?"

»Entonces todos los hermanos, incluido el padre de Firdús, gritaron: "¡Así sea, oh él más justo de los musulmanes!". Se preparó un gran banquete nupcial, y cuando habían pasado tres días, Daidan se acercó a la doncella y la convirtió en su esposa. Todas estas últimas cosas que sucedieron en Konya me fueron relatadas, amigo mío, por el propio Chelebi, la paz esté con él, y un día si visitas Konya oirás la voz dorada de Daidan Helmy, y le dirás de mi parte que no hay amargura en mi corazón...

El jeque al-Mevleví dejó de hablar y se hizo de nuevo un largo silencio entre nosotros, sentados junto a la fuente.

Capítulo 13

En la sala de tortura *rufai*

A pesar de ser un hombre santo y místico, mi amigo, el jeque Shefieh, era eminentemente práctico.

El maestro y el catecúmeno, es decir, él y yo, viajábamos como peregrinos por el largo y caluroso camino de Damasco hacia el norte. Pero no con las tradicionales sandalias polvorientas, bastón y macuto. Íbamos cómodamente sentados en el amplio maletero de un potente Renault, lujosamente tapizado por *Kellner et ses Fils*, que antaño fabricaban carruajes para reyes y reinas. Sentí lástima por Saulo de Tarso, que había recorrido aquel camino a pie, y me pregunté si Dios no le habría infundido la santidad mediante una insolación.

Íbamos a toda velocidad con la capota del coche echada hacia atrás para aprovechar la brisa y permitir una mejor visión del paisaje. Mi venerable compañero, cuya santidad ya estaba suficientemente establecida en el islam, se había quitado su alto sombrero de derviche y lo había sustituido por un gorro de lana para evitar superfluos milagros actínicos. Si no fuera porque este gorro era blanco y negro en lugar de escarlata, y sus vestiduras gris perla, podría haber sido tomado por algún cardenal barbudo del Renacimiento. Ciertamente, ningún cardenal desde aquella época sobria y medio pagana podría haber masticado con tanto gusto humano los verdes pepinos jóvenes arrancados de su propio jardín de palacio con los que ambos nos refrescábamos de vez en cuando.

El objetivo de nuestra peregrinación era un monasterio de los *rufai*, o derviches aulladores —una secta fundamentalmente distinta de los derviches giradores— en las montañas, entre Hama y Alepo. Para la noche siguiente, viernes de la semana cristiana, pero primer sábado musulmán de luna nueva, estaba programada una ceremonia ritual *rufai*, y el jeque al-Mevleví me iba a llevar a verla.

Llegamos a Hama a media tarde de un jueves, y yo esperaba que él siguiera adelante para que pudiéramos pasar la noche con los *rufai*. Pero los gendarmes franceses nos advirtieron que había un grave peligro de bandidos al anochecer en las colinas, así que nos alojamos en un hotel, regentado al estilo europeo por un armenio, donde me sentí pecaminosamente orgulloso de verme en compañía de alguien ante quien el propietario y los sirvientes se inclinaban como si fuera un rey. Nos dieron una habitación con dos camas y un salón privado, donde nos sirvieron la cena más tarde. Mi piadoso, pero práctico amigo, mientras tomaba un delicioso melón y café turco en pequeñas tazas, me ofreció uno de sus largos cigarrillos perfumados de ámbar, y me dio a entender que mejor así. Al día siguiente veríamos bastante —y quizá demasiado— de los *rufai*. Era una hermandad sincera y consagrada, me dijo, y había aportado algunos santos notables al calendario musulmán, pero eran más admirables por su piedad que por su limpieza, y tenían la costumbre de servir, incluso a sus invitados más distinguidos, un guiso de carne de cabra en el que también sumergían las manos. Supuse, y resultó acertado, que la sala capitular de los *rufai* nos resultaría un contraste algo llamativo con su propio palacio-monasterio que habíamos dejado el día anterior en Trípoli, con sus espaciosos salones y cúpulas, lujosas terrazas, fuentes, jardines y elaborada cocina.

El viernes por la mañana salimos tarde de Hama y, tras un pequeño retraso para sacar nuestro gran coche de una zanja en la que se había embarrancado cuando el chófer intentó atropellar y matar a una hiena que cruzaba la carretera en diagonal, llegamos a nuestro destino. Se trataba de un viejo edificio de piedra con tejado plano, situado en una ladera árida, con un ala de madera desgastada por la intemperie hasta alcanzar el color de la piedra.

El jeque *rufai* en persona salió a recibirnos. Era un hombre que acababa de sobrepasar la mediana edad, de aspecto kurdo, penetrantes ojos negros, escasa barba, pero con una larga cabellera oscura y oxidada que le colgaba sobre los hombros; descalzo, con una basta camisa de cáñamo o lino sin blanquear, una túnica negra y un turbante negro enrollado alrededor de su fez de copa baja. Contrastaba asombrosamente con el jeque Mevleví, cuyas vestiduras gris perla de la más fina textura, sombrero alto, turbante de seda verde y bastón con mango de marfil lo hacían tan elegante como una figura de alguna antigua miniatura persa iluminada. Sin embargo, se abrazaron como hermanos. Ambos eran jeques gobernantes, derviches y místicos. Pero sus respectivas personalidades y atuendos mostraban lo totalmente diferentes que eran las dos sectas y lo completamente opuestos que eran sus modos de vida.

Al-Mevleví me presentó como un estudiante especialmente interesado en todas las ramas del misticismo, lo que en cierto modo era cierto. Después de ofrecernos agua y café sin endulzar, en una sala desprovista de toda decoración y mobiliario, excepto un estandarte del Profeta y unas cuantas esteras de hierba esparcidas sobre los bajos divanes de piedra construidos contra las paredes, habló rápidamente con al-Mevleví durante unos instantes y luego, dirigiéndose a mí, me dijo en un árabe más lento que, puesto que yo estaba interesado en el *turuk* (los caminos del conocimiento), tal vez me interesara echar un vistazo a uno o dos de los hermanos que en este día sagrado estaban en *melbús* (el estado místico).

Dio una palmada fuerte, pero nadie respondió a la llamada, y gritó varias veces: «¡*Ya Mehmed!*». Por fin apareció un derviche en la puerta, tocándose la mano en la frente.

«¿Qué hermanos han alcanzado el *melbús*?».

El hombre reflexionó y respondió lentamente con cuatro nombres. Nur Adesh era uno, y creo que Fahim, con otros dos nombres que no recuerdo.

El jeque parecía ligeramente contrariado. Dijo, con la curiosa naturalidad que tan a menudo me sorprende entre los místicos orientales: «Cuatro. No sabía que fueran tantos. Es lamentable, ya que habrá cuatro menos para la ceremonia de esta noche».

Atravesamos un pasillo vacío, subimos un corto tramo de escaleras, pasamos varias puertas cerradas en un segundo pasillo y llegamos a una que abrió el jeque.

En el suelo de piedra, en el centro de una celda monótona cuyo único mobiliario era un jergón desgastado, había un hombre sentado, encorvado como una momia azteca. Una ancha correa de cuero, ennegrecida y grasienta, le rodeaba el cuerpo y le cruzaba la espalda justo por debajo de las axilas; luego volvía a cruzársela por la base del cuello y se abrochaba bajo sus rodillas flexionadas, de modo que su cabeza quedaba sujeta entre ellas. Sus brazos colgaban libres y flácidos. Estaba desnudo hasta la cintura, descalzo y sólo llevaba un par de calzoncillos holgados. Estaba inmóvil, salvo por su respiración lenta y constante, y parecía inconsciente. El jeque *rufai* nos dijo que se había sujetado en esa posición y que permanecería así durante un día y una noche, tal vez incluso un poco más, cuando volvería a un estado normal de conciencia y probablemente se liberaría, pero si estaba demasiado entumecido o agotado gritaría, y uno de sus hermanos vendría y lo liberaría. Ya llevaba allí unas diez horas, y hacía tiempo que había pasado al *melbús*, de modo que entramos en la celda y hablamos sin necesidad de bajar la voz.

En otra celda, a la que sólo mirábamos por la puerta y donde nos advirtieron que guardáramos silencio, había un *rufai* que acababa de pasar al «estado místico». Había atado una cuerda en un lazo doble desde el techo, se había envuelto la muñeca izquierda con trapos, la había introducido en el lazo suelto y colgante, y luego se había retorcido una y otra vez, hasta que el lazo se apretó en su muñeca, y la cuerda retorciéndose doblemente se hizo cada vez más corta. Ahora colgaba rígido con los talones a unos cinco centímetros del suelo, pero con las bolas de ambos pies firmemente plantadas, para soportar una parte de su peso. Aun así, la mayor parte del peso del cuerpo parecía estar suspendido de su muñeca. La mano estaba morada, las uñas negras, los tendones del largo y demacrado brazo tensos como cuerdas, el hombro izquierdo levantado y el derecho caído. El brazo derecho colgaba flácido y libre. Tenía la cabeza inclinada hacia delante sobre el hombro derecho caído, como un hombre crucificado, pero al inclinarme pude ver sus rasgos. Tenía los ojos cerrados y la cara rígida, pero no había rictus, ni distorsión, ni mueca retorcida que sugiriera dolor. Cuando salió, muchas horas después, del *melbús*, sólo tuvo que girar un par de veces sobre sus pies, para que la cuerda retorcida se desenrollara por sí misma y lo liberara.

Sentí que ya había visto suficiente, pero había un método más que el jeque quería que viera, porque, según dijo, era el más antiguo y clásico entre los *rufai*, y el que primero se enseñó. Se llamaba *chibeh*. Resultó ser, o al menos a mí me lo pareció, mucho menos severo que los otros. El hombre se sentaba en el suelo con las piernas cruzadas, los brazos cruzados sobre el pecho, los hombros un poco inclinados hacia delante, la barbilla levantada y la cabeza ligeramente inclinada hacia atrás por una cuerda que se sujetaba en las trenzas del pelo y que corría hacia arriba formando un ángulo con la pared que tenía detrás. En este caso, la tensión no era grande. La cuerda en sí no era pesada. Un tirón fuerte la habría roto. Pero bastaba para mantener la cabeza fija en su posición. Su barbilla inclinada me hizo pensar en las abrazaderas de hierro que había conocido de niño en los estudios fotográficos antiguos, y me pareció que podrían haber servido para ese propósito casi tan bien como la cuerda.

El jeque *rufai* nos condujo de nuevo a la sala de recepción y nos dejó descansar durante una o dos horas. Dormimos en los duros divanes y más tarde nos trajeron la cena. Resultó ser el estofado de cabra que los Mevleví habían pronosticado con una marcada falta de entusiasmo, pero lo teníamos todo para nosotros, y no nos fue tan mal, ya que contenía el hígado entero, que siempre es tierno y delicioso.

Cuando aquella noche nos condujeron a la sala del *tekke*, donde comenzaba la ceremonia ritual, fue como retroceder mil años en el tiempo. El jeque al-Mevleví, que estaba a mi lado, aunque en apariencia era una figura esotérica de Oriente, se convirtió de pronto en alguien tan familiar y cotidiano como cualquier amigo de Nueva York.

Era un gran consuelo, porque no había absolutamente nada que pareciese ni remotamente relacionado con el sano y seguro mundo del siglo XX. Incluso las lámparas de hierro que se encendían y humeaban en sus soportes a lo largo de la pared eran planas, bulbosas y amorfas. El vestíbulo era de piedra, rectangular, de unos doce metros de largo y casi igual de ancho, de techo bajo y oscuro. Un nudoso y pesado pilar de madera se alzaba —no en el centro de la sala, donde debería estar un pilar—, sino cerca de una de las paredes, donde no era necesario para sostener el techo. Me pregunté para qué estaría allí. Me resultó desagradable. Había un fuerte olor a incienso, tal vez aceite de sándalo, mezclado con especias desconocidas.

En semicírculo, los veinte o más derviches *rufai* estaban sentados en el suelo, ataviados con gorgueras bajas y turbantes negros, la mayoría con el pelo largo y descuidado, y capas negras que les cubrían los hombros, desnudos hasta la cintura. Todos entonaban en tono monótono un «Alá, Alá» repetido sin cesar, que no se interrumpió con nuestra entrada.

Frente a ellos había un brasero, con un lecho incandescente de carbón, del que salían los mangos de cuchillos, largos alfileres de hierro, como espetones, con mangos de madera, y atizadores de hierro sin mango alguno. Junto a este brasero, sobre una sucia piel de oveja sin teñir, estaba sentado su jeque, vestido como los demás, salvo que llevaba una camisa bajo la capa. Se levantó a nuestra entrada, se acercó a nosotros, se inclinó, abrazó al-Mevleví y luego se inclinó hacia mí. Susurraron juntos. Por sus gestos, adiviné que invitaba al-Mevleví a sentarse a su lado sobre la piel de oveja, pero él prefirió quedarse conmigo, y nos dieron asiento en un diván de piedra cubierto de estera, a un lado, contra la pared.

Durante diez minutos más continuó el monótono canto, con las dos sílabas del «Alá» igualmente acompasadas y acentuadas, como el rítmico golpeteo de un tambor. Entonces, una voz irrumpió de repente en el ritmo, con un fuerte «*¡ya hu!*» (¡oh, él que es!), y significaba que el que gritaba había sentido la presencia divina. Tras este primer «*¡ya hu!*», el jeque gritó «*¡Alá akbar!*» (¡Dios es grande!). Luego otros dos o tres retomaron el grito, «*¡ya hu!*», mientras el cantor bajo en monótono aceleraba, rompía el ritmo, hasta que cada uno en una especie de frenesí extático gritaba el nombre de Alá, en un alboroto loco y aullante.

De repente, uno de los derviches se puso en pie de un salto, se quitó la capa y volvió a saltar al aire, desnudo hasta la cintura. El jeque *rufai* se levantó al mismo tiempo, cogió del brasero un largo espetón al rojo vivo por el mango de madera y empezó a agitarlo salvajemente en el aire. Debió de agitarlo durante un minuto. El largo y puntiagudo pincho de hierro tenía menos de un cuarto de pulgada de grosor, y el brillo rojo se desvaneció rápidamente. Imagino que tuvo tiempo de enfriarse considerablemente. El otro derviche dio un rodeo, saltó alrededor del jeque y aulló, luego retrocedió, con la cabeza apoyada de lado contra el pilar de madera, con la boca abierta, y se quedó rígido, inmóvil. El jeque le introdujo el escupitajo en ángulo en la boca y, con un sólido golpe de puño, se lo clavó en la mejilla y lo inmovilizó contra el pilar.

Mientras tanto, los demás se habían puesto en pie de un salto, se habían despojado de sus capas y se habían cogido de las manos, aullando y saltando en círculo alrededor del brasero. Luego rompieron el círculo y se precipitaron hacia las brasas incandescentes, agarrando cada uno, al parecer, el primer utensilio caliente que se les puso a mano en la confusión. Los agitaron mientras reanudaban su loca danza, y los aullidos volvieron a tomar el ritmo de sus pies para convertirse en un canto salvaje y frenético, salvaje, exultante, eufórico.

Sentí que reaccionaba, contra mi voluntad, a la excitación emocional. Recordé el primer avivamiento metodista al que había asistido con una escéptica seguridad adolescente en Carolina del Sur, del que salí sonrojado y avergonzado porque los cantos y gritos orgiásticos me habían hecho temblar. Ahora tenía la misma sensación, seguida rápidamente del mismo desprecio por mí mismo. Esperaba que el jeque al-Mevleví no me hubiera estado observando. Esta tensión emocional interior fue breve, y pronto concentré mi mente con suficiente claridad para estar bastante seguro de ciertos detalles que siguieron.

Todos los utensilios al rojo vivo empezaron, casi de inmediato, a desvanecerse y enfriarse mientras se agitaban en el aire, pero vi a un hombre con un atizador, cuando aún estaba bastante rojo, sacar la lengua y lamerlo repetidamente, pero cada vez con la rapidez de un rayo. Hubo contacto real, al menos durante unos segundos, porque vi salir vapor. Otras se habían perforado la carne de los pechos con largas y afiladas púas y alfileres, y ahora saltaban con ellos clavados y colgando, pero ninguno de los que vi estaba aún al rojo vivo. Estaban clavados transversalmente, a no más de medio centímetro de profundidad en cualquier punto, sólo a través de la piel y la carne, no lo suficientemente profundo como para traspasar los músculos acordonados, y salían de nuevo en un punto tres o cinco centímetros más allá del lugar donde se habían insertado. No vi a ninguno de los que blandían cuchillos clavárselos en el cuerpo. Se cortaban los hombros y los pechos con los filos de los cuchillos para que corriera la sangre, aunque no se hacían cortes profundos. Miré hacia atrás en busca del hombre que habían clavado en la columna, sin embargo, ya no estaba allí. Se había soltado, o lo había soltado el jeque, y supuse que ahora saltaba y aullaba con los demás.

El frenesí duró unos veinte minutos; luego, sin ninguna señal que yo pudiera observar, empezó a remitir gradualmente. Primero uno, luego otro, se hundieron en el suelo, hasta que todos volvieron a sentarse, con las cabezas inclinadas casi hasta las rodillas, en absoluto silencio.

El jeque se acercó a ellos y les echó la capa sobre los hombros. Tras unos instantes de silencio, dio una palmada. Se levantaron lentamente, formaron una procesión, rodearon la sala, inclinándose ante él, y se retiraron.

El jeque *rufai* les siguió y no volvimos a ver a nuestros anfitriones aquella noche. Cuando regresamos a la sala de recepciones, nos encontramos con que nos habían colocado dos jergones limpios sobre los divanes de piedra, sin almohadas, pero con edredones de algodón acolchado para cubrirnos.

Antes de acostarme salí y me senté un rato en la ladera, bajo las estrellas y la luna creciente. Los chacales aullaban. Me pregunté si, cuando las bestias aullaban a la luna, también ellas participaban inconscientemente en una vaga especie de adoración. ¿Formaba todo parte del mismo impulso divino: los melancólicos aullidos de los animales, los himnos metodistas de avivamiento, los cánticos frenéticos de los *rufai*, las flautas y danzas Mevleví, los tamtams de la jungla africana, tal vez incluso los saxofones de los clubes nocturnos de Londres y Nueva York? Invocación de Pan, de Dios, de Alá, de Príapo, pero siempre la llamada a algo cósmico, inmenso, más allá.

Un lobo en un acantilado o Debussy extasiado ante su piano, ¿era todo lo mismo? Sentí que estaba a punto de descubrir algo, de alcanzar mi propia iluminación mística.

Pero cuando nos despertamos a la mañana siguiente, yo estaba prácticamente interesado, sobre todo, en examinar si era posible, antes de abandonar el monasterio, a algunos de los derviches que se habían cortado y quemado la noche anterior.

Quería ver si había alguna base de verdad en las historias traídas por los viajeros que habían sido persuadidos de que había algo de paranormal en estas ceremonias y sus consecuencias.

El jeque *rufai* se mostró cortésmente dispuesto. Llamó a varios que me permitieron examinar sus heridas tan de cerca como quise, e incluso tocarlas. Las heridas eran todas superficiales y parecían ya en proceso de cicatrización, pero no con una rapidez anormal o «mágica». En cuanto a las quemaduras, eran insignificantes, por la sencilla razón, creo, de que todos los utensilios, después de ser agitados en el aire, habían reducido su temperatura, todavía lo suficientemente calientes, tal vez, para cauterizar, pero no para infligir llagas ardientes.

Nada, en efecto, podría ser más científicamente antiséptico que un hierro calentado al rojo vivo y luego dejado enfriar parcialmente. Observé en sus pechos y hombros muchas cicatrices antiguas que se habían curado perfectamente. Las heridas recién hechas eran reales, pero no observé ninguna que hubiera impedido a cualquier individuo normal y sano ocuparse de sus asuntos al día siguiente. Pregunté al jeque con qué frecuencia practicaban este rito, y me dijo que nunca más de una vez al mes, y a veces con menos frecuencia. Le pregunté si consideraba que las heridas rituales cicatrizaban con una rapidez sobrenatural, y me dijo que desde luego que no, que eran como cualquier otra herida, pero que en el momento en que se las infligían el *rufai* no sentía dolor porque ya estaba en «trance». Si no sentían nada, le pregunté, ¿de qué servía hacerlo?

«Pero sí sentimos algo», respondió, «es una especie de dicha en la que el cuerpo y el alma se exaltan».

Mi árabe no estaba a la altura de estos matices, pero repitió sus palabras una y otra vez, y cuando tuve dudas, al-Mevleví tradujo cuidadosamente en francés. «Debes entender», concluyó, «que no es un objeto, no es una cosa en sí misma, es sólo un medio, una forma de abrir una puerta». Y con eso tuve que contentarme.

De regreso a Damasco, nos detuvimos de nuevo en Hama para almorzar y nos sentamos en el comedor principal del hotel, donde la comida y el servicio de mesa eran europeos. El cambio de ambiente fue total. Oficiales franceses en uniforme (algunos con sus esposas), turistas en trajes deportivos, viajeros comerciales, unos pocos sirios, en su mayoría vestidos a la europea, ocupaban las mesas vecinas.

Era un lugar incongruente para una lección sobre las ramas superiores del misticismo sufí, pero fue allí donde al-Mevleví me enseñó una que nunca olvidaré. Habíamos estado discutiendo sobre los *rufai*. Yo había insistido obstinadamente en que cualquier sistema que implicara la autotortura y la mutilación era definitivamente «erróneo». Había dicho que me parecía repugnante en el cristianismo ascético y aún más repugnante en esta extraña secta islámica que habíamos visitado. Había citado su propia frase de que «el alma crece, como una flor, en el tallo del cuerpo, y ambos son santos». Había expresado la mayor admiración por los caminos de armonía y belleza que él y todos los derviches Mevleví seguían, pero no me gustaban los *rufai*. Y no entendía cómo él —un aristócrata estético a pesar de su verdadera piedad— podía ser tan comprensivo con sus ritos salvajes.

Ahora, mientras estábamos sentados a la mesa, reanudó la conversación.

«Hablando del cristianismo», dijo, «contiene muchas verdades hermosas, pero también un gran error. No hay un camino único, recto y estrecho hacia Dios. Hay muchos caminos, de número infinito».

Cogió una servilleta y la enrolló alrededor de un azucarero, de modo que formó una pequeña montaña en forma de cono, que me invitó a considerar.

«Supondremos», dijo, «que el pico, la cima de la montaña, representa la Unidad o a Dios. Y supondremos, alrededor de la amplia base de la montaña, hombres que desean alcanzar la cima. Desde cualquier punto de la base, la dirección hacia la cima no es norte, sur, este u oeste; es hacia arriba. Pero la montaña es demasiado escarpada para que cualquier mortal pueda subirla en línea recta; así que algunos se dirigen hacia el este y otros hacia el oeste por senderos serpenteantes que se elevan cada vez más. Un grupo que viaja hacia el este se encuentra con otro que viaja hacia el oeste. Cada uno pregunta al otro: "¿Hacia dónde vais? A Dios", gritan ambos. Y entonces, si no tienen sabiduría, cada uno grita al otro: "Estáis perdidos. Venid, dad la vuelta y venid con nosotros". Y entonces, ay, amigo mío, discuten y condenan, sin saber en su insensatez, que todos los caminos conducen a Dios, si sólo suben hacia arriba. Te ruego, amigo mío, que tengas cuidado de no caer en semejante insensatez cuando regreses a tu país y recuerdes esta vieja tierra».

ENTRE LOS YAZIDÍES

Capítulo 14

En la montaña de los adoradores del Diablo

—PERO, te repito, efendi, que yo mismo lo he visto.

El orador era Najar Terek Bey, un viajero turco y antiguo capitán de caballería, que había sido mi amigo de confianza en Estambul, y a quien me alegró encontrar de nuevo en Alepo.

Estábamos tomando café en su pequeño jardín después de una partida de billar, y me contaba cosas que, viniendo de casi cualquier otro hombre, yo habría tachado de fantasía.

Habíamos estado hablando de los yazidíes, una secta misteriosa diseminada por Oriente, más fuerte en Arabia del Norte, temida y odiada tanto por musulmanes como por cristianos, porque eran adoradores de Satán.

Me había contado cómo, tres años antes, había visitado la fortaleza sagrada de los yazidíes, en las montañas al norte de Bagdad, en la frontera kurda, cerca de Mosul, de un extraño templo, construido sobre terrazas de roca excavadas en los acantilados de la ladera de la montaña, en el que no se le había permitido entrar. Pero se suponía que contenía la gran imagen de bronce de un pavo real y que conducía a cavernas subterráneas donde todavía se realizaban ritos sangrientos en adoración del Diablo. Había visto una de sus maravillosas siete torres, o «casas de poder», una alta estructura blanca en forma de cono con brillantes rayos que destellaban desde su pináculo, y fue aquí donde le interrumpí.

Le interrumpí porque ya había oído hablar más de una vez de aquellas siete torres, y las creía tan absolutamente míticas como el reino subterráneo chino o las cuevas de Simbad. Los cuentos que había oído antes, y que son ampliamente corrientes en Oriente, pueden reducirse a esto:

Extendiéndose a través de Asia, desde el norte de Manchuria, a través del Tíbet, hacia el oeste, a través de Persia, y terminando en el Kurdistán, había una cadena de siete torres, en las cimas de montañas aisladas; y en cada una de estas torres se sentaba continuamente un sacerdote de Satanás, que «transmitiendo» vibraciones ocultas controlaba los destinos del mundo para el mal.

Y ahora aquí estaba un hombre que, aunque seguramente no creía en tales tonterías, me dijo tranquilamente que, cualquiera que fuera su propósito exacto, las torres dedicadas al servicio de Satanás existían realmente, y que él había visto una de ellas con sus propios ojos.

Me aseguró además que, en su opinión, aunque él había ido disfrazado de comerciante kurdo, yo podría ir abiertamente y sin excesivo peligro y ver más de lo que a él le habían permitido ver. Los yazidíes, según le habían dicho, eran amistosos con los angloparlantes, porque los ingleses, instalados en Irak, habían puesto fin a los asesinatos y masacres de yazidíes que habían sido frecuentes bajo el dominio musulmán.

Su ciudad santa, me dijo, se llamaba Lalish. No había carreteras que llevaran hasta allí, pero se podía llegar por senderos de montaña, a lomo de mula, desde Mosul. Fuimos a su biblioteca y sacamos un mapa. La señora Seabrook y yo ya habíamos pensado en cruzar a Irak, tarde o temprano, pero esperábamos volver primero a Damasco y recoger allí uno de los convoyes motorizados vigilados de la Compañía Británica de Transportes Nairn, que transportaba pasajeros y el correo terrestre del desierto desde el puerto de Beirut a Bagdad. Terek Bey me dijo, sin embargo, que aunque era demasiado peligroso arriesgarse a viajar directamente de Alepo a Mosul, podríamos ahorrar tiempo y dinero cruzando Arabia del Norte en un coche alquilado «por nuestra cuenta», siguiendo el valle del Éufrates desde Alepo a Bagdad; y que llegar de Bagdad a Mosul después sería un asunto fácil.

Esa misma noche volvió conmigo al Hotel Barón, donde mi mujer y yo nos alojábamos, y localizamos a un joven conocido como George, que, aunque oficialmente sólo era el jefe de botones, era la persona más competente del lugar. Encontró a dos propietarios de garajes, a pesar de lo tarde que era. Mi mujer estaba entusiasmada con el cambio de planes propuesto. Consultamos, discutimos, regateamos y, finalmente, uno de ellos accedió a proporcionarnos un coche con chófer por veinte libras de oro.

Nos dijeron que podríamos llegar en tres días de duro camino, bajando por el valle del Éufrates hasta Deir er-Zor, de ahí a Anah, y luego al sudeste a través del desierto hasta Bagdad.

Era miércoles por la noche, y se acordó tomarnos un día para prepararnos y empezar al amanecer del viernes.

El jueves a la hora de comer, cuando volvimos de comprar gafas ahumadas, cascos de médula y conservas, mi amigo Najar Terek Bey me estaba esperando.

Había encontrado a un árabe que podría darnos más información sobre los yazidíes y me llevaría a verle aquella tarde. Este hombre, Dwali Fadan, resultó ser un comerciante de algodón que había vivido en Mosul. Hablamos con él en su tienda, cerca del bazar. Al principio se mostró voluble, pero cuando empezamos a insistir, admitió que nunca había estado entre los yazidíes. Su información procedía de un primo que había comerciado con ellos, y era vívidamente definida, pero no fácilmente creíble.

Dijo que los yazidíes estaban gobernados por un *mir* llamado Said Beg, que había asesinado a su propio padre por la sucesión. Habló del patio de un templo en el que se adoraba a una serpiente negra y de sacrificios sangrientos al pie de una torre blanca. Y contó una historia aún más fantástica sobre una costumbre entre los yazidíes, según la cual cada noche se llevaba una joven virgen al sumo sacerdote, con un pesado «corsé» de plata enjoyada atado a la cintura, y que ningún yazidí tomaba a una doncella por esposa hasta que no hubiera sido sometida a ciertos ritos abominables.

Yo no creía entonces que hubiera un ápice de verdad en esa historia, pero ahora tengo en mi poder una pesada faja nupcial yazidí tan ancha que «corsé» es mejor nombre para ella que cinturón, y los propios yazidíes me admitieron, cuando por fin llegué a Lalish y me gané algo de su confianza, que el «derecho de la primera noche» existe como parte de su ley, aunque declaran que el actual *mir* no lo pone en práctica.

Pero me estoy adelantando demasiado al relato, que, aunque no pretenda ser una historia de viajes, debe incluir, al menos en sus mínimos detalles, la aventura que nos ocurrió en el valle del Éufrates.

Nuestra salida de Alepo y las primeras horas de viaje transcurrieron sin incidentes. Atravesamos una llanura estéril por una carretera que no era más que un sendero, pasamos por aldeas con casas como colmenas construidas de barro, con forma de cono, y llegamos, después de ochenta kilómetros o más, al río, ancho y amarillo, que fluía entre orillas de arcilla dura y cocida.

Seguimos su orilla sur a lo largo de llanuras arcillosas, duras y planas como el suelo de una pista de patinaje. Daúd, nuestro chófer, un tipo enjuto de unos treinta años, parecía de fiar con su caqui manchado de grasa y su gorra negra de piel de oveja; pero me apenó descubrir que era cristiano y, por tanto, probablemente armenio, aunque él lo negó enérgicamente.

Era agradable cabalgar por la mañana temprano, pero a las nueve el calor y el resplandor eran insoportables. Hacia el mediodía empezaron a aparecer a nuestra derecha, siguiendo el río, acantilados de arcilla y arena, coronados ocasionalmente por gigantescas ruinas, que pronto se convirtieron en altas empalizadas que a veces llegaban a unos cientos de metros de la orilla del río y luego retrocedían más de un kilómetro.

A intervalos de dos o tres horas, vimos viejos fuertes turcos, algunos abandonados y otros guarnecidos por puñados de tropas árabes puestas allí por los franceses.

En uno de ellos, donde nos detuvimos al mediodía para rellenar el radiador hirviendo y la bolsa de agua que llevábamos colgada del parabrisas, salieron una docena o más de gendarmes del desierto y nos rodearon zumbando.

Querían saber cómo se había retrasado el resto de nuestro convoy y nos recomendaron que esperáramos a que nos alcanzara. Les sorprendió ver a una mujer en el coche. Se quedaron perplejos cuando supieron que viajábamos solos.

Examinaron nuestros pasaportes, que estaban visados para viajar de la Siria francesa al Irak británico, sin especificar la ruta, sacudieron la cabeza como si no fuera asunto suyo, y nos dejaron seguir.

Mientras nos alejábamos, Daúd empezó a murmurar para sus adentros. Le pregunté cuál era el problema y se quejó de que nunca deberíamos haber partido solos, que tal vez hubiera estado bien un mes antes, pero que las condiciones habían cambiado y ahora eran malas.

Empezó a conducir el coche peligrosamente rápido y le pedí que fuera más despacio. Me contestó que había otro coche delante de nosotros en la carretera, con un capitán y un chófer franceses, y que si podíamos alcanzarlos sería bueno.

A primera hora de la tarde, los acantilados cerca del camino se adentraron hacia el río como si quisieran bloquear nuestra ruta, y supuse que allí encontraríamos un transbordador o un puente. Pero, en lugar de eso, giramos a la derecha por un paso rocoso que serpenteaba entre los acantilados. Era la primera semblanza de algo parecido a una carretera construida, e imagino que fue excavada hace miles de años para las carretas.

Detrás de los acantilados llegamos a las «tierras malas», deslumbrantes peñascos de caliza blanca que sobresalían de nuestra estrecha carretera, a veces excavados en la roca. El sol pegaba directamente desde arriba, y cuando me quité las gafas y vi todo el resplandor, fue como atravesar las brasas de un gigantesco horno al rojo vivo. Tuve que ponerme el abrigo, y mi mujer se envolvió en una manta e incluso se tapó las manos para no quemarse.

Al cabo de una hora, cuando la carretera doblaba un acantilado, vimos a cien metros delante de nosotros, en otra curva, a dos árabes con kefias enrolladas alrededor de la cara y cubriéndoles hasta los ojos, con rifles preparados en las manos, pero lo más nítido a la luz del resplandor eran los botones de latón y las insignias de sus uniformes. Nos alegramos de verlos. Ni por un segundo los confundimos con bandidos. Pero nos detuvieron con gran excitación, y fue allí donde nos encontramos con el coche en cuya compañía Daúd había estado tan ansioso por viajar.

Casi bloqueaba la carretera. Su parabrisas había sido destrozado por las balas y su radiador hecho pedazos deliberadamente por otras balas. Estaba vacío. Contra sus ruedas, en la estrecha sombra, yacía el cuerpo del chófer, cubierto con una *aba*, y ya revoloteaban las moscas. El capitán había desaparecido. Su cuerpo fue encontrado cinco días después, en el fondo de un barranco vecino. La *Associated Press*, en su momento, dedicó un párrafo al episodio, y meses más tarde otro, contando cómo los asesinos fueron capturados y debidamente ahorcados en Damasco.

Era una situación peligrosa, sobre todo para haber traído a una mujer, y mi esposa estaba muy pálida y callada, mientras que Daúd estaba de un humor miserable. No es que le culpara demasiado por ello. Yo también me sentía mal. Pero Deir er-Zor estaba apenas a dos horas de distancia, y lo más sensato, si estaba permitido, era seguir adelante. Los gendarmes árabes no sólo nos lo permitieron, sino que nos lo aconsejaron. Los puestos ya estaban siendo despertados, y no era probable que hubiera un segundo atropello el mismo día en ese territorio inmediato.

Pero Daúd, nuestro chófer, no estaba de acuerdo. Su rostro moreno y bronceado, empapado de sudor bajo su gorro negro de piel de oveja, tenía un tinte verdoso. Quería dar media vuelta, pasar la noche en uno de los fuertes del desierto y regresar a Alepo al día siguiente, asegurándome que era «imposible» y que juraría que había sido imposible, por lo que me devolverían mi dinero. Cuando me encontró en contra de esto, declaró que la única cosa segura era permanecer donde estábamos, bajo la protección de los dos gendarmes, hasta que llegaran otros, en cuya compañía podríamos ir a Deir er-Zor. Pero los gendarmes dijeron que ninguna tropa podría ir a Deir hasta el día siguiente, pues ya se habían enviado las noticias y todos estarían ocupados en la caza de los bandidos. Así que finalmente conseguí maldecir y amedrentar a Daúd para que arrancara el Ford y siguiera adelante. Y, por supuesto, no pasó nada más, excepto que estábamos disgustados con Daúd y en frecuente riesgo de volcar por su nerviosa conducción.

El sol aún estaba alto a media tarde cuando apareció Deir er-Zor, una gran ciudad desértica de tejados planos construida a ambos lados del río, la metrópolis aislada del centro de Arabia del Norte, cuya llanura se veía aliviada por las cúpulas y minaretes y los altos mástiles inalámbricos del puesto militar francés, que eran su única conexión con el mundo exterior.

En la gendarmería, a las afueras de la ciudad, el sargento nativo, con uniforme caqui, pero con la cabeza y los pies descalzos, salió corriendo a nuestro encuentro. Ya se habían enterado de la noticia, pero quería saber si sabíamos algo más. Era educado, amable, parloteaba volublemente en francés y exclamaba «*le courage de madame*».

En Deir no había hoteles para viajeros europeos, así que nos alojamos en una *khana* nativa, donde el Ford estaba aparcado en un patio y nos dieron una habitación con ventanas de barrotes de hierro, como una gran celda de prisión en un segundo piso: paredes, suelo y techo de piedra. Estaba completamente vacía cuando Daúd subió nuestro equipaje. Un muchacho de dieciséis años, desnudo salvo por el turbante y una camisa raída con cinturón hasta las rodillas, llegó con una escoba y una gran vasija de barro con la que regó y barrió el suelo. Trajeron dos catres de hierro, y sobre ellos extendieron después paletas de paja, recién cosidas en tela de algodón limpia, con dos edredones de un gris dudoso.

Me preocupaba que no nos permitieran seguir al día siguiente, así que, mientras mi mujer se acostaba y descansaba, fui a ver al comandante francés. Me dijo que habíamos corrido un riesgo insensato, pero que, en su opinión, probablemente era más seguro seguir hasta Bagdad que regresar a Alepo. Lamentó no poder alojarnos por la noche. Me dio una preciosa botella de un litro de agua Perrier para la señora Seabrook, y me llevó a una cocina nativa adyacente, donde tomamos una excelente y fresca cerveza alemana.

Sintiéndome mucho mejor, bajé por el pueblo para ver el río, tomé dos o tres fotografías justo antes de la puesta de sol y volví con mi mujer, que estaba profundamente dormida.

Sentía remordimientos por Daúd. De hecho, le había maldecido con todas las palabrotas que sabía en árabe y con las pocas en inglés que creía que entendería; así que le hice llamar y le dejé que supervisara nuestra cena y la compartiera con nosotros: conservas de nuestra propia cesta, complementadas con un gran tazón de estofado de cordero de la cocina de abajo y más cerveza, que mandó traer corriendo a una muchachita vestida con harapos. Había traído una mesa baja y nos sentamos en nuestros catres.

Se alegró de que le devolviéramos el favor, y enseguida nos molestó tirando huesos, peladuras de pepino, latas de sardinas y otros desperdicios al suelo. Pero él conocía las costumbres mejor que yo, porque cuando terminamos, el chico volvió con un cántaro de agua y una escoba, limpió los desechos, inundó el suelo por segunda vez y lo barrió a fondo. Esperábamos que nos molestaran los bichos, pero en realidad estábamos tan cansados que ni un ejército de ellos nos habría quitado el sueño.

En Deir, el río da una gran vuelta hacia el norte y, en lugar de seguirlo a la mañana siguiente, salimos a campo traviesa, de modo que la jornada transcurrió por un auténtico desierto, de grava dura y arcilla, a veces llano y otras roto por barrancos y crestas tan abominablemente ásperas que tuvimos que reducir la velocidad.

El sol pegaba fuerte hasta que los cojines de cuero y los tirantes metálicos del techo del coche estaban tan calientes que resultaba doloroso tocarlos. Un viento como el aire de un horno soplaba desde el sur. Yo, que iba en calzoncillos y mangas de camisa, tuve que ponerme el abrigo, pues prefería asarme a la parrilla. Hacía tiempo que mi mujer se había visto obligada a ponerse su pesado abrigo de lana y sus guantes, pues la piel se le ampollaba a través de su fino vestido de seda.

Llevaba un largo velo prendido sobre el casco y enrollado alrededor de la cabeza y los hombros. Sus extremos empezaban a soltarse y a azotarse con el viento. No encontraba alfileres para sujetarlo. No paraba de soltarse, nos golpeaba a los dos y le desviaba el casco. Al principio sentí lástima por ella, luego me irrité, y en ese momento maldije a todas las mujeres, y nos enfurruñamos amargamente. La situación era peor que ser atacados por bandidos del desierto.

Empezaron a golpear cosas contra mi hombro y el lateral del coche. Pensé que eran piedrecitas, pero resultaron ser saltamontes. Pronto corrimos entre nubes de ellos. Golpeaban el parabrisas y entraban por el lateral. Los que no quedaban aturdidos por el impacto se arrastraban sobre nosotros. Olvidamos nuestro odio mientras luchábamos contra ellos. Escupían «zumo de tabaco» como cualquier saltamontes cristiano, pero pululaban como la plaga del faraón. Luego desaparecieron tan repentinamente como habían llegado. Los habíamos atravesado y dejado atrás. Mi mujer y yo nos sonreímos tímidamente y nos reconciliamos.

A primera hora de la tarde llegamos de nuevo al Éufrates. Aquí y allá había enormes ruinas. Con menos frecuencia se veían campos de regadío e indicios de viviendas habitadas. Por fin, hacia las cinco, en un gran recodo del río, muy adelante, apareció lo que parecía una poderosa fortaleza a orillas del río, en medio de parques o jardines amurallados. Era Anah, con sus arboledas de palmeras datileras.

Recorrimos cinco kilómetros entre las arboledas de piedra y finalmente llegamos al fuerte, construido en cuatro cuadrados alrededor de un enorme patio con columnas, guarnecido por unos veinte soldados nativos. Aquí pasaríamos la noche.

Al frente de la guarnición había un joven triste, con un largo camisón sucio y zapatillas rojas gastadas por el talón, que nos saludó sin entusiasmo. Resultó ser un damasceno que había vivido en Argel y Marsella. Consideraba su puesto actual como un exilio indeciblemente aburrido, y su melancolía era demasiado profunda para ser animada por un par de visitantes fortuitos que volverían a marcharse al amanecer. La nostalgia le comía el corazón.

Pero el lugar que para él era sinónimo de soledad y exilio, aquella noche, fue como un pequeño paraíso para nosotros, pues nos instaló en una amplia azotea, con dos largos sofás de madera y limpios colchones de paja, con un criado que encendió el fuego en un ángulo de la pared, sacó una tetera de hojalata, calentó agua para que nos laváramos y después preparó té; nos ayudó a deshacer la cesta, trajo pan fresco y se puso a servirnos mientras cenábamos al estilo pícnic.

Había una luna preciosa y una brisa fresca. Eran cerca de las diez cuando nos tumbamos sobre los dos sofás del tejado, con la brillante luna sobre nuestras cabezas, y nos estábamos durmiendo lentamente cuando el hombre que nos había servido se acercó de puntillas a nuestro equipaje y se inclinó sobre él. Me pregunté si habría venido para cometer un pequeño robo, pero me quedé quieto y le observé. Creyó que dormíamos, pero cuando cogió dos de nuestras bolsas de mano y se las llevó, me incorporé y le pregunté qué hacía. Pronto vendrán chacales y perros salvajes al tejado. No debéis temerlos, pero destrozarían vuestro equipaje en busca de comida. Con la ayuda de una escalera apiló todas nuestras cosas en lo alto de un muro de tres metros, fuera de su alcance. Si venían los perros salvajes no los oíamos.

La mayor parte del día siguiente fue largo, caluroso, llano y monótono sobre el desierto sin caminos, hasta que llegamos a media tarde a los terraplenes de la vía férrea Berlín-Bagdad, abandonada en su construcción antes de la guerra, con una carretera de motor de construcción más reciente paralela a ella, que seguimos.

Esperaba que nuestra primera visión de Bagdad fueran sus famosas cúpulas y minaretes dorados. Pero a medida que nos acercábamos aparecieron las cúpulas y los minaretes, misteriosos y hermosos entre palmeras, iluminados por los rayos oblicuos del sol y llenos del glamour de la vieja corte de Harún al-Rashid y de los cuentos de *Las mil y una noches*.

Nuestra primera impresión más cercana de Bagdad aumentó el hechizo romántico, pues nos dirigimos hacia el puente sur, a través del barrio puramente nativo de la ciudad, en la orilla oeste del Tigris, a lo largo de una amplia avenida, magníficamente sombreada por palmeras, bordeada a ambos lados por cafeterías con cientos de divanes ante ellas, en los que se sentaban y reclinaban multitudes de árabes con largas túnicas de fajina, algunos rapados y con la cabeza descubierta, otros con turbantes. Por aquí podrían vagar los fantasmas de Simbad y del sastre jorobado y sentirse en la Bagdad de otros tiempos.

Pero cuando cruzamos el ancho y fangoso río y giramos por la nueva calle que los británicos habían cortado en el centro de la ciudad, la ensoñación romántica dio paso a la verdadera sorpresa. Había edificios toscos por todas partes, algunos con fachadas falsas en el segundo piso, carteles chillones de cines americanos, los Charlie Chaplin y Mae Murray del año anterior, un establecimiento de tatuajes con carteles en inglés y francés, garajes con altas vallas de tablas y grandes carteles ingleses en letras de cajón, coches de motor tocando el claxon por todas partes, la mayoría Fords. Era como una nueva ciudad petrolera del Oeste en su peor momento. Y esto era Bagdad. Por supuesto que no lo era, pero formaba parte de nuestra primera impresión.

Fuimos al Hotel Maude, y nos dieron una cómoda habitación con un balcón con vistas al río y otra ventana directamente sobre la terraza del hotel, en la que camareros de uniforme blanco ya estaban poniendo las mesas para la cena. Mientras nos preparaban el baño, nos pusimos el pijama y encendimos el ventilador eléctrico. Está muy bien hablar del agua fresca como el mejor remedio para calmar la sed, pero consumimos dos litros de burbujeante Apollinaris, generosamente dosificado con ginebra holandesa y zumo de lima, y sabía mejor que el agua de manantial más pura que jamás haya fluido.

Cuando nos bañamos, la terraza estaba iluminada por el crepúsculo y una orquesta tocaba *La Tosca*. Nos vestimos y bajamos a cenar. El servicio y la comida eran excelentes, casi tan elaborados como en el Ritz.

El aire era agradable, como el de una noche de verano moderadamente calurosa en Nueva York. No había ni rastro del calor mortal que se sufre en Bagdad en las horas centrales del día. Cenamos y dormimos bien, y nos despertamos renovados.

Mi interés, en aquel momento, no estaba en Bagdad. Lo único que me preocupaba era que la señora Seabrook se estableciera cómodamente, presentarle a algunas de las familias árabes con las que teníamos correspondencia —porque ella estaba más interesada en eso que en los círculos oficiales británicos— y llegar a Mosul y a los yazidíes.

La primera parte de este programa quedó completamente resuelta a última hora de la tarde de aquel día, cuando, tras recorrer en un carruaje abierto un sinuoso laberinto de bazares cubiertos y calles de uno de los barrios más antiguos, alzamos la enorme aldaba de hierro de la puerta de Howeja Mirza Yakub, persa de nacimiento, pero habitante de Bagdad de toda la vida, y uno de los médicos más hábiles de Irak.

Nuestra carta era de su hijo, que estudiaba en la facultad de medicina turca de Constantinopla y con quien habíamos entablado una íntima amistad.

¿Cómo describir la hospitalidad oriental, sobre todo cuando se viene recomendado por un hijo querido del que no se tienen noticias recientes?

El doctor Yakub, al parecer, estaba fuera, pero el criado de turbante, en cuanto se dio cuenta de que nuestra llegada concernía, de algún modo, al hijo de la casa, corrió con la carta y nuestras tarjetas para «*al sitt*» (la señora).

No pudo detenerse ni siquiera a abrir la carta, porque el criado bajó corriendo y haciéndonos señas por los escalones de piedra hasta el patio donde esperábamos, y nos condujo a una terraza en la azotea, donde se encontraba la dama, que nos acogió a ambos literalmente en su seno.

Era muy grande, maternal, envuelta en pliegues de finísima muselina blanca, con el pelo colgando sobre los hombros en dos gruesas trenzas, tobilleras de oro, los pies descalzos en sandalias de madera con incrustaciones de plata, y dos hermosos diamantes en las orejas... pero todo esto quedaba eclipsado por su rostro fino y grande, que brillaba de alegría. A los dos nos encantó a primera vista. Nos dio unas palmaditas en la mano.

«Sois amigos de mi hijo... ¡Ah, feliz bienvenida!». Llamó al patio y envió a un criado corriendo al encuentro de su marido para pedirle que se apresurara. Y todo el tiempo mil preguntas sobre su hijo. ¿Cuándo lo habíamos visto por última vez? ¿Era feliz? ¿Tenía buen color? ¿Le habían ido bien los estudios? ¿Había estado enfermo?

Mi esposa le aseguró que el hijo florecía de salud, prosperaba en sus estudios y que todo le iba bien.

Esta buena noticia sobrecogió de tal modo a la querida anciana que echó ambos brazos al cuello de mi esposa y lloró de tal manera que las lágrimas corrían a raudales por sus mejillas. Y mi mujer no tardó en llorar con ella. Se abrazaron y sollozaron como si se les rompiera el corazón. Eran dos mujeres que nunca se habían visto hasta cinco minutos antes y que ahora lloraban a lágrima viva, abrazadas, ¡porque el hijo de una de ellas estaba bien y era feliz! Las mujeres son criaturas extrañas, pero comprendí perfectamente que la señora Seabrook estaría bien cuidada en Bagdad, tanto si yo viajaba a la montaña de los yazidíes como si lo hacía a los cráteres de la luna.

Nos sentamos y hablamos con más calma. Llegó el doctor Yakub, un hombre de gran encanto y dignidad. Su bienvenida fue menos emotiva en apariencia, pero él también se alegró mucho de vernos. Los criados prepararon café sobre un fuego de carbón en un tejado debajo del patio.

¿No iríamos inmediatamente a vivir con ellos? ¿No? Pues entonces tendremos que volver muchas veces. Pero, aun así, no podíamos abandonar la casa en esta primera visita sin llevarnos un regalo, por el bien de su hijo. Protestamos mientras discutían lo que debía ser. Nos condujeron a un gran salón, con las paredes cubiertas de enormes tapices persas y muebles dorados de estilo Luis Seize sobre un duro suelo de tierra. La querida señora derribó inmediatamente una de las mejores colgaduras y la empaquetó.

Mi mujer la contuvo por la fuerza física. Para no ofenderla, aceptamos una pequeña bandeja de latón con incrustaciones. Pero al día siguiente nos enviaron el tapiz al hotel. Y los Yakubs fueron como una segunda madre y un segundo padre para mi mujer cuando la dejé unos días después para ir al territorio de los yazidíes.

Había contado con un tal Suleimán Pashati para que me ayudara en los preparativos necesarios y entrar en las montañas yazidíes. Le envié mis cartas y a la mañana siguiente llamó al hotel. Cuando entró, pensé que se trataba de un error. Me lo habían descrito como el hijo mayor de una de las familias principescas más antiguas y anticuadas de la pura cepa de Bagdad. Había esperado vagamente a un príncipe con turbante, túnica vaporosa y daga enjoyada, pues en Arabia hay muchos que se aferran a las viejas tradiciones en el vestir. En cambio, tenía el aspecto de un joven y prometedor corredor de Wall Street, hecho a medida por los mejores de la Quinta Avenida, y me di cuenta de que había venido en un pequeño y elegante automóvil Stutz *roadster*. Era afable y encantador. Su inglés, en general, era mejor que el mío. Sabía muy poco de los yazidíes, pero conocía Bagdad y, después de reflexionar un poco, su consejo fue sagaz y práctico.

«No debes ir a Gertrude Bell ni ir a los británicos en absoluto. Te detendrían o enviarían a alguien de uniforme, lo que sería igual de malo. Las excavaciones están en la región de Mosul-Nínive. Conozco al hombre que debería ayudarte».

Salimos y subimos a su coche, condujimos hacia el norte por la calle principal de Bagdad, doblamos una esquina y entramos en una pequeña lavandería tradicional que, con sus mostradores y sus fardos de billetes apilados, no se parecía mucho a las lavanderías de aquella otra Bagdad del metro. El propietario era un hombre mayor, con gafas y en mangas de camisa, que resultó ser anticuario. La lavandería era su «actividad secundaria». Nos llevó a una habitación trasera donde había un escritorio con tapa enrollable y una pequeña caja fuerte de hierro. Negociaba con cilindros asirios y otras antigüedades, a pequeña escala, con la mayoría de los grandes museos del mundo. Antes de irme me enseñó cartas de la Universidad de Pensilvania y de la Asociación Arqueológica Británica. Había estado muchas veces en Mosul, en relación con las excavaciones de Nínive. Conocía a la persona adecuada para ayudarme, un tal Mehmed Hamdi, que también había trabajado en las excavaciones de Nínive y que había visitado varias veces a los yazidíes, estudiado su culto y escrito un panfleto sobre él, según creía, en árabe.

Afortunadamente, el tal Mehmed Hamdi fue encontrado fácilmente al día siguiente —un hombrecillo gris, con un fez rojo y un gabán raído, de ojos agudos y simpáticos y un verdadero fondo de erudición—, dispuesto a ayudar en cuanto descubrió que el asunto afectaba a una de sus asignaturas favoritas; en una palabra, un profesor amable y con los pies en la tierra.

Diez minutos de conversación me convencieron de que sabía más sobre los yazidíes que cualquier otro hombre que hubiera conocido hasta entonces. También conocía personalmente a su gobernante, Said Beg, y sabía exactamente cómo llegar de Mosul a Lalish. Nos caímos bien y, en menos de diez minutos, aceptó acompañarme en el viaje por una módica suma.

Para ser un profesor, se las arregló muy bien. Algunas mañanas más tarde, después de un viaje sin incidentes en un vagón de tercera clase hasta la estación de ferrocarril, medio día al norte de Bagdad, y luego en cómodas etapas en un viejo Peugeot, alquilado a bajo precio, hasta Mosul, nos encontrábamos a lomos de una mula, con una mula de carga y un guía delante, avanzando hacia el nordeste entre verdes estribaciones y valles floridos, hacia colinas más altas y escarpadas, a la sombra de las montañas kurdas.

Durante los días anteriores, Mehmed Hamdi me había proporcionado, del rico acervo de sus sólidos conocimientos, los datos que él creía que yo debía saber de antemano sobre la extraña secta que íbamos a visitar. Y continuó su discurso mientras avanzábamos a lomos de nuestras mulas. Era más práctico que académico. Me dijo que los yazidíes me parecerían dignos de confianza y hospitalarios, pero que había ciertas cosas que siempre debía recordar cuando estuviera entre ellos y que, si se olvidaban, podían acarrear graves problemas.

Hay que tener cuidado de no pronunciar nunca el nombre de Shaitán (Satanás), y evitar el uso de palabras o sílabas, ya sea en inglés, francés o árabe, que pudieran, por casualidad, confundirse con esa palabra.

No se debe llevar ni exhibir ninguna prenda de color azul —ni corbata azul, por ejemplo, ni anillo con una piedra azul— porque el azul es tabú y anatema entre los yazidíes, ya que se supone que tiene propiedades mágicas contrarias a Satán. Los amuletos y colgantes azules, en particular las cuentas azules, son de uso universal entre los musulmanes como protección contra los demonios y para alejar el mal de ojo. En algunas partes de Arabia, todos los bebés y casi todos los animales domésticos llevan un collar o collar de cuentas azules, e incluso he visto a una mujer en el bazar de Bagdad con un cordón de cuentas azules en su máquina de coser

Singer, para evitar que los demonios rompan o enreden el hilo. El azul, por tanto, era un color maldito entre los yazidíes, que adoraban al archidemonio.

Una tercera prohibición consistía en no escupir nunca en el fuego ni apagar una cerilla apagada pisándola con el pie, pues para ellos todo fuego es sagrado.

Como eran confesos adoradores de Satán, pregunté a Mehmed Hamdi por qué estaba prohibido pronunciar su nombre.

Dijo que estaba prohibido en sus escrituras, el *Kitab al-Aswad* (Libro Negro), del que él mismo había estudiado la copia de una traducción parcial hecha del kurdo al árabe más de cien años antes por uno de sus propios sacerdotes en el Sinyar. En el Libro Negro, Shaitán dice:

> No pronunciéis mi nombre ni mencionéis mis atributos, para que no seáis culpables, pues no tenéis verdadero conocimiento de ello; pero honrad mi símbolo y mi imagen.

La base de la creencia yazidí, tal y como me la explicó Mehmed Hamdi, es brevemente la siguiente:

Dios creó siete espíritus «como un hombre enciende una lámpara tras otra», y el primero de estos espíritus fue Satanás, a quien Dios hizo soberano supremo de la Tierra por un período de diez mil años. Y como Satanás era el amo supremo de la Tierra, los que moraban en ella sólo podían prosperar rindiéndole homenaje y adorándole.

Como el verdadero nombre estaba prohibido, me dijo Mehmed Hamdi, se referían a Shaitán como Melek Taos (Ángel Pavo Real), y lo adoraban en forma de pájaro de latón. Le pregunté a Mehmed si había visto alguna vez este pájaro, y me respondió que en absoluto, y que no conocía a ningún hombre que no fuera yazidí que lo hubiera visto, pero que se suponía que estaba rudamente tallado, más parecido a un gallo que a un pavo real, montado en un poste de latón, de un tamaño tal que un hombre podía llevarlo fácilmente.

Aunque el nombre de Shaitán estaba prohibido —hasta el punto de que si un yazidí lo oye pronunciar, su ley le ordena matar al hombre que lo pronunció o matarse a sí mismo—, podíamos hablar tan libremente con ellos sobre Melek Taos «como con un cristiano lo hace sobre Jesús».

Avanzábamos con paso firme y ascendíamos por sinuosos senderos pedregosos, abandonando poco a poco los valles que se extendían bajo nosotros y ascendiendo hacia colinas más escarpadas, dentadas y rocosas; pero aún había moreras y olivos, de modo que la ruta, aunque salvaje, no era desoladora. A primera hora de la tarde nos detuvimos junto a un manantial, almorzamos y dejamos descansar a las mulas. Planeábamos llegar a Baadri, la fortaleza de Said Beg, una hora antes de la puesta de sol.

A última hora de la tarde pasamos junto a uno o dos pueblos de piedra en las laderas, que según Mehmed eran yazidíes. Vi, a lo lejos, mujeres cultivando los campos. Iban descubiertas, algunas de negro, otras con túnicas recogidas de color rojo o amarillo brillante. Un hombre que conducía tres burros de carga trató de evitar saludarnos, pero murmuró «*marhaba*» (un tosco «hola») al pasar. También era yazidí y vestía pantalones blancos anchos, una túnica negra que le llegaba a las rodillas, una ancha faja roja y un turbante de algodón rojo enrollado alrededor de su gastado gorro de fieltro.

De vez en cuando, pero raramente, nos cruzábamos con otros a pie, generalmente cargados con un saco o algún rudo apero de labranza. Estos primeros adoradores de Satanás eran evidentemente gente habitualmente pacífica, que se dedicaba a labrar su tierra, y aunque no mostraban hostilidad abierta hacia nosotros, tampoco eran amistosos.

Hacia las cinco, en la ladera de una montaña a varias millas de nosotros, tuvimos nuestra primera vista del castillo de Said Beg, gobernante y «Papa Negro» de los yazidíes. Era una estructura en forma de caja, de tejado plano, aparentemente desornamentada, como un blocao o una fortaleza, y así parecía a medida que nos acercábamos. Se alzaba aislado en una ladera, y el pequeño pueblo de Baadri, con sus casas bajas de piedra, se extendía varios cientos de metros por debajo.

La puerta del castillo estaba abierta, sin vigilancia. Desmontamos y entramos en un gran patio rectangular vacío, donde llegaron los criados, nos saludaron cortésmente y salieron a cuidar de nuestras mulas, mientras uno iba a anunciar nuestra llegada.

Unos instantes después apareció el propio Said Beg. Era un hombre de unos cincuenta años, con túnica negra y gran turbante rojo, nariz grande y barba oscura, larga y rala. Inmediatamente reconoció a Mehmed Hamdi, le estrechó la mano y nos dio a ambos una hospitalaria bienvenida.

Me costó convencerme de que estaba realmente en presencia del gobernante de los adoradores del Diablo, el hombre cuyo nombre estaba rodeado, entre los supersticiosos musulmanes, de historias tan aterradoras como las que se contaban en tiempos de Saladino sobre el Viejo de la Montaña, Rey de los Asesinos, el monstruo que devoraba jóvenes vírgenes de plata todas las noches y que, según me habían contado en Alepo, había asesinado a su propio padre para convertirse en *mir*, no parecía diferente de cualquier otro anfitrión oriental serio y cortés, y de la manera más natural se dispuso a hacernos sentir como en casa y cómodos.

Evidentemente, no distinguía entre ingleses y americanos, y me dijo que era bienvenido porque mis compatriotas habían puesto fin al asesinato y la persecución de su pueblo, y que ahora un yazidí podía viajar seguro, incluso a Bagdad, y podía pasear abiertamente por las calles de Bagdad sin temor a ser atacado y asesinado por cristianos o musulmanes.

Nos rogó que lo disculpáramos esa noche, porque, al no estar prevenido de nuestra llegada, tenía otras ocupaciones necesarias, pero su casa era la nuestra, y al día siguiente nos acompañaría a Lalish, para visitar el templo y los santuarios de su pueblo.

Llevaron nuestro equipaje a una gran sala rectangular. Nos lavamos con agua que un sirviente vertía de jarras de barro en el patio. Un poco más tarde trajeron una bandeja de latón cargada de platos y la depositaron en el suelo: cordero asado, una especie de arroz pilaf, grandes cantidades de aceitunas maduras, un gran tazón de leche cuajada... y enseguida nos acostamos en el castillo de Satanás con la misma seguridad y tranquilidad con que yo había dormido en las casas de los piadosos.

Capítulo 15

En el patio de la serpiente

Fui despertado al amanecer, después de un sueño profundo, en la fortaleza del castillo del *mir* Said Beg, por un sirviente que anunció que las mulas ya estaban ensilladas para nuestro viaje más arriba en la montaña, hacia el templo de Satanás y el santuario sagrado en Lalish.

Para esta peregrinación «profana» me había aventurado, con cierto recelo, hasta la ladera del monte Lalish.

La fortuna me había favorecido, y ahora el propio *mir*, jefe supremo de los adoradores del Diablo en toda Asia, con barba negra, turbante escarlata y un gran manto negro que le envolvía contra la niebla matinal, condescendía a ser mi guía. A su lado cabalgaba su hijo adolescente, quien, si seguía los precedentes históricos, podría en años posteriores matar al *mir* y gobernar como «Papa Negro» en su lugar. Detrás de ellos cabalgaba yo con mi amigo, el erudito Mehmed Hamdi de Bagdad, y en nuestra retaguardia, montado en un burro, nos seguía uno de los sirvientes de Said Beg.

Nos acercábamos a un santuario que pocos árabes musulmanes o cristianos han visto jamás, pero del que todos hablan con voluble superstición como un nido de misterios diabólicos del que no se puede regresar con vida. Ahora que me encontraba realmente entre los yazidíes, como invitado de su propio príncipe, sabía que no había nada que temer, y me preguntaba mientras cabalgábamos cuántas de las otras historias descabelladas resultarían ser falsas: el Patio de la Serpiente Negra, la «Torre de Satán» desde la que se emitían vibraciones ocultas del mal para influir en los destinos del mundo, el templo excavado en la roca maciza que conducía a vastas cavernas subterráneas manchadas con la sangre de sacrificios humanos.

Un poco como las historias de fantasmas, sin duda; pero la experiencia ya me había enseñado que a menudo, en Arabia, las ficciones aparentemente más descabelladas demuestran, al examinarlas más de cerca, estar basadas en hechos distorsionados. Así que ahora, mientras nos dirigíamos hacia el santuario de Satanás, tenía grandes esperanzas de ver «alguna cosa extraña», tal vez muchas.

La cabalgata desde Baadri a Lalish, según nos había dicho el *mir*, sólo duraría una hora. Un camino de herradura pedregoso, que ascendía serpenteando entre barrancos y rocas, había dejado atrás el castillo y seguía serpenteando a través de un paisaje salvaje y árido, pero cuando cruzamos una cresta y por fin tuvimos la primera visión del sagrado Lalish, aferrado a la ladera escalonada de una montaña, no era salvaje y desolado, pues entre las paredes y las rocas había follaje y hierba, muchas moreras y olivos frondosos.

Toda la ladera estaba salpicada de cientos de cabañas de piedra deshabitadas; refugios, según nos dijo el *mir*, para los peregrinos yazidíes que visitaban el santuario. El templo en sí, en medio de ellas, aparecía como un conjunto de muros escalonados, patios adosados y edificios de tejados planos, sobre los que se vislumbraban dos pequeñas cúpulas cónicas encaladas.

Detrás de ella y por encima, sobre una cresta más alta, había una torre blanca estriada con forma de punta de lápiz afilada, y desde su cima, brillantes y deslumbrantes rayos de luz, como de un heliógrafo, ¡realmente destellaban hacia nosotros! Su visión me estremeció, pues, cualquiera que fuese su propósito exacto, sabía que se trataba sin duda de una de las «Torres de Shaitán», las maravillosas «casas de poder» que figuran en los cuentos y mitos de Arabia, Persia y Turquestán. Esperaba que se nos permitiera ver lo que había en su interior.

Mientras tanto, el camino, que ahora seguíamos a pie, guiando nuestras mulas, nos llevaba entre viejos muros derruidos y bajo arcos hasta un arco más grande que daba a un amplio patio, alrededor del cual se había construido un monasterio de techo plano en el que vivían el sacerdote encargado del templo y sus asociados. Salió un anciano de barba cana, vestido con túnica blanca, faja y turbante rojos, besó la mano del *mir* Said Beg y nos saludó.

Como cualquier sacristán de una catedral cristiana, el viejo sacerdote de Satán ofreció sus servicios para conducirnos por el templo. Said Beg y su hijo nos dejaron. Mehmed Hamdi y yo seguimos a nuestro nuevo guía por un tramo de escalones de piedra, a través de una puerta que él abrió para nosotros, hasta un pequeño patio rectangular amurallado cuya pared norte era la cara del templo real, construido contra y dentro de la roca viva de la ladera de la montaña. Era el Patio de la Serpiente. Y la presencia dominante de la serpiente estaba allí, aunque no estaba viva. Se trataba de una serpiente de piedra erguida sobre su cola, tallada en altorrelieve y que brillaba negra a la luz del sol en la pared gris, a la derecha de la puerta del templo. En la fachada del templo había tallados muchos otros símbolos: un hacha decapitadora de dos filos, una grada, unas tijeras y símbolos kurdos cuadrados. La fachada del templo estaba orientada al sur. En la esquina sureste del patio, hundida en el pavimento, había una pequeña piscina rectangular. Pero lo que más me interesaba era la serpiente negra de la pared. El sacerdote la observó y me hizo señas para que la inspeccionara tan de cerca como quisiera. No parecía tenerle una reverencia exagerada. Me dijo que era «*alamt el akl*» (símbolo de la sabiduría), y yo estaba seguro de que debía de ser la descendiente lineal, mitológicamente hablando, de aquella misma serpiente que tentó a Eva. El sacerdote la había tocado casualmente mientras hablaba, y no se molestó cuando me aventuré respetuosamente a acariciarle la cola. Quería ver qué era su brillante sustancia negra, si había sido tallada, como supuse al principio, en relieve en la roca, o tal vez era de algún metal incrustado. Era la misma piedra que el resto, tallada en relieve, y parte del negro se desprendió en mi dedo. Entonces el amable sacerdote de Satanás me explicó —con una asombrosa naturalidad que creo no tiene parangón en la psicología occidental— que antiguamente la serpiente se mantenía pulida con plomo negro, pero que ahora lo hacían con arnés negro fabricado por los *engleysi* y comprado en Mosul. El plomo negro era más duradero, pero el arnés negro daba a la serpiente un aspecto más fino. La admiré debidamente. Luego nos condujo al templo.

Era una lúgubre cámara rectangular de piedra, de unos quince metros de largo, con forma de caja de zapatos y orientada de este a oeste. Lo primero que observé fueron docenas de pequeños puntos de luz parpadeantes en zonas irregulares de la pared. Procedían de pequeños platos de hierro, colocados en nichos, en los que flotaban mechas encendidas en aceite de oliva. Según nos dijo, se mantenían encendidas continuamente. La disposición del templo era curiosa y difícil de describir. Por el centro, de extremo a extremo, corría una hilera de pilares de piedra, y entre estos pilares, de base a base, había un muro bajo que casi se podía pisar.

Dividía la cámara longitudinalmente en dos partes separadas con suelos a distinto nivel, el más cercano a la puerta unos metros más bajo. En una esquina, en el nivel inferior, se hundió otra piscina rectangular.

No había altar de ningún tipo, pero a mitad de la pared norte había una reja de hierro, y detrás de ella una oscura cámara interior, excavada, creo, en la roca. No había entrada directa a ella, pero más allá, a lo largo de la pared norte, había una puerta que daba al interior, contra la montaña, a la que nos condujo el sacerdote. Por esta puerta entramos en una pequeña cámara cuadrada, sobre la cual estaba la más pequeña de las dos cúpulas cónicas que habíamos visto desde fuera, y bajo la cúpula había una tumba en forma de sarcófago. A la derecha había una pequeña puerta cerrada que conducía aparentemente a las entrañas de la montaña, mientras que a la izquierda había una puerta abierta que llevaba a la cámara oscura a la que yo me había asomado a través de la reja de hierro. Entramos en esta cámara y encontramos, bajo la mayor de las dos cúpulas, otra tumba, cubierta con un manto negro, que, según nos dijo el sacerdote, contenía los restos del jeque Adi, el fundador de su secta. Más allá, otra puerta conducía a una tercera cámara interior, donde se guardaban muchas tinajas de barro con aceite para las lámparas.

Mehmed Hamdi empezó a hablarme en francés, que el sacerdote no entendía, de la supuesta caverna o cripta oculta en las entrañas de la montaña, bajo nuestros pies, que había querido ver en otras ocasiones. Dijo que se le había negado la entrada con el argumento de que sólo se permitía entrar a los forasteros por orden especial del propio *mir* Said Beg. Se suponía que la puerta cerrada de la cámara adyacente conducía a ella.

Ahora que Said Beg estaba aquí y parecía dispuesto amistosamente, decidimos que al menos no habría nada de malo en hacer la petición. Así lo hizo Mehmed Hamdi, en el árabe más cortés, sugiriendo que si el sacerdote no tenía demasiados inconvenientes, y si Said Beg amablemente lo permitía, nos gustaría ver los aposentos inferiores.

El sacerdote parecía inseguro, pero estaba dispuesto a que consultáramos al propio *mir*. Y así lo hicimos cuando regresamos y lo encontramos esperándonos en el patio superior.

Nos dijo que podíamos bajar los escalones y mirar dentro, pero que no había nada que ver: «era sólo una cueva». El sacerdote se procuró una antorcha, y volvimos a entrar en el templo, atravesamos la pequeña puerta, bajamos por un tramo muy antiguo de escalones de piedra húmeda, a través de un pasadizo parecido a una mazmorra. Al pie de la escalinata, donde nos detuvimos, nos encontramos en una caverna abovedada, en parte natural, al parecer, y en parte excavada en la roca, y a la vuelta de una esquina se oía el sonido de un torrente de agua, un sonido que habíamos oído como un murmullo en el templo superior, pero que suponíamos que procedía de algún arroyo vecino que bajaba por la ladera de la montaña. No podíamos ver toda la caverna ni adivinar su extensión. El suelo, al pie de la escalinata, estaba cubierto de agua que, por la pendiente, supuse que no llegaba más allá de los tobillos. Pero el sacerdote lo utilizó como excusa para disuadirnos de ir más lejos, declarando que no tenía sentido mojarse los pies, ya que no había nada más que ver.

Eché un vistazo a la luz de la antorcha para ver si podía observar alguna inscripción en la pared, algún signo de altar, nichos u otros indicios de que el lugar se utilizaba con fines rituales, y aunque la luz era vacilante y mala, estaba bastante convencido de que no había nada de eso en nuestro campo de visión.

Era un lugar admirablemente adecuado para los extraños y espantosos ritos que los musulmanes árabes me aseguraron que se llevaban a cabo allí para adorar a Satanás —incluyendo, según insistían, sacrificios humanos—, pero debo admitir que no había nada que ofreciera el menor indicio de que actualmente se utilizara para tal fin. Aparte de estimular la imaginación y hacer que uno se pregunte qué escenas secretas, en tiempos recientes o anteriores, había presenciado esa misteriosa caverna de Satanás, nuestra entrada parcial en ella fue interesante principalmente por establecer el hecho de que todo el edificio del templo estaba construido sobre cavernas subterráneas, arroyos y manantiales, parte de cuyas aguas eran conducidas a los estanques que habíamos visto en el templo y el patio de arriba. Más tarde supe que los yazidíes creían que estas aguas fluían por un río subterráneo a través de toda Arabia, bajo el desierto, desde la fuente milagrosa de Zamzam en La Meca. La fuente de Zamzam, al igual que la Kaaba con su piedra negra, era sagrada para los antiguos árabes idólatras muchos siglos antes de que La Meca se convirtiera en la ciudad santa del islam. Descubrí que los yazidíes consideraban tanto el fuego como el agua, elementos sagrados.

Habría dado un mes de mi vida por explorar por completo aquellas cavernas, y siempre me preguntaré qué habría encontrado en los recovecos de las rocas: qué otras cámaras, qué altares, qué reliquias de sacrificios antiguos o modernos. Desde entonces he tenido pesadillas en las que vadeaba el agua hasta los tobillos al pie de las escaleras, doblaba una esquina y, bajo una gran bóveda como una catedral, me encontraba con un espantoso altar rojo y ardiente; pero cuando estaba allí y bien despierto, lo único que me hacía creer que podía haber algún tipo de altar en la caverna era el hecho de que no había señales de él, ni siquiera un emplazamiento para un altar, en el templo de arriba.

Hamdi tenía la firme opinión de que aún se practicaban allí ritos de algún tipo, pero era sólo una opinión. No vimos nada que lo confirmara.

Otro misterio era la torre cónica estriada con su pináculo luminoso en lo alto de la montaña, que fuimos a ver después de subir de la cripta y salir del templo.

Se elevaba desde el tejado plano de una gran bóveda de mampostería encalada, de modo que el tejado formaba una amplia plataforma alrededor de la base de la torre. La propia torre era también de piedra encalada, y el brillante pico que proyectaba ardientes rayos de luz en todas direcciones era una bola muy pulida de oro bruñido o latón. Cuando el sol estaba en lo alto, un hombre que mirase a través de los valles desde cualquier dirección, este, oeste, norte o sur, estaría obligado a ver sus rayos heliográficos. He aquí una explicación muy práctica de la creencia en la «casa de poder» desde la que se enviaban emanaciones o vibraciones ocultas para lanzar un hechizo satánico sobre el mundo.

Entramos en la bóveda que hay bajo la torre, y allí encontramos el santuario de otro de los antiguos santos adoradores del Diablo, colocada inmediatamente debajo del hueco de la torre, en forma de cúpula. Por lo demás, estaba vacía.

Busqué a la siniestra figura que supuestamente se sentaba en la torre día y noche, tejiendo sus potentes conjuros. Hice la inocente pregunta de si algún sacerdote iba allí a rezar, y me emocioné cuando nuestro guía me contestó que los sacerdotes normales no lo hacían, pero que los *kolchaks*, que, según supe más tarde, son los faquires u obradores de milagros de los yazidíes, venían a menudo a esta tumba y permanecían en ella practicando magia durante muchos días. De modo que esa parte de la asombrosa historia era literalmente cierta, aunque no se podía deducir que, independientemente de la creencia de los *kolchaks* en sus propios poderes diabólicos, sus conjuros hubieran sido directamente responsables de la Guerra Mundial, la Revolución Rusa o la caída de Wall Street, que estaban entre los acontecimientos que cierto capitán del Servicio Secreto Británico —despedido e ingresado en un sanatorio, según me han dicho, porque se había vuelto loco por el misticismo y la magia ocultos— me había asegurado que eran directamente atribuibles a las «emanaciones controladoras enviadas por los sacerdotes de este culto infernal». También me había asegurado que, según su conocimiento personal, un hombre había sido asesinado —a larga distancia— en el hotel Savoy de Londres, por un método sacerdotal yazidí similar. Yo soy muy escéptico como para creer estas cosas; pero hay miles de personas muy cultas, que tampoco están en sanatorios, que sí las creen, y supongo que si hubieran visto lo que yo vi en la montaña de los yazidíes, sus peores sospechas se habrían confirmado.

Más interesante que la supuesta influencia mágica de la torre fue una ceremonia que el sacerdote nos describió como celebrada menos de un mes antes y que, según dijo, se repetía cada primavera. Me gustaría poder decir que la presencié. Se trataba de un toro, del que había oído hablar en Alepo; pero parecía que era un toro blanco, en vez de negro, como me habían indicado. Este toro, según me dijo el sacerdote, se adornaba con guirnaldas de flores rojas, se le abría una vena de la garganta y se le conducía o arrastraba en procesión alrededor de la torre, sobre la amplia plataforma de piedra, hasta que la base blanca de la torre quedaba bañada por el círculo carmesí de su sangre chorreante. Dijo que era «muy hermoso», y no parecía un miserable sádico al decirlo, sino más bien como si fuera un benévolo sacerdote, de algún pueblo italiano, que describía a unos viajeros que se habían perdido, al llegar después de Pascua, las bellezas de una procesión de la virgen.

Empecé a sentir un afecto por el anciano que no había sentido por el más exaltado Said Beg, quien, aunque había sido un anfitrión de lo más cortés, no me resultaba simpático ni adorable como persona. La historia, por cierto, de que había asesinado a su padre por la sucesión, según me informaron más tarde en Bagdad, no era cierta, aunque los nativos de Irak suelen creerla. El antiguo *mir*, Alí Beg, murió pacíficamente hace unos diez años en su cama. Pero tanto el padre como el abuelo de Alí Beg habían sido asesinados cuando sus hijos o sobrinos alcanzaron la edad suficiente para gobernar —en un caso por la connivencia del hijo y la madre— y parece que existía una antigua ley por la que el hijo de un *mir* era exculpado por su pueblo si asesinaba a su padre y se convertía automáticamente en *mir* en lugar de su padre.

Durante los tres días que permanecimos en el monte Lalish, entre los yazidíes, no tuve la suerte de ganarme la amistad íntima del *mir* Said Beg, aunque aquella tarde regresamos a su castillo y permanecimos como sus huéspedes. Pero algo parecido a una amistad surgió entre el viejo sacerdote, cuyo nombre era Nadir-Lugh, y yo. Nos invitó a volver cuando nos despedimos aquella tarde, y al día siguiente, con el permiso del *mir*, acompañados esta vez sólo por un criado, Mehmed Hamdi y yo fuimos a verle. No exploramos más el templo ni su entorno —creo que ya nos habían enseñado todo lo que se permite ver a un no creyente—, sino que nos sentamos a «visitarlo» en un banco de piedra del patio superior, a la sombra de una morera y con la espalda cómodamente apoyada en la pared.

Mehmed Hamdi me había dicho que, si bien estaba prohibido, al menos teóricamente, bajo pena de muerte, pronunciar el nombre de Shaitán, podíamos mencionar libremente a su dios satánico por su otro nombre, Melek Taos (Ángel Pavo Real); y Nadir-Lugh, cuando me encontró ansioso por oír todo lo que pudiera contar sobre el culto al que servía, se mostró amable y locuaz. Descubrí que no sólo una parte, al menos, de su doctrina no era secreta, sino que la enseñaban de buena gana y habían hecho conversos nativos de otras religiones.

Yo había empezado por pedirle a Nadir-Lugh que nos hablara de su gran «santo» y fundador, el jeque Adi, que yacía enterrado en el templo, pero había un punto preliminar que él estaba decidido a aclararnos primero.

«¿Cree usted en Dios?», me preguntó con sorprendente franqueza, y me pareció la más extraña de las cuestiones, viniendo de un sacerdote de Satanás. No sabía si quería que le respondiera, que sí o que no, así que le contesté, sinceramente, que suponía que sí, pero que no estaba muy seguro de lo que entendía por Dios.

«Bueno, nosotros, por supuesto, también creemos en Dios», me dijo; «pero nuestra diferencia con todas las demás religiones es ésta: sabemos que Dios está tan lejos que no podemos tener contacto con él, y él, por su parte, no tiene conocimiento ni interés de ningún tipo en los asuntos humanos. Es inútil rezarle o adorarle. No le importamos nada».

«Él ha dado todo el control de este mundo durante diez mil años al espíritu brillante, Melek Taos, y a él, por lo tanto, adoramos, a los musulmanes y cristianos se les enseña erróneamente que aquel a quien llamamos Melek Taos es el Espíritu del Mal. Sabemos que esto no es verdad. Él es el espíritu de poder y el gobernante de este mundo. Al final de los diez mil años de su reinado —de los cuales ahora estamos en el tercer mil— volverá a entrar en el Paraíso como el jefe de los siete espíritus luminosos, y todos sus verdaderos adoradores entrarán en el Paraíso con él».

Me gustó su explicación desenfadada y sencilla. Independientemente de sus méritos o deméritos como doctrina, estaba expuesta de forma lógica y admirable.

Una vez establecido este punto de la teología satánica, para su satisfacción y la nuestra, pasó a hablarnos del jeque Adi. Contó, como hacen casi todos los árabes, sea cual fuere su secta, con el calendario islámico, y nos dijo que el jeque

Adi, fundador de los yazidíes, había nacido cerca de Baalbek —la antigua Ciudad del Sol, cuyas colosales ruinas se extienden en la falda occidental del desierto, cerca de Damasco— en el siglo XII según el cómputo cristiano.

El jeque Adi había viajado a Persia, donde le había llegado una revelación a través del fuego —posiblemente en contacto con los adoradores del fuego zoroastrianos— y había fundado el culto yazidí aquí donde nos sentábamos, en el monte Lalish.

Durante muchos años había gobernado el jeque Adi, y el culto había crecido... y entonces había decidido hacer otra peregrinación. En su ausencia, el propio Melek Taos había adoptado una forma humana exactamente igual a la del ausente jeque Adi y se había aparecido entre los yazidíes, que creyeron que era realmente su jeque que había regresado entre ellos. Durante tres años Melek Taos fue el gobernante, y cuando el verdadero jeque Adi regresó de su peregrinaje, los yazidíes, creyendo que era un impostor, cayeron sobre él con sus espadas y lo mataron; entonces Melek Taos reasumió su verdadera forma, y les dijo que el jeque Adi, cuyo sacrificio a sus manos completó la fundación de la religión, estaría con ellos en el Día del Juicio, y que siempre debería ser venerado como su mayor santo.

El viejo sacerdote nos contó entonces cómo el jeque Adi aparecería y los salvaría en ese último día.

«Las almas de todos los verdaderos yazidíes serán llevadas al Paraíso en una cesta de mimbre sobre la cabeza del jeque Adi, y no se someterán a ningún ajuste de cuentas ni sentencia en el Juicio Final».

Me aventuré a preguntarle si era apropiado que me explicara por qué su espíritu luminoso era adorado en forma de pavo real, y ésta es la extraordinaria historia que me contó:

Jesús era un espíritu que vino a la Tierra y tomó la forma de un hombre, para hacer la guerra a Melek y liberar a la Tierra de su dominio. Cuando Jesús fue crucificado, su magia era tal, que si hubiera podido llevar a cabo su propósito y morir en forma de hombre, le habría dado poder y dominio. Melek desbarató esto con una magia mayor al tomar a Jesús de la cruz con vida, expulsándolo de la Tierra, y colgó en la cruz en su lugar una figura sin sustancia que a los observadores les pareció que era Jesús.

Cuando la figura sin sustancia pareció morir y fue depositada en una tumba, se disolvió y desapareció. Las dos Marías acudieron al sepulcro, lo encontraron vacío y se quedaron atónitas.

Melek se les apareció entonces como un ángel y les dijo que no temieran por su amigo Jesús, que había sido tomado de la cruz y enviado sano y salvo a otros mundos.

Se negaron a creer a Melek y, para convencerlas de sus poderes, mató a un pavo real que estaba en el jardín, le sacó las entrañas, lo cortó en pedazos y luego los volvió a juntar para hacer un ave viva más gloriosa y hermosa que la que había matado.

Entonces él mismo entró en el cuerpo de este pájaro brillante y se fue volando. Por eso se le llama Ángel Pavo Real, y el pájaro es su símbolo.

«¿Alguna vez estuvo permitido que ojos profanos miraran este símbolo?», pregunté.

No respondió directamente, pero dijo que la imagen se guardaba en un lugar secreto en las montañas de Sinyar, a muchos días de viaje hacia el oeste, y que sólo se llevaba al templo del monte Lalish en determinadas ocasiones. No le pregunté nada más al respecto. Fue tan amable al responder a otras preguntas que, por cortesía, no quise insistirle en ninguna de las que decidió evitar. De hecho, le rogué que si en mi ignorancia le preguntaba sobre cosas secretas o prohibidas, me perdonara.

Cuando le pregunté por el origen de los yazidíes, que me parecieron una mezcla de árabes y kurdos, declaró que eran hijos de Adán, pero no de Eva.

«¿Cómo es posible?», pregunté con impaciencia, y supuse que iba a oír alguna nueva historia sobre la asombrosa Lilith, a quien el relato legendario talmúdico describe como un hermoso demonio con forma de mujer, que fue la primera esposa de Adán antes de que Eva fuera creada, y que lo abandonó para convertirse en la amante de la serpiente. Pero el relato del viejo sacerdote iba por otro camino.

Parece que Adán y Eva tuvieron una disputa sobre sus hijos, el mismo tipo de disputa que muchos maridos y esposas siguen teniendo, una especie de enfrentamiento entre los celos paternos y maternos. Adán dijo: «Estos niños son totalmente míos. Yo soy su verdadero padre. De mí viene su vida. Tú no eres más que el recipiente en el que fueron transportados hasta que fueron lo suficientemente grandes y fuertes para salir de él».

Eva replicó: «Estáis todos equivocados. Los niños son enteramente míos. Crecieron como parte de mi cuerpo, y tú no tuviste nada que ver».

Así que Adán y Eva, incapaces de ponerse de acuerdo, decidieron poner su diferencia a prueba en la práctica.

Adán hizo una *oya* (una especie de jarra de cerámica rudimentaria) y puso en ella tierra y agua, mezcladas hasta hacer un barro espeso, al que añadió algunos de los jugos vitales de su cuerpo, y lo selló.

Eva también hizo una *oya*, la llenó de barro, puso en ella parte de su «sangre vital» y la selló igualmente. Y los dos frascos fueron enterrados «como huevos de avestruz» en la arena caliente y dejados allí durante el período de tres meses.

Al cabo de ese tiempo, Adán desenterró su cántaro y estaba a punto de abrirlo cuando algo empezó a dar patadas y a llorar dentro, el cántaro se rompió y se abrió «como un huevo» y apareció un niño, el hijo de Adán solo.

Pero cuando Eva desenterró su cántaro no hubo sonido ni movimiento, y cuando cogió una piedra y la rompió no había dentro más que polvo inerte y seco.

Eva fue entonces humillada, y Adán volvió a tomarla por esposa, y juntos tuvieron muchos hijos, que se convirtieron en idólatras, judíos, musulmanes y cristianos: la progenie de Adán y Eva.

Pero del hijo que había nacido sólo de Adán, sin la cooperación de Eva, surgió la raza de los yazidíes.

El viejo y arrugado rostro de Nadir-Lugh se iluminó cuando le conté que uno de los más grandes científicos de Inglaterra, el profesor Haldane, de Oxford, había predicho que dentro de cien años se podrían criar bebés en frascos de laboratorio, un experimento sorprendentemente similar al que él había relatado que había tenido lugar en el Jardín del Edén, salvo que el profesor Haldane opinaba que se necesitarían los fluidos vitales del hombre y de la mujer, fusionados, para que el experimento tuviera éxito.

El anciano le prestó la debida atención, y replicó que ahora esto podría ser cierto, ya que los seres humanos se construyen en la actualidad, pero que, dado que Adán fue creado originalmente completo, que contiene en sí mismo tanto el principio masculino y femenino, como los pezones en los pechos del hombre todavía muestran, es muy probable que el experimento original se llevó a cabo tal como se había relatado.

Añadió que en el Paraíso volverían a desaparecer todas las diferencias de sexo y que cada alma habitaría un cuerpo angélico que no sería ni masculino ni femenino, sino la unión perfecta de ambos en uno.

Mientras hablábamos tan francamente de sexo, le pedí que me hablara, si podía, de las costumbres y ceremonias matrimoniales de su pueblo.

Me dijo que a cada yazidí solvente se le permitía tener cuatro esposas, pero que muchos de ellos sólo tenían una; que con ocasión de un matrimonio había un gran baile que duraba todo el día, en el que «saltaban» tanto hombres como mujeres, pero que durante este salvaje regocijo la novia estaba encerrada completamente sola en una habitación oscura en la que no se permitía que penetrara ni un solo rayo de luz, y que la primera luz que vería sería la antorcha que llevaba el novio cuando entraba para liberarla.

En la parte religiosa de la ceremonia, dijo, se mezclaba tierra y agua en una hogaza de pan y se partía sobre la novia.

Mientras tanto, me preguntaba acerca de las historias según las cuales entre los yazidíes el *mir* tenía el mismo derecho que los señores feudales medievales en la cristiandad, a acostarse con la novia la primera noche, antes que el marido. Supuse que si existía tal costumbre, los propios yazidíes debían considerarla adecuada y que, por lo tanto, no habría nada de malo en preguntar.

El sacerdote respondió que, en efecto, existía tal ley, pero que era una ley antigua y que, por lo que él sabía, en su propia vida nunca se había puesto en práctica.

En cuanto a la faja o «corsé» de plata para novias por el que yo había expresado interés, me dijo que podría encontrar uno en Baadri o en cualquiera de los pueblos.

Aquella tarde, mientras regresábamos al castillo de Said Beg, le dije a Mehmed Hamdi que me gustaría mucho bajar a Baadri o a algún otro pueblo y ver no sólo las fajas, sino algo de la vida cotidiana de los yazidíes. Me lo desaconsejó, y dudaba que el *mir* lo permitiera, aunque él mismo era amigo de los angloparlantes. Dijo que los yazidíes habían sido perseguidos y asesinados, vilipendiados y odiados durante tanto tiempo por todos los demás árabes que, aunque no nos harían ningún daño ni nos insultarían, sabiendo que estábamos entre ellos con el permiso del *mir* y que nos detendríamos bajo su techo, no seríamos realmente bienvenidos y sería incómodo.

Sentí que tenía razón. Ya había visto mucho más de lo que me había atrevido a esperar, y acepté de buen grado su sugerencia de que volviéramos al día siguiente a Mosul.

Cuando el *mir* Said Beg supo que nos disponíamos a partir a la mañana siguiente, acudió inmediatamente a la sala de recepción, convertida en nuestra habitación de invitados, y preguntó si nos habían enseñado todo lo que yo deseaba ver.

Sentía una gran deuda de gratitud, dijo, con los ingleses, con quienes insistía en identificarme, porque habían puesto fin a la persecución que su pueblo había soportado durante siglos, y se alegraba de que yo hubiera venido a visitar el monte Lalish. ¿Estaba seguro de haber visto todo lo que deseaba?

Le dije que había una cosa más de la que había oído hablar en Alepo y que tenía muchas ganas de ver, si era posible y no un inconveniente. Sabía perfectamente que pensaría que me refería a la imagen de Melek Taos, el Ángel Pavo Real de bronce, y tras una leve pausa embarazosa me apresuré a explicarle que había oído hablar de la singular belleza y diseño de la faja que llevaban las novias yazidíes, y que, como era un gran admirador de la artesanía oriental, me gustaría mucho examinar una.

Se sorprendió, pero creo que se alegró bastante, de que justo después de haber expresado tanta amistad por los ingleses no se viera obligado a rechazar una última petición. Fue muy fácil, dijo. Llamó a un criado y luego salió él mismo. Y creo que lo mandó bajar al pueblo. En cualquier caso, regresó al cabo de una media hora con una hermosa joya bárbara y tosca en la mano, que tintineaba al andar: el cinturón más ancho que jamás he visto ni espero ver. Dos anchas bandas de plata curvada, unidas por detrás con un ancho trozo de cuero negro, y por delante con un largo alfiler de plata que pasaba como un remache suelto, con una bolita en la parte superior sujeta por una cadena. La parte plateada del cinturón no era como una hebilla doble, plana por delante, sino que estaba curvada de modo que rodeaba la cintura como un corsé cuando se sujetaba con el pasador. Estaba muy abombado y toscamente engastado con grandes piedras rojas y amarillas. Un examen más detenido demostró que no tenía gran valor intrínseco. La plata estaba recubierta de una aleación de plomo y las piedras, por supuesto, eran del tipo descrito como «semipreciosas», pero era salvaje y bárbaramente magnífico.

Cuando se lo devolví a Said Beg y le di las gracias, se llevó las manos a la espalda y me dijo: «¡No, no! Te lo llevarás como recuerdo del monte Lalish». Y así lo hice, tras muchas protestas y agradecimientos. Aún lo conservo como uno de mis recuerdos árabes más peculiares.

Desearía poder escribir que he sido testigo de alguna ceremonia o ritual secreto y misterioso de los yazidíes, pero no lo he sido, ni creo que ningún extraño entre ellos lo haya sido jamás; así que me limito a este registro de lo que vi y oí, con profunda gratitud a Mehmed Hamdi de Bagdad, que por su conocimiento previo de Said Beg hizo posible incluso esto.

FIN

Glosario

Aba — Tradicional capa masculina, a veces llamada *bisht*

Agal — Venda

Akil — Anciano (con sentido de dignatario)

Aout — Laúd

Arak — Bebida alcohólica anisada típica del Levante mediterráneo

Attar — Aceite esencial usado como perfume

Bedawi — Beduino

Beit-shaar — Tienda del jefe

Beni Sakhar — Una de las más importantes confederaciones de tribus árabes en Jordania

Bint — Niña pequeña

Bissahi! — ¡Realmente!

Borzoi — Una raza de camello

Chibeh — Postura de meditación, sentado en cruz

Dakhile — Irreprochable, paz o santo

Dhaif — Un huésped protegido por el estatuto de los santuarios

Engleysi — Un inglés

Farengi — Extranjeros de ascendencia europea

Fátiha — Un himno especial de alabanza a Alá

Fellahen — Agricultores nativos

Fetua — Una especie de pronunciamiento judicial religioso

Flapper — Anglicismo para referirse a las mujeres jóvenes en los años veinte que vestían a la última moda y escuchaban jazz

Francewi — Un francés

Ghrazzu — Redadas o partidas de saqueo

Gumbaz — Ropa interior

Hajji — Aquel que ha hecho la peregrinación a La Meca

Halva — Una especie de turrón blando y dulce

Hejin — Camello de carreras blanco

Hejra — Tienda nómada

Jahil — Guerrero (en el sentido de posición en la sociedad)

Jinn — Espíritus del desierto

Juru — Mortero de granito

Kafieh o **kefia** — Tocado o pañuelo tradicional de Oriente Medio

Khaitan — Hilo

Khana — Casa o residencia

Khirka — Traje marrón de los derviches

Kismet — Destino (en el sentido de suerte o fortuna)

Kohl — Pigmento cosmético tradicional de color negro

Kolchak — Faquir de los yazidíes

Labne — Cuajada

Mehari — Cuerpo del ejército francés equipado con camellos del desierto

Melbús — Místico en un estado de trance

Menzil — Campamento

Mihrab — Nicho, en una madrasa o mezquina señala la dirección a La Meca

Mir — Título aristocrático árabe

Mukhaad — Un cuarto o habitación donde sólo se permiten hombres

Mulá — Jefe religioso islámico

Narguile — Pipa de agua

Nazara — Cristiano

Ne-airat — Cítara

Pir — Guía espiritual sufí

Rabeyba — Instrumento de una sola cuerda

Rahla — Trashumancia

Ramadán — Noveno mes en el calendario musulmán y mes del ayuno

Rosacruces — Seguidores de la orden secreta de Rosacruz

Sitt — Apelativo árabe equivalente a «señora»

Suwari — Una raza de camello

Tarbush — Sombrero, fez

Tekke — Centro de encuentro de las fraternidades sufís

Tesseri — Término para referirse a las faldas de un traje derviche

Tin Lizzie — Mote para el Ford Modelo T

Turbah — Tumba de un santo

Turuk — Caminos del conocimiento

Wellah! — ¡Por Dios!

Yahud — Judío

www.ingramcontent.com/pod-product-compliance
Lightning Source LLC
Chambersburg PA
CBHW011314080526
44587CB00023B/3993